全球视野下
高净值家族财富传承管理顾问行动指南

王以锦／著

A HANDBOOK OF FAMILY WEALTH INHERITANCE
FOR THE HIGH NET WORTH
FROM A GLOBAL PERSPECTIVE

法律出版社
LAW PRESS · CHINA
北京

图书在版编目(CIP)数据

全球视野下高净值家族财富传承管理顾问行动指南 /
王以锦著. -- 北京 : 法律出版社, 2021
ISBN 978-7-5197-5875-2

Ⅰ. ①全… Ⅱ. ①王… Ⅲ. ①家族－私营企业－企业管理－财务管理－研究－中国 Ⅳ. ①F279.245

中国版本图书馆 CIP 数据核字(2021)第 174399 号

全球视野下高净值家族财富传承管理顾问行动指南
QUANQIU SHIYE XIA GAOJINGZHI JIAZU CAIFU CHUANCHENG GUANLI GUWEN XINGDONG ZHINAN

王以锦 著

策划编辑 郑导 曲杰
责任编辑 郑导 曲杰
装帧设计 汪奇峰

出版发行 法律出版社
编辑统筹 学术·对外出版分社
责任校对 王丰 李景美
责任印制 陶松
经　　销 新华书店

开本 710 毫米×1000 毫米 1/16
印张 20.5 **字数** 278 千
版本 2021 年 10 月第 1 版
印次 2021 年 10 月第 1 次印刷
印刷 三河市龙大印装有限公司

地址:北京市丰台区莲花池西里 7 号(100073)
网址:www.lawpress.com.cn
投稿邮箱:info@lawpress.com.cn
举报盗版邮箱:jbwq@lawpress.com.cn
销售电话:010-83938349
客服电话:010-83938350
咨询电话:010-63939796

书号:ISBN 978-7-5197-5875-2 **定价**:96.00 元
凡购买本社图书,如有印装错误,我社负责退换。电话:010-83938349

推荐语

随着国内家庭财富的积累和发展环境的不断变化，人民群众对于财产安全和传承的需求日益凸显。在《民法典》时代，家族信托作为法律工具箱中的一种，是专门为解决这类需求创设的。虽然家族信托领域的法律和规则还需要进一步完善，但应当有更多的类似于本书的实务书籍，尤其是结合了相关海外实务研究内容的书籍，为业务探索和司法实践铺路。

——高圣平　教育部长江学者奖励计划特聘教授，享受国务院政府特殊津贴，中国人民大学法学院副院长、教授、博士生导师

我和以锦共事多年。他以前主要从事律师和法务工作，之后我带着他开始从事信托和资管业务，近几年又专注于家族信托和财富管理业务。他一直有个很好的习惯，就是不断地研究和学习。他总是能在最短的时间掌握业务所需的知识。他的书籍都有很强的实务特点和操作性。相信这本书对于读者会大有益处。

——杨自理　原外贸信托、民生信托及华澳信托总裁

在建设现代化国家新征程中，具有家国情怀和创新创业智慧的新型企业家精神将引领新时代国家全面深化改革开放和高质量发展。领军型企业家应当兼具儒商、哲商和实商的品质,为健康的商业生态和和谐社会注入正能量和新动能。企业家财富的传承不应仅限于物质财富的传承,更要注重家族文化的传承和企业精神的赓续。企业家财富传承的成功与否,与社会的进步和国家发展息息相关。企业家应在财富传承过程中应更多赋予传承的社会性考量。以锦结合多年实操实践,做了系统性总结和研究,相信本书的出版能为企业家提供有益的启迪。

——郭周明　中国商务出版社社长《国际贸易》杂志社社长兼主编,《商业周刊》中文版社长,中国企业发展与改革研究会副会长,《21世纪经济报道》和新浪财经专栏作家

企业家的精神不仅表现在社会责任担当,也表现在不断地学习和创新。高瓴资本的张磊总曾说过:"中国企业家世界上只有一条护城河,就是企业家们不断创新,不断的疯狂的创造长期价值。"企业是企业家最宝贵的财富。在财富方面,企业家应尽早做好规划。相信以锦这本书可以对此有所帮助。

——翟晓平　佳兆业集团高级副总裁

我的客户很多都是高净值人士,他们都来咨询我税务问题,很多情况是让我帮助解决税务争议。我想如果这些客户能够提前做好税务规划,或许就能够避免这些争议。以锦同学的这本书从家族财富传承角度,对于跨境税务规划的主要情况进行了总结,并以案例形式解析,对于高净值客户将有很大的帮助。

——武礼斌　明税律师事务所主任 LEGALBAND家族财富管理中国律师特别推荐榜15强

如果说改革开放的前四十多年我们关注的是高净值客户创造财富的能力，那么，未来的一二十年则更考验高净值客户保全和传承财富的智慧；如果说知晓用什么工具和策略进行家族财富的保全和传承是能力，那么，知晓如何具体的规划和运用这些工具和策略则是一种艺术。都知道艺术要来源于生活，如果没有丰富的实操经验作为指引，再好的工具和策略都将失去灵魂。我和以锦三年前相识，他非常擅于从全球视野研究家族信托业务，同时凭借其丰富的境内外法律、信托、保险、投资等从业经历，累积了大量的实战经验，以此为基础写就的本书，相信一定能够给读者朋友带来许多高质量的实操指引。“纷吾既有此内美兮，又重之以修能”，财富管理无小事，相信本书一定能够为读者朋友实战赋能！

——邓美姝　原新时代信托私人信托部总经理

前言

这本书在创作时，正值全球数十亿人民共同面对新冠病毒之际。在疫情刚开始的时候，到处是恐慌。疫情肆虐的地方，人们停止了忙碌和奔波，更多地关心家人和身体健康。在这段时间，很多人都可能想过身后事，想过自己的人生还有哪些遗憾，想过应该留给自己后代的是什么。当我们已经在一定程度上控制住疫情的时候，希望你还可以继续这种人生的规划，关注家人和身体健康，关注家族的传承。

当下正是中国高净值家族“守成 + 传承”窗口期。

第一，经济进入“L”型发展，快速创富的福利时代过去了。2001 年以后，借着加入世界贸易组织的东风，我国在 2001 ~ 2013 年间实现了高出口，贸易顺差使外汇储备不断增加，人民币有所增值。大量的钱进入房地产市场，也让财富出现了扭曲式增长。2013 年以后，贸易顺差逐渐缩小，服务贸易逆差逐渐增大。改革开放 40 年来，中国经济实现了 40 年 GDP 平均增速达到 9.5% 以上的创举，远高于同期世界经济 2.9% 左右的年均增速。国内经济的快速发展也让更多的家庭聚集了财富。根据胡润研究院发布的《2019 胡润财富报告》，大中华区 600 万元资产“富裕家庭”总财富达 128 万亿元，是 GDP 的 1.3 倍。其中，亿元人民币资产“超高净值家庭”总财富为 77 万亿元，占比 60%，3000 万美元资产“国际超高净值家庭”总财富为 72 万亿元，占比 56%。但 2018 年以后，经济增速减缓，世界经济进入“逆全球化”发展，国内进行产业机构调整和升级，家族企业也面临转型升级和传承。快速造福的时代已经过去。根据胡润研究院发布的《2019胡润财富报告》，2019年大中华区千万资产“高净值家庭”比2018年减少1.5%，降198万户，这是5年来首次减少；亿元资产“超高净值家庭”比上年减少4.5%，降12.7万户。跟其他发达国家类似，当国家发展到一定程度之后，市场和制度各方面都更加完备，贫富阶层也很难再靠一两年的“暴富”来改变，对于高净值人群来说，重要的已不是继续利用杠杆加大投资抢占市场，而是更多的要在自己熟悉的业务上精益求精，并做好财富保全和传承安排。从某种程度上说，对于大部分高净值人群而言，“守财”和财富持续的保值增值才是其应着重考虑的问题。

第二，近几年内部结构调整，以及来自于以美国为首的外部干扰，财富安全的紧迫性加剧。自2018年以来，全球政治经济局势变化剧烈，中国经济环境亦面临近年来前所未有的挑战，使中国高净值人群在市场震荡的洗礼中，进一步深化了对保障财富安全、尽早落实财富传承安排的必要性和紧迫性的认同。

第三，法制更健全，资本外流遭防控，金融监管加剧，金融创新泛滥时代已过去。随着法律制度的逐步健全和金融监管的逐步加剧，打着金融创新大肆敛财的泛滥时代已经过去，炒壳卖壳的资本市场乱象也不复存在，靠着矿产、房地产等能源资源再分配机会暴富的年代也早已成为过去。不仅如此，目前很多国家对资本外流和洗钱等方面的监管达到空前的严密，高净值人群必须要认真考虑如何做好财富保全和资产配置。

第四，家族企业经营困难、守业难之又难。在经济结构调整和金融监管加剧的大背景下，作为民营企业代表的家族企业经营越发困难，尤其是从事传统行业的家族企业守业难之又难。改革开放仅40年，尚不存在国外那种传承几代家业的家族企业。未来企业发展靠创新，企业不创新，将面临行业的“洗牌”；但如果创新失败，或面临家业丧尽。其实，有研究表明，经济低迷时，家族企业的表现更出色，但前提是家族治理和企业治理要同时做好。在家族治理和传承方面，迫切需要专业的人提供帮助。财富守不好、传不好，损财更损人。拥有财富的家庭反而越麻烦重重，人心涣散、利益驱动，缺乏周密的守财和传承筹划是主要原因。

第五，改革开放后创富一代已经老去，都面临着传给下一代的问题。根据胡润研究院发布的《2019 胡润财富报告》，中国未来 10 年将有 17 万亿财富传给下一代，未来 20 年将有 39 万亿财富传给下一代，未来 30 年将有 60 万亿财富传给下一代。

全球新冠肺炎病毒的蔓延是一种无法预见的风险。而除了这种风险，还有很多风险隐藏在高净值人群中。风险与损失甚至与无法挽回之间，只差一个爆发的点。罗斯柴尔德一名家族成员曾说过：守住财富要比创造财富多花十倍的力气。因此，在财富传承上，利用好财富传承工具是必然选择。

家族信托和家族办公室业务可以解决财富传承的核心需求。现代信托法之父、哈佛大学教授奥斯汀·魏克曼·斯科特（Austine Wakeman Scott）曾说过："信托作为处分财产的设计，没有其他法律制度能与其灵活性相媲美。设定信托的目的，就如同律师的想象力一样无限。"得益于自己在律师和信托等金融领域复合工作经历的历练，斯科特对家族信托和家族办公室的服务有了莫名的喜爱和深切的感悟。家族信托和家族办公室可以很好地解决高净值人群财富安全保障及保值增值、永续传承等核心需求，以及在法律、税务、财会、下一代的教育培养、生涯规划、遗产规划、家族价值观的建立与保护等方面的个性化需求。根据福布斯中国与平安银行私人银行于 2020 年 12 月发布的《2020 中国家族办公室白皮书》公布的调查结果，20.9% 的参与者已使用家族办公室服务，剩下的 79.1% 的参与者给出的仍未使用家族办公室服务的主要原因为"对家族办公室了解较少"，而非存在抵触或不信任等因素。同时，在目前尚未使用国内家族办公室服务的参与者中，有 63.2% 的参与者表示有兴趣进一步了解家族办公室。同时，16.2% 的参与者表示未来 1 年内考虑使用家族办公室服务，22.1% 的参与者将在 1 ~3 年内使用，36.8% 的参与者将在 3 ~5 年内使用。换句话说，3 ~5 年后 80% 以上的高净值人群会使用家族信托和家族办公室服务，家族信托和家族办公室服务将成为高净值人群的“标配”。

本书的出发点和特点。林则徐曾说过：“子孙若如我，留财有何用，贤而多财，则损其志；子孙不如我，留财有何用，愚而多财，益增其过。”罗马哲学家 Seneca 也曾说过：“The manner in which a gift is given determines the manner in which it is received.”在这样一个高净值家族财富传承需求即将爆发的时期，笔者发现目前市面上讨论国内家族信托业务的书籍主要是理论研究和培训型的。而真正可以站在高净值家族角度告诉他们：为什么要好好规划你的家族财富传承？家族财富传承又有哪些风险？家族财富传承到底传承的什么？如何设立自己的家族办公室？如何利用家族信托等传承工具？尤其是站在具有海外身份的高净值人士角度去呈现跨境财富传承理念和实操经验的书籍更是寥寥无几。这也是笔者撰写本书的初心，本书的内容也主要是围绕这些解答高净值家族所关心的上述问题。笔者希望高净值家族及其顾问在看完本书后，都能就上述问题找到个明确的答案，都能开始重视家族财富传承的提前规划和合理规划，甚至着手对自己的家族财富进行传承的梳理和规划，或在已经有所涉足的情况下进行重新梳理和规划。考虑到高净值家族成员可能涉及多个国家的身份，其财富也可能分布在不同国家，因此，本书非常重视在全球视野下回答上述问题。其实，由于目前很多中国高净值家族还处于家族发展的第一代和第二代阶段，而在欧美国家家族财富传承的悠久历史长河中，他们的很多实践经验都可以为我们所借鉴。笔者将这些实践经验结合中国文化和中国高净值家族的情况，进行改良，希望读者能够吸收这种养分。同时为了让本书变得更为生动，本书也特意以案例、图表等形式展现部分内容。本书的目标读者是准备设立家族信托或家族办公室的读者，或者拟帮助客户设立家族信托或家族办公室的顾问。欢迎随时来邮批评指正。

虽然笔者用心中的热爱完成了这本书的创作，但在日复一日的撰写过程中，内心一直有一份牵挂甚至愧疚。疫情迫使我和家人在两个国家各自生活长达一年之久。七岁的大女儿和五岁的小女儿的生日我都不在她们的身边。感谢夫人这一年对年幼女儿们的悉心照顾，心中知道这对她来说是多么的不易。也要感谢女儿们这一年无畏的成长。女儿们很喜欢看书。大女儿最近有个愿望就是做一个自己的图书馆，将人们不需要的书籍集中在一起然后再分享给大家。正当这本书截稿时，笔者收到了大女儿学校发给我的女儿学期评估报告。报告中提到了她写的一首诗："Be the rainbow, Do your rights, See your reflection, Look through the stars and Remember there is always an angel that can help you beneath your wings." 笔者将这首诗分享给这本书的读者，希望你永远对生活和事业有信心，永远爱你的家人，因为他们才是你最大的财富。

王以锦

二零二一年三月

目录

Contents

第一部分 传承风险存在于每一个高净值家族

第二部分 家族财富传承的『目的』和『标的』

第三部分 家族办公室

第一部分

传承风险存在于每一个高净值家族

一项对 250 家中国香港地区、中国台湾地区以及新加坡家族企业传承的研究发现，这些企业在所有者交班过程中都承受了巨大的损失，在新旧掌门人交接年度以及此前的 5 年，家族上市公司的市值在扣除大市变动后平均蒸发了 60%。① 罗斯柴尔德一名家族成员曾说过：守住财富要比创造财富多花十倍的力气。

哈佛大学的调查统计数据表明：30% 的家族企业可以成功传承到第二代，传承到第三代的概率只有 12%，传承到第四代的家族企业只有 3%。一项对全球 5000 家家族企业的研究发现，企业掌门人的突然死亡会给企业带来 30% 的业绩下挫影响。②

家族企业本身就具有家庭和企业的双重属性。因此，家族财富传承的风险也主要源于两个方面，一部分是经营企业的风险，另一部分是来自家庭的风险。很多时候，看似是企业出的问题而实际可能是因为家庭上的问题，例如，企业股东之间的纠纷可能源于兄弟姐妹之间或父母子女之间的争斗。除前述两类风险之外，还有一类风险是针对拥有海外身份的家庭所独有的风险，就是跨境传承中的风险。

---

① 范博宏：《交托之重：范博宏论家族企业传承》，东方出版社 2014 年版。

② The Downsides, *How Families Can Cause Trouble for Their Firms*, Economist.

第一章

来自于经营企业的风险

1980年12月11日，温州一个女孩率先从温州市工商局领到了个体工商户的营业执照，标志着中国民营企业创富时代的来临。根据胡润研究院发布的《2019胡润财富报告》，千万资产"高净值家庭"，企业主占65%；亿元资产"超高净值家庭"，企业主占比更高达85%。因此，大多数高净值家族都面临经营企业方面的风险。

第一节　家族企业治理的特殊性

家族企业的治理的特殊性——兼具家庭治理和企业治理的双重属性

家族企业在经营过程中，会遭遇各种各样的风险，但很多家族企业抵御住了政策、市场等多重的外部风险，却瓦解在公司治理的缺陷和矛盾中。这些矛盾掺杂着家庭因素、企业经营因素甚至个人仇恨因素，而恰恰是最亲近的人所制造的风险才是最难抵御的。

"真功夫"这个家族企业案例就是一个比较典型的案例。

1990年17岁的潘某海开始创业，在东莞市长安镇开了一个"168 甜品屋",经营甜品及快餐生意,由于经营有方以及对美食的天赋,小店在当地很快就有了名气,经营规模不断扩大。潘某海有个姐姐叫潘某峰,她与丈夫蔡某标(也就是后来真功夫的董事长)经营一家五金店失败,于是转投靠弟弟潘某海。蔡某标夫妇与潘某海各出资 4 万元,潘某海占股 50%,蔡某标夫妻占 50%(夫妻没有联合署名,而是署的蔡某标)。将潘某海的"168 甜品屋"改名为"168 蒸品餐厅"。

168 蒸品店在东莞经营多年,颇有名气。1999 年,168 蒸品店从东莞开到广州,改名为"双种子"。四五年的时间里,168 蒸品店在广州的业绩都不理想。但由于仿照麦当劳,168 蒸品店建立起中央厨房和"自动化 + 标准化"的门店流程,研制出电脑程控一体化蒸柜,一举解决了"中餐标准化"这一难题。

2004 年蔡某标认识了营销大师叶某中。在叶某中的策划下,168 蒸品店改名为"真功夫",一份主菜 + 一个配菜 + 一碗饭 + 一杯饮料的模式被固定,还用上了疑似李小龙的形象来作为"真功夫"的招牌。叶某中又建议其主打汽车、火车、飞机等交通,此外,叶某中建议要突出"蒸"字,蒸在中国传统的饮食文化里很健康。改头换面为"真功夫"并向客运站大幅扩张之后,"真功夫"开始做得风生水起,一年时间就开始向全国各省市蔓延,分店达到 100 家。

就刚起步的公司而言,两个家庭各占 50% 的股权,姐夫和小舅子一个负责主内(菜品质量)一个负责主外(市场营销和管理),似乎是发展迅速的最佳搭配,但这也为壮大后的企业之间的纷争埋下来隐患,于是上演了一系列争斗活剧:

2003 ~ 2004 年期间,蔡某标劝服潘某海让其出任公司总裁(与潘某海约定 5 年换届一次)。蔡某标开始以"真功夫"代言人自居,这样实际上淡化了潘某海的创始人地位。

2006 年 9 月,潘某峰与蔡某标感情破裂离婚,为了争夺孩子抚养权,潘某峰对"真功夫"股权暂时没有争夺。婚姻关系的结束,也为潘氏和蔡氏的争斗埋下苦果。

2007 年,公司正式引进今日资本和中山联动两家知名风投,股权融资 3 亿元人民币,公司借此进行股权重组和业务重组,并将原公司的所有资产及其 180 余家门店,装入新成立的"中外合资经营真功夫餐饮管理有限公司",同时公司制定了为期 3 ~4 年的上市计划。重组后,蔡某标和潘某海各直接持有 41.74% 的股权,并通过"双种子饮食"(合资公司的持股公司)各自持有 5.26% 的股份,二人股权此时依然"平分秋色"。今日资本和中山联动各自持有公司 3% 的股权。引入战略投资后,蔡某标对潘氏进行了"去家族企业"化排挤,但同时又在采购和供应链环节将蔡氏家族的人员委以重用。

2009 年,蔡某标将中山联动第一大股东(持股近 67%),变更为东莞赢天,由蔡某标全资持有,因此,蔡某标实际持股超过 50%,无论在股权还是公司经营上都控制优势,引入的战投也支持蔡某标。于是,今日资本和蔡某标开始做潘某海的工作,通过由公司投资 5000 万元(之后仅投入 1600 万元)成立一个新的品牌"哈大师"(主营牛肉面)交给潘某海打理的方式,希望潘某海不再过多干预"真功夫"的经营发展。

正如很多家族企业内乱一样,股东之间相互排挤和诋毁、抢夺账簿和公章等,甚至不顾业务发展需要,阻挠公司获取正常经营贷款。双方矛盾愈演愈烈,最终开始诉至法庭。

因蔡某标授意公司财务不向潘氏提供账簿,潘氏将其诉至法院。2010 年 2 月,广州市天河区人民法院作出判决,判定"真功夫"拒绝大股东的查账行为违法,要求"真功夫"将财务报告、财务账册、会计凭证、银行对账单提供给潘某海委托的会计师事务所进行账目审计。

2011 年 3 月 17 日下午,"真功夫"公司位于广州的公司总部和位于东莞市长安镇的后勤总部同时被广州市公安局和东莞市公安局方面搜查,涉案金额为 3363 万元。除了蔡某标,同时被捕的还有蔡某标的弟弟——东莞思远公司老板蔡亮某,蔡某标的妹夫——东莞科普达厨具公司老板李某义,"真功夫"公司财务副总裁洪某刚,真功夫总裁助理兼法务总监丁某琴等人。晚间,广东省公安厅网站发布公告称,广州市公安局对广州市"真功夫"餐饮连锁有限公司个别高管人员涉嫌经济犯罪展开调查,已在广州、东莞两地与该公司部分管理人员接触并核实情况。检方对蔡某标共有6项指控,在2009年至2010年,蔡某标涉嫌利用职务之便,指使洪某刚、丁某琴等人,通过虚构与李某义及蔡某亮所有公司的交易合同和工程支出等方式,侵占、挪用真功夫公司资金共计3068万元,以及涉嫌将赢天公司的注册资本1500万元抽逃后再次注资。2013年12月,广州市天河区人民法院认定蔡某标职务侵占和挪用资金两项罪名成立,判处有期徒刑14年,没收个人财产100万元。

在蔡某标案件被侦察起诉期间,潘某海拟通过更换董事和高管等方式夺回企业控制权,但因为蔡某标早有准备,蔡某标之妹蔡某红事前已经拿到了蔡某标签署的委任状,被蔡某标委派为公司新任董事长;蔡某红在第一时间又任命冼某祥为公司新任总经理。潘某海因此没有正式接管公司。但随着2013年1月今日资本的退出,①在时隔近两年的2015年1月5日"真功夫"再次召开董事会,②讨论并表决了6项议案,包括组建公司特别管理委员会、成立专门督查小组、设置董事会办事机构以及公司其他重要事务等,6项议案全部以3∶1的票数通过,潘某海获得了新股东的支持,公司暂由潘某海主持。

因为这段家族内斗,"真功夫"错过了上市时机。

为了偿还蔡某标向中国银行的借贷3760万元,以及他对中山联动公司股东4500万余元的债务,蔡某标持有的14%分别于2015年12月和2016年8月公开拍卖,但均流拍,公司估值也从2007年引入战投时的50亿元跌至15亿元左右。

2019年2月27日,由广东省阳江市中级人民法院作出的(2019)粤17

---

① 2013年1月7日,今日资本集团对外声明:"今日资本集团已将原下属子公司今日资本投资——(香港)有限公司的全部股权转让给润海有限公司,并已于2012年11月30日完成了交割。"今日资本投资——(香港)有限公司持有真功夫3%的股权,因此,这一转让交割意味着今日资本集团正式退出真功夫股权纷争,一切由今日资本投资——(香港)有限公司新的所有者润海有限公司取而代之。

② 当时的董事会成员有5名:蔡某标、潘某海、潘某峰、方某以及蔡某红,蔡某标因被捕未出席,其他董事都在。

刑更424号减刑刑事裁定书,对罪犯蔡某标予以减刑7个月,刑期执行至2024年2月21日止。也就是说,2024年蔡某标出狱后,“真功夫”可能还会再次遭受一次家族企业内部争斗的重创。①

家族企业的治理具有一定的特殊性,即企业的所有权和控制权都可以追溯到一个确定的家族,家族中的不同成员以不同形式持有公司、子公司的股权。家族企业的股权集中在家族之内,家族成员之间兼具家庭成员角色关系和公司上下属同事关系,这种关系使家族成员在处理公司事务的时候颇具两面性。

对于家族企业而言,除了传统意义上的董事会、高层管理人员和重要岗位负责人的控制和任命之外,家族企业的治理还要关注到另一个维度,即家族本身的关系控制。一般企业主要靠契约关系搭建治理架构,但家族企业的治理结构很大程度上依靠的是信任关系,因此必须能识别并厘清家族成员之间的内部关系以及他们与董事会、其他高级管理人员之间的关系。

通过家族信托搭建家族企业的公司治理框架,可以使家族企业股权结构更稳定。主要原因在于:

第一,家族信托通过将家族企业股权作为独立的信托财产锁定在信托中,将家庭矛盾与企业经营相分离,即保证了核心家庭成员对家族企业的控制,又避免了家庭矛盾或某些无能的家庭成员对企业实施不适当行为。

第二,家族信托可以利用多种制度安排,实现家族企业治理的精细化。例如,家族信托可以根据分配比例分别设立自己的家族信托来持有股权,也可以设立一个信托将分配比例体现在家族信托受益分配上,而把家族信托控制权保留在核心家族成员手上,或者可以通过投票权委托、优先权等方式进一步细化股权权利。

第三,家族信托业务中,也有一项重要的服务功能就是为高净值家族制作家族宪章,将家庭矛盾转移至家庭会议中去解决,不要带到企业董事会上去解决;加强家庭认同感等方面的家庭教育,对违反宪章的家庭成员

① 资料来源:根据网上公开报道整理。

(如出轨)给予一定的惩罚等。

第四,发展到一定程度的家族企业也要逐渐引入职业经理人。而家族信托还可以平衡家庭成员与对外聘用的管理层之间的矛盾,通过家族信托的设计,在保留家庭成员对企业控制的基础上,通过股权激励方案给予管理层一定股权。

上述各项功能笔者将在本书其他章节详细解释。

就"真功夫"案例而言,试想如果蔡某标提早设立家族信托(当然当时也要考虑证监会在首次公开发行股票审查过程中对于"三类股东"[①]的把控),制定家族治理的相关规则,将家庭矛盾消磨在家庭会议或活动中,同时按照各方约定的比例(50∶50也没问题)设立家族信托来分配股权或分配信托收益,但将主要投票权或家族信托项下的重要权力保留给蔡某标自己,或许就能摆脱因为婚姻状况等发生的变化和家庭矛盾给企业带来的重创。

第二节 家族企业面临的三大类风险

纵览相关的案例,笔者总结了家族企业在经营和治理方面最容易面临的三大类型风险:财产混同风险、代持风险和刑罚风险。

风险一:企业财产和私人财产隔离不清

目前在家族企业与家族财产权利界限的问题上,家族企业对于企业与家族财产权利的风险隔离意识还略显薄弱。[②] 根据《公司法》的规定,公司独立的法人地位和股东有限责任制度,在家族企业与其家庭财产之间建立

① 主要指拟上市公司中出现了契约型私募基金、资产管理计划、信托计划等"三类股东"。主要是防止因无法识别控股股东、实际控制人及第一大股东所带来的可能利益输送和监管漏洞等问题。

② 参见福布斯中国与平安银行私人银行于2020年12月发布的《2020中国家族办公室白皮书》。

了一个“防火墙”,但企业在设立或经营过程中,由于出资不实、财产混同等原因造成上述“防火墙”未有效设立,公司的“面纱”被揭开,本来承担有限责任的股东却要以家庭财产承担责任。具体而言,这部分的风险主要来源于如下几个方面:

一、出资不实或出资不合法

出资是股东的法定义务,根据《公司法》的规定,出资不实的股东应当在未足额出资的范围内对公司债务不能清偿的部分承担补充赔偿责任。出资不实或出资不合法主要表现为如下几种情况:

情况一:虚假出资,即股东宣称其已经出资而事实上并未出资,其性质为欺诈行为。实践中,虚假出资主要有表现形式有:(1)以无实际现金或高于实际现金的虚假的银行进账单、对账单骗取验资报告,从而获得公司登记;(2)以虚假的实物投资手续骗取验资报告,从而获得公司登记;(3)以实物、工业产权、非专利技术、土地使用权出资,但未办理财产转移手续;(4)股东设立公司时,为了应付验资,将款项短期转入公司账户后又立即转出,公司未实际使用该项款项进行经营;(5)未对投入的净资产进行审计,仅以股东提供的少记负债高估资产的会计报表验资等。

情况二:出资不足,即在章程规定期限内,股东仅仅部分履行了其所承诺的其出资义务,且一直存在未能补足出资的情形。也包括股东交付的非货币财产实际价值显著低于评估价值进而造成出资不实等。出资不足是股东违反出资义务中最为普遍的现象。与虚假出资的区别在于,其无欺诈目的。

情况三:抽逃出资,即在公司成立后或资本验资之后,将缴纳的出资抽回,其性质亦属欺诈。

情况四:迟延出资,即股东不按章程规定的期限交付出资或办理实物等财产权的转移手续。

上述出资不实或出资不合法的行为将导致的法律后果有:(1)继续履行。公司或者其他股东,可以请求未履行或者未全面履行出资义务的股东向公司依法全面履行出资义务,且不受诉讼时效限制。(2)违约责任。出资不实的股东还需要向已按期足额缴纳出资的股东承担违约责任(一般约定在出资协议或股东之间的协议中)。(3)股权权利受限或取消股东资格。股东未履行或者未全面履行出资义务,公司根据公司章程或者股东会决议,可以对其利润分配请求权、新股优先认购权、剩余财产分配请求权等股东权利作出相应的合理限制。经公司催告缴纳,其在合理期间内仍未缴纳,公司可以股东会决议解除该股东的股东资格。(4)清偿公司债务。公司债权人可以请求未履行或者未全面履行出资义务的股东,在未出资本息范围内,对公司债务不能清偿的部分承担补充赔偿责任。

二、公司财产和家庭财产混同

公司股东财产与公司财产混同的主要表现形式为:(1)股东滥用股东权利,在家庭财产和公司资产之间相互腾挪,如个人账户收取企业往来款、企业资金购买个人或家庭财产(如房屋、车辆)等;(2)股东滥用股东权利,致使多家关联企业之间财产混同,如人员、业务和财务等方面的混同;(3)在分配股息红利阶段,采取股东借款等方式偷逃税等;(4)为帮助企业获得融资,家族成员提供连带责任担保,包括债权融资担保和股权融资方面的"对赌"行为等。

公司与股东之间财产的混同使得公司失去了独立承担债务的基础。前三种属于公司滥用股东身份的行为,根据《公司法》第20条的规定,公司股东滥用公司法人独立地位和股东有限责任,逃避债务,严重损害公司债权人利益的,应当对公司债务承担连带责任。第四种是家族企业经常遇到的情况,一般金融机构也会要求家族企业实际控制人及其配偶就融资行为承担连带责任担保。

企业财产和个人财产隔离不清这一风险深刻影响了陈氏家族及他的三盛宏业集团。

从20世纪90年代起家的三盛宏业也算是一家老牌房企了。老板陈某铭是舟山人,做过党校政治经济学老师,据说当时和宋卫平是同事。1992年下海经商,创办了三盛宏业集团。三盛宏业作为在上海起家的浙系房企,在发展上拥有较大的先发优势,连续十余年跻身百强房企。但由于前几年其在二线城市布局不够坚决，全国化也进行得不充分，又失去了区域深耕的基础，三盛宏业规模增长乏力。三盛宏业的地产业务虽然增长缓慢，但整体经营面还算健康，从产品风格上，三盛宏业融合了海派和浙系的精致风格和理想气质，市场口碑不错，颐景园系列也可称精品。但自2015年起集团开始进行的多元化投资，先是进军船运业，后是追风进军大数据领域，收购了中昌大数据这一上市公司，此外，三盛宏业的业务还涉及科创、海洋投资、城市建设、现代生活服务等。多元化投资没有给集团带来理想中的回报，更在本来受地产融资政策影响融资难的现状下，进一步加剧了现金流的紧张。2019年公司开始陆续出现逾期和违约情况，连员工理财计划都无法兑付。伴随而来的是层出不穷的诉讼，诉讼的被告或被执行人多次出现陈某铭及其亲属。以民生信托向北京市第三中级人民法院申请上海三盛宏业投资(集团)有限责任公司等关联公司强制执行的案件来说，根据(2019)京03执1448号裁定书，列为被执行人的除三盛宏业集团(包括其几家子公司)及陈某铭本人之外，还包括陈某铭之妻陈某红，陈某铭妹夫屈某明，陈某铭弟弟陈某军等。①

笔者未从公开渠道查到陈氏家族成立了家族信托。如果陈氏家族没有成立家族信托做资产的保全和隔离，这次三盛宏业的很多债务可能都会像上述案例一样，最后由其家庭成员来承担。如果陈氏家族有效设立了家族信托，即使这些家庭成员因为财产混同、对外担保等问题需要承担债务，其家族信托里的财产也会免于遭受洗劫，财富还可以传承下去。此外，另一类需要做资产隔离的情况就是企业主需要与PE机构签署“对赌”协议的情况，如下文中提及的小马奔腾案例。

风险二：代持的风险

由于法律上的限制或者因为人为“不显富”等原因，很多人将自己公司的股权或其他资产比如房产交由其比较信任的人代为持有。根据最高人民法院《关于适用〈中华人民共和国公司法〉若干问题的规定(三)》(以

① 资料来源：根据网上公开报道整理。

下简称《公司法司法解释(三)》),实际出资人和名义股东可以通过协议约定代持事宜,一般会认定有效。

有的时候,代持很好地解决了眼前的困境,但如果代持行为一直存在,则可能引发巨大的风险。代持多数情况下是“君子协定”或者为了避免被监管审查不制作协议。这就埋下了更大隐患。

一、代持的原因

实践中,家族企业中资产代持的原因主要有如下几类:

第一,规避法律相关限制性规定。如《公司法》中对有限责任公司最高人数、职工持股的限制;《公司法》《证券法》等法律规定中对公务人员不能成为上市公司或金融机构等股东的限制;相关外商投资方面的法律对取得外籍身份的高净值在某些投资领域、投资比例、外汇等方面的限制;相关金融监管方面的法律对金融产品投资人数、信息披露等方面的要求和限制;政策上对于购房购车方面的限制等。

第二,税务方面的考虑。如公司为了少交或不交企业所得税,将部分公司利润以员工激励计划、员工福利等方式转移出去。

第三,为了方便公司的运营。如为了规避关联交易的审查将某些企业交由其他人代持或者为了规避证券监督管理机构对于“实际控制人”的审查将上市公司股份进行分拆。

第四,隐私保护等方面的原因。如具有某种身份不便于显明,或者取得的收入为“灰色收入”甚至违法收入需要掩盖等。

二、代持人类型

(一)自然人代持

自然人代持是较为常见的形式。出于忠诚度、信任度等方面的考虑,家族企业在挑选代持人时,更为偏向选择自己的亲属、同学、同事、亲朋好友、可靠下属等。但自然人代持因为自然人本身的特殊性,将为代持行为带来一定的风险,如代持人自身发生债务问题、结婚或婚变、对外担保,代持人意外身亡等。

(二)公司或其他企业代持

相较于自然人代持,公司或其他企业代持可以规避自然人离婚、意外身亡等属人风险。但公司或其他企业由于其法定代表人的出现负债或家庭变化,或者由于作为代持人的公司或企业自身深陷债务或出现印章管理出现疏漏,同样会造成代持资产的风险或损失。

三、代持的风险

如果代持人为自然人或企业,将存在如下风险:

第一,代持人背信弃义的风险。代持人擅自通过转让、抵质押或其他方式处分代持资产,导致实际所有人丧失对代持资产的控制或遭受损失。就股权代持而言,如果代持人不履行、滥用或怠于履行股权权利,就会给实际权利人造成无法挽回的损失。

第二,代持人因婚姻或死亡引发的风险。即使没有代持人背信弃义带来的风险,但对于自然人代持人,由于其将面临婚丧嫁娶,同样可能给代持行为带来风险,主要表现为:(1)代持行为发生后,代持人结婚。代持人结婚后,按照夫妻财产分割理论,部分代持资产可能会遭受“分割”。而且,代持人婚后根据家庭情况的变化和夫妻另一方的影响可能也会带来对代持行为的重新认识,进而引发道德风险。(2)代持行为发生后,代持人离婚。代持行为发生后,如果代持人涉及离婚纠纷,代持资产同样面临被分割或处置的风险。(3)代持行为发生后,代持人死亡或丧失民事能力。这种情况下,如果没有足够的证据证实代持行为的存在或效力,或者有些规避法律的代持行为不被认定为有效,代持财产可能会被继承或处置,进而触发实际所有人对代持资产的重大损失。

第三,代持人债务纠纷带来的风险。对于自然人代持人和企业代持人,由于其也是独立存在的个体,在生活和企业经营中必然会产生借贷、担保、对第三方造成损害等行为。而对于对代持行为不知情的善意第三方,其随时可以就其遭受的损失或依据与代持人签署的合约对代持资产主张权益,如查封股权和房产、冻结银行账户等。

第四,税务方面的风险。如果代持行为本身是为了规避税务审查,则可能承担偷逃税的法律责任。此外,对于股权代持而言,在股权代持的法律关系中,实际股东为投资收益的实际享有者,当实际股东想从隐名股东变更为显名股东时,股权登记由名义股东变更为实际股东并未改变经济实质,依据实质课税原则①,上述股权变更并不构成股权转让,也不存在任何股权转让所得,无需缴纳个人所得税。但在实际操作过程中,虽然代持的法律关系是客观存在的,纳税人往往因为缺乏充足的证明材料而无法说服税务机关按照经济实质课税,最终被迫接受按照公允价格计税的补税决定。甚至公司作为代持人持有个人股权情况下,存在被双重征税的法律风险。

第五,其他风险。包括:(1)第三方不认可代持行为。如根据《公司法司法解释(三)》第24条第3款规定,如果代持的小股东股权,在未经其他股东半数以上同意情况下,不能将实际出资人作为显明股东办理工商变更登记。此外,根据《民法典》等相关法律规定,代持行为也不一定完全对善意第三人有效,代持人对代持资产的处分行为不能因为实际所有人未同意而予以撤销。(2)规避法律的行为不被认可。对于为了规避法律实施的代持行为,由于代持行为披露之后很可能被追究法律责任,因此即使代持人存在损害代持资产的主观行动或客观情况,代持行为依然不能被披露,进而导致实际所有人遭受财产损失等。

代持风险方面近年来比较典型的案例是小马奔腾的案例。

1994年,李某创立了北京雷明顿广告发展有限公司。2009年开始,小马奔腾对公司进行集团化架构调整并对资源进行整合,最终成立了北京小马奔腾文化传媒股份有限公司。大家耳熟能详的作品有很多,如《机器侠》《花木兰》《无人区》《黄金大劫案》等,小马奔腾也被誉为“影视圈的黑马”。小马奔腾鼎盛时期,一个项目同时有40多家机构参与竞投。

2011年,小马奔腾获投建银文化4.5亿元融资,建银文化持有小马奔

① 实质课税原则是指税法上确立的应依据纳税人经营活动的实质而非表面形式予以征税的准则。

腾 15% 的股权。建银文化与李某等相关方签订了对赌协议。协议约定：若小马奔腾未能在 2013 年 12 月 31 日之前实现公司上市，则投资方建银文化有权在 2013 年 12 月 31 日后的任何时间，要求其任何一方一次性收购建银文化所持有的小马奔腾的股权。

小马奔腾虽然经过了市场化股权重组，引入了 PE 机构，但确是典型的家族企业治理。李某作为公司的董事长，掌握着绝对的决策力。李某的姐姐李莉作为小马奔腾的副总裁，掌管着集团的财务、人事方面的事务，妹妹李萍则负责集团旗下北京新雷明顿广告有限公司，妹夫李某功担任小马奔腾电视剧总经理。

2014 年 1 月 2 日，小马奔腾董事长李某突发心肌梗塞去世，年仅 47 岁，由于李某并未提前对家庭和公司做任何安排，导致其妻子和他的姐姐之间产生了股权和控股权的争夺。李某去世 20 天后，李某的妻子金某出任公司董事长兼总经理。金某虽然顺利继任，但由于其过去没有在公司担任重要职位，无法掌握公司实权，小马奔腾的实际大权仍掌握在李莉、李萍两姐妹手中。2014 年 11 月金某的小马奔腾董事长的职务被罢免，小马奔腾的控制大权落入李莉手中，这场争夺也暂告一段落。但由于权力争夺过程中，管理的混乱和对高管及核心员工的承诺没有及时兑现，导致多名高管离职，小马奔腾开始走向衰败。

其实，姑嫂争斗的核心在于李某的姐姐是否代持了李某的股权，如果是，这部分股权应当作为遗产交付给金某，而金某就会因此成为第一大股东，夺回公司控制权就顺理成章。据金某介绍，李某的部分股权实际上系由李莉和李萍代持，但双方并未签订代持协议。尽管金某无足够证据证实李某与李萍、李莉之间构成股权代持关系，但李某作为公司创始人，所持有的股权比例过少，存在不合理性。

从股权架构上看，小马奔腾股东 30 余人，单一最高持股人为小马欢腾，持股比例不足 50%。创始人李某所直接和间接持有的小马奔腾股权，不足 20%，低于姐姐李莉和妹妹李萍。3 人累计对小马奔腾的控股比例约 58%，金某不持有股权。如果这 58% 中存在姐姐李莉和妹妹李萍给李某代持的情况,金某就可能成为第一大股东甚至是控股股东,也许结局就不会这么曲折,导致姑嫂反目。

由于小马奔腾未能完成上市,依据对赌协议,建银文化随之将李某遗孀金某告上了法庭,要求其为夫还债。北京市第一中级人民法院根据最高人民法院《关于适用〈中华人民共和国婚姻法〉若干问题的解释(二)》(以下简称《婚姻法司法解释(二)》)第 24 条的规定,于 2017 年 10 月判决这笔债务为李某与金某的夫妻共同债务,金某需在 2 亿元范围内承担连带清偿责任。金某不服一审判决结果,上诉至北京市高级人民法院。2019 年 5 月 7 日,该案二审在北京市高级人民法院不公开审理。二审法院审理后认为,金某对于对赌协议约定的股权回购义务是明知的,其参与了公司的共同经营。李某去世后,金某的一系列行为证实李某、金某夫妻共同经营公司,案涉债务属于二人经营所负共同债务。北京市高级人民法院依法驳回小马奔腾创始人李某遗孀金某的上诉请求,维持一审判决。金某虽表示将继续申请最高人民法院再审,但二审判决是生效判决,这意味着金某需为亡夫李某因对赌协议形成的 2 亿元债务承担清偿责任。

如果李某、金某夫妇设立了家族信托,通过家族信托代替上述姐姐和妹妹代持行为,或许结果就不会是这个样子。传统的代持方式和代持合约在法律上效力较低甚至会被宣判无效,更别说没有签订书面协议(代持事实的存在都无从考证)。而根据《信托法》等相关法律通过家族信托或单一信托进行资产代持,所签订的正式法律合同相比由双方私下签署的代持协议,无疑具备更大的法律效力与保障。

对于家族信托而言,每一个有效的家族信托都是信托公司根据客户的委托单独设立的有效合约和管理单位,其与委托人的其他财产和负债隔离,即使委托人及其家庭存在重大负债和亏损,对家族信托的效力也没有影响。

此外,通过家族信托来"代持"股权(实际上是一种股权的委托),还会起到避税或节税的效果。可以说,家族信托已成为高净值人士进行资产保全和规划的必备法律工具,而信托也成为履行代持职能的"特许"工具。家族信托的具体功能详见本书其他章节。

风险三:承担刑事责任的风险

根据目前现行有效的《刑法》,家族企业的企业主可能触犯的罪名多达50余个,且大多数罪名除对人身自由的限制之外,还需要承担罚金和没收财产的法律后果。而很多“创一代”的民营企业主其财富的积累,都是在改革开放过程中,依靠矿产、土地、能源、金融牌照、特许经营权等资源获取来实现的,实现的速度之快、数量之大让旁人难以想象。这里可能会涉及一些违反政策、不当的政商关系甚至违法的情况。有些商业活动在开始时还不违反政策,但随着新政策的出台可能面临财富被围剿或没收的危险(如近年来频频爆雷的P2P企业)。企业主刑事责任方面,比较高危的领域有两个:一个是行贿,另一个是税务。

一、行贿

这方面风险典型的案例如山西富商邢某斌的案件。

邢某斌是山西煤老板的缩影。1990年前后邢某斌从山西大学法律专业毕业,没有选择进入体制,而是在吕梁中阳县承包了一个私人铁厂。邢某斌第一桶金来源于租赁经营的柳林县金家庄乡办煤矿,随后其以8000万元的“白菜价”获得了当地最大、储量1.5亿吨的国营企业柳林县兴无煤矿的全部股权,进而一跃成为山西柳林首富,资产超百亿元。亚洲金融危机来袭,邢某斌的企业也遭到重创,几近一无所有。但2002年煤矿市场回转之际,邢某斌果断出手,收购了柳林年产60万吨的国营大矿兴无煤矿,并在短短10年内再次成为号称资产600亿元的大老板,手握全县一半以上煤矿资源。2009年4月,邢某斌牵手央企华润,其事业再上台阶。双方合资的华润联盛能源投资有限公司四处出击,在中阳、交口、石楼、临县、兴县等地并购矿井39对,整合后形成12对主体矿。借助合作伙伴华润之央企身份,邢某斌抢到了一大块资源“蛋糕”。

2013年底,山西联盛集团巨额债务危机突然而至,曾经引以为傲的“联盛系”自此开始轰然倒塌。而后政、商两界人脉极广的煤业大亨邢某斌被查,拉开吕梁反腐大幕,并揭示了“互相支持”这一吕梁高度隐秘的政商体系。所谓“互相支持”,是指吕梁官员竞选时找老板借款或由老板资助上位，即由老板资助官员买官；而老板遇到问题时，由官员出面摆平。

梳理邢某斌的发家史，与政府和国企交好是一大特点。从20世纪90年代承包国营小铁厂开始，到2002年收购兴无煤矿，2009年与华润合作，2011年与北大青鸟合资入股离柳，每次邢某斌总会抓住杠杆，大举扩张，但最后联盛集团的倒下也因此。①

联盛集团发展过程中，虽然有些是违法收入，但也存在一些正常经营所得。如果邢某斌能及早通过家族信托做一些风险隔离，也许不至于最后倾家荡产。

二、偷逃税

刑事责任方面，对于企业主来说，另一个高危的责任领域是公司税务问题。对于经营家族企业来说，税务支持直接决定了企业利润直至家族财富的多少。为此，很多企业都会以各种方式节税和避税。有些方式是合法，如利用家族信托进行税务筹划或利用地方税务政策获得税务减免等。但很多时候以追求利润最大化的民营企业，都会采用一些看似寻常但违法的方式进行避税，如部分收入进个人账户但以其他票证形式逃避所得税和增值税等情况。

《刑法》第201条第1款对逃税罪的规定是："纳税人采取欺骗、隐瞒手段进行虚假纳税申报或者不申报，逃避缴纳税款数额较大并且占应纳税额百分之十以上的，处三年以下有期徒刑或者拘役，并处罚金；数额巨大并且占应纳税额百分之三十以上的，处三年以上七年以下有期徒刑，并处罚金。"第211条规定："单位犯本节第二百零一条、第二百零三条、第二百零四条、第二百零七条、第二百零八条、第二百零九条规定之罪的，对单位判处罚金，并对其直接负责的主管人员和其他直接责任人员，依照各该条的规定处罚。"因此，单位可以成为逃税罪的犯罪主体，而且单位犯逃税罪的，

① 周清树、钟煜豪：《山西官商勾结揭秘：老板助买官官员帮平事》，载中国新闻网，https://news.china.com/finance/11155042/20140901/18750471_all.html，2020年12月15日访问；木土：《原山西柳林首富，煤老板邢利斌的前世今生》，载搜狐网，https://www.sohu.com/a/281978207_100295163，2020年12月15日访问。

直接负责的主管人员和其他责任人员同样是犯罪主体，需要承担刑事责任。这也是单位犯罪常涉及的“双罚制”，即罚单位又罚人。

“直接负责的主管人员”和“其他责任人员”包括哪些人，《刑法》没有列举，但从犯罪构成的角度来看，逃税罪属于故意犯罪，因此，相关责任人有犯罪故意是构成本罪的必要条件。如果嫌疑人不存在“欺骗、隐瞒”的意图和行为，则不可能构成本罪。《民法典》第61条规定：“依照法律或者法人章程规定，代表法人从事民事活动的负责人，为法人的法定代表人。”因此，企业主（通常为家族企业的法定代表人）在单位犯罪中最容易作为嫌疑人受到侦查和追诉，除非其证明不存在主观故意和客观行为，但这个证明存在一定的难度，因为毕竟家族企业的企业主是企业偷逃税的最终受益人。

而且，偷逃税的刑事责任追溯的时间一般是持续的，主要原因在于：第一，对于偷逃税行为，追溯时间是不受非犯罪情况下的税务稽查追溯时间限制的；[①]第二，偷逃税行为一般是持续的，根据国家有关刑事犯罪追溯时效的规定，只要犯罪行为一直存续，追溯时效就会自动延长。[②]

近年来因为企业偷逃税企业主承担刑事责任的典型案例如下：

河南中原铃木电梯制造公司（以下简称中原铃木公司）成立于2014年8月20日，法定代表人为程某洪，成立之时办理了营业执照和税务登记。

---

① 《税收征收管理法》第32条规定，纳税人未按照规定期限缴纳税款的，扣缴义务人未按照规定期限解缴税款的，税务机关除责令限期缴纳外，从滞纳税款之日起，按日加收滞纳税款万分之五的滞纳金。第52条规定，因税务机关的责任，致使纳税人、扣缴义务人未缴或者少缴税款的，税务机关在3年内可以要求纳税人、扣缴义务人补缴税款，但是不得加收滞纳金。因纳税人、扣缴义务人计算错误等失误，未缴或者少缴税款的，税务机关在3年内可以追征税款、滞纳金；有特殊情况的，追征期可以延长到5年。对偷税、抗税、骗税的，税务机关追征其未缴或者少缴的税款、滞纳金或者所骗取的税款，不受前款规定期限的限制。

② 《刑法》第87条规定，犯罪经过下列期限不再追诉：（1）法定最高刑为不满5年有期徒刑的，经过5年；（2）法定最高刑为5年以上不满10年有期徒刑的，经过10年；（3）法定最高刑为10年以上有期徒刑的，经过15年；（4）法定最高刑为无期徒刑、死刑的，经过20年。如果20年以后认为必须追诉的，须报请最高人民检察院核准。第88条规定，在人民检察院、公安机关、国家安全机关立案侦查或者在人民法院受理案件以后，逃避侦查或者审判的，不受追诉期限的限制。被害人在追诉期限内提出控告，人民法院、人民检察院、公安机关应当立案而不予立案的，不受追诉期限的限制。第89条规定，追诉期限从犯罪之日起计算；犯罪行为有连续或者继续状态的，从犯罪行为终了之日起计算。在追诉期限以内又犯罪的，前罪追诉的期限从犯后罪之日起计算。

2015 年 5 月 26 日，中原铃木公司竞得鹿邑县政府挂牌出让的位于产业集聚区志远大道北侧一宗面积为 87.1995 亩的国有土地使用权，于 2015 年 6 月 10 日签订《出让合同》，鹿邑县人民政府于 2015 年 9 月 28 日批准使用该块土地，土地部门于 2015 年 11 月 5 日颁发《土地使用权证》。由于缺乏资金，公司的办公楼和厂房一直处于停建状态，没有进行生产经营。2016 年 5 月，股东程某洪和另一股东秦某将全部股权转让给刘某斌，法人代表也变更为刘某斌，同时变更了工商登记，但刘某斌没有申请变更税务登记。2017 年 11 月、12 月，鹿邑县地税局派人到中原铃木公司所在地对该公司的纳税情况进行检查，认为该公司存在未缴纳土地使用税的情况。经计算，税务机关认为，自 2015 年 7 月至 2016 年 12 月，该公司应缴纳土地使用税 523,197 元而未缴纳，占应纳税额 1,075,460.52 元的 48.64%，涉嫌逃税。法院认为，河南中原铃木电梯制造有限公司取得国有土地使用权后，不进行纳税申报，逃避缴纳税款数额巨大，占应纳税额的 30% 以上，其行为构成逃税罪，指控的罪名成立。判决河南中原铃木电梯制造有限公司犯逃税罪，判处罚金人民币 10 万元。判决公司法定代表人刘某斌犯逃税罪，判处有期徒刑 3 年，并处罚金人民币 10 万元。继续追缴税款 523,197.00 元，上缴国库。①

通过上述分析和案例可知，就民营企业而言，偷逃税的刑事处罚就像“达摩克利斯之剑”，随时可能落下。规避这一风险最有效的方式是：利用家族信托等工具做合法的税务筹划，并利用这一工具做好风险隔离。

① 资料来源：详见(2019)豫 1628 刑初 174 号判决书和(2020)豫 16 刑终 198 号裁定书。

第二章

来自于家族的风险

第一节 任何人都存在于一个“亲属财产关系”之中

任何人都存在一个“亲属财产关系”之中,高净值家族的家庭成员也不例外。亲属财产关系是以主体间存在特定亲属人身关系(因结婚、出生、收养等发生的法律关系)为前提,不体现直接的经济目的,而是凸显亲属共同生活的要求,与身份密不可分,不同于其他财产关系。① 一般财产关系以等价有偿、公平自愿为原则,而亲属财产关系具有非对价性,以服务于家庭共同生活、实现养老育幼的家庭职能为目的,具有伦理性。因此,夫妻间的共同财产不能适用等价有偿的公平原则,只要有夫妻关系,法律通常以“夫妻共同财产”定论,而在对家庭成员必须支付“抚养费”和“赡养费”方面,法律通常也不会考虑市场交易规则。

① 最高人民法院民法典贯彻实施工作领导小组:《中华人民共和国民法典婚姻家庭编继承编理解与使用》,人民法院出版社 2020 年版,第 13 页。

改革开放以来,人民生活水平逐年提高,但中国的离婚率逐年增长。根据相关统计,1979 年中国的粗离婚率(年度离婚数与总人口之比)为 0.3‰,此后持续递增,1990 年上升到 0.7‰,之后比较平稳,2000 年粗离婚率近 1.0‰,是 1979 年的 3 倍。2004 年粗离婚率为 1.28‰,2009 年粗离婚率为 1.85‰,2013 年粗离婚率为 2.6‰,2018 年粗离婚率为 3.2‰。[①] 离婚率的攀升有如下几个原因:第一,生活富裕了,人们的行为方式和伦理观念更复杂,更多的人开始追求高质量的婚姻状况,有的人甚至追求婚外情。同时男女平等观念已深入现代婚姻中,"家庭地位"的冲突也越来越多。第二,社交网络的科技化和城镇化淡化了亲人之间的交集,缺乏了婚姻的束缚。第三,快节奏的商业化生活,增加了生活压力,进而影响夫妻间生活情趣。第四,原来的《婚姻法》为了打破传统婚姻观念,保障婚姻自由,设定了简易的登记离婚行政程序,然而近年来却成为协议离婚的助推器,甚至出现了买房买车方面"政策性离婚"的怪现象。为此,《民法典》婚姻家庭编增设了 30 天的"离婚冷静期"。[②] 婚姻中的双方是最亲密的人,但离了婚的双方可能是最陌生的人甚至是仇人。婚姻是没有血缘关系做支撑的,离婚后就面临着赤裸裸的财产分割,也就是这些财富到底是姓张还是姓李的事情。而财富的形式多种多样,其中对家族企业的影响最为深刻。

除了离婚这一因素外,很多家庭变故还源于家庭重要成员的突然离世。无论如何,婚姻关系或家庭关系因为离婚、死亡等出现而破裂是摧毁家庭财富的罪魁祸首,对家庭财富的影响就是最直接和巨大的,因为它直接摧毁的是"家庭"这一财富载体。

---

① 参见王丽娜:《中国离婚率 30 年翻 10 倍 30 天离婚冷静期能保护婚姻吗?》,载新浪网,https://finance.sina.com.cn/wm/2020-07-03/doc-iircuyvk1838530.shtml,2021 年 1 月 5 日访问。

② 《民法典》第 1077 条规定:"自婚姻登记机关收到离婚登记申请之日起三十日内,任何一方不愿意离婚的,可以向婚姻登记机关撤回离婚登记申请。"

第二节 家庭可能给传承带来的风险

纵览相关案例,笔者总结出家族可能给家族财富传承带来的六大类风险,即家庭变故后企业“易主”、家庭变故后企业“无主”、家庭变故后企业经营不利、多婚姻或多情感导致的多子女及子女教育缺失、缺乏家庭冲突解决机制以及夫妻共同债务等。

风险一:家庭变故导致家族企业“易主”

大部分的高净值人群都是企业主,婚姻关系正常存续期间,夫妻双方是“一致行动人”,是最信任的“合作伙伴”。而一旦企业主的婚姻出现问题,将可能直接导致控股权被分化,进而直接影响企业的经营。在家族企业中,由于企业与家族的双重属性,因家族冲突导致的风险往往无孔不入。而家族中的夫妻、姻亲、兄弟姐妹等亲属关系,往往最容易引发冲突,甚至上升至家族战争,由此也会引发家族企业的系列问题,包括股权之争、控制权之争、财富之争和家族传承等典型问题,甚至带来毁灭性后果。[①]

当下最典型的案例莫过于当当网实际控制人李某庆夫妻的爱恨情仇。

李某庆 1989 年开始从事图书出版领域,并于 1993 年创办了“北京科文经贸总公司”。1996 年,在美国寻求融资时,认识俞某。次年,俞某随李某庆回国,马上结婚。1999 年,夫妻两人创立了“当当”,同年“当当”正式上线运营。公司于 2000 年完成第一轮融资,拿到 800 万美元风投。值得一提的是,2004 年 1 月亚马逊曾提出 1.5 亿美元收购 70% ~90% 的股份。李某庆夫妻当即拒绝,并表示只接受“战略性投资”。随后亚马逊回应,价格可在 1 亿 ~10 亿美元进行谈判,但经过数月谈判后未果。2004 年 8 月,“当当”宣布停止并购谈判。同年底,当当网于美国纽交所挂牌上市,发行

---

① 参见高皓、安静:《家族战争|双核心家庭的冲突与困境》,载中国经营网,http://www.cb.com.cn/index/show/jz/cv/cv1331081528/p/s.html,2020 年 12 月 28 日访问。

价16美元,高峰时市值曾接近30亿美元。2016年9月,当当网完成私有化退市,退市时市值仅5.36亿美元(约合人民币33.6亿元)。当时外界即猜测,当当网可能回归A股市场。2018年,当当网曾计划以75亿元的估值出售给海航集团,但由于各方面原因交易未达成。

2019年2月上午,李某庆突然发布公开信,宣布离开“当当”,妻子俞某将成为“当当”的董事长兼首席执行官(CEO)。2019年7月18日李某庆向北京市东城区人民法院提起离婚诉讼,俞某于9月7日收到法院EMS快递传票后得知9月18日即开庭。2019年10月10日,李某庆在参加腾讯“进击梦想家”访谈节目时,突然狠狠地把水杯摔到地上,痛斥俞某将其踢出了一手创立的“当当”。据称,这一视频有1.2亿次传播。至此,夫妻二人的矛盾公开化。

2019年11月,北京市东城区人民法院联系双方律师,并于11月29日第一次开庭。第一次开庭是双方交换证据,开庭就闭庭,虽然当事人不必到场,李某庆来到了法院,但俞某却未在法院露面。俞某的律师出庭并提交了证据,李某庆及代理律师没有提交证据。2020年2月24日,东城区人民法院联系被告俞某和律师,商议网上开庭。俞某律师认为案情不适合网上开庭,根据《最高人民法院关于新冠肺炎疫情防控期间加强和规范在线诉讼工作的通知》,法院推行线上开庭需要充分考虑案件类型、难易程度、轻重缓急等因素,要维护当事人的合法权益。当事人不同意在线审理,依法申请延期的,法院应当允许。

随着时间的推移,李某庆与其妻俞某之间的矛盾不断激化。2020年4月26日,李某庆率5名壮汉进入“当当”拿夺公章,并发布《告当当全体员工书》,宣布接管“当当”。李某庆还表示,已于4月24日依法召开临时股东会,李某庆当选董事长与总经理,全面接管公司。俞某仅为董事,无任何职权,李某庆同时还宣布:(1)自2020年2月1日始至今,以“开除、辞退、优化”等方式的人事流程全部终止,已被单方面辞退的员工,可与公司协商,协商一致重新签署劳动合同并返岗。(2)公司拟以2019年度税后净利润30%进行股东分红,以缓解中小股东的当前压力,公司近期将依法作出相应利润分配安排。(3)公司各部门保持不变,保障各项业务正常运行。各部门及各位同事均应依法向现任董事长、总经理李某庆先生及其指派的人员汇报工作。当即,"当当"报警,宣称大股东俞某没有接到过会议通知,根据当当网在工商登记的章程,当当网不设立董事会,因此,这两次会议没开过,并宣布公章作废。

2020 年 6 月 15 日,庭前谈话(第二次开庭前的质证)。因为李某庆的证据在当天的庭上提交,法庭只能质证俞某律师半年多前提交的证据。俞某全程很少发言,李某庆讲述自己送土特产等婚姻状况。2020 年 6 月 18 日,鉴于李某庆已经在网上讲述自己的家暴历史、俞某洪母亲拎菜刀,俞某向东城区人民法院申请《人身安全保护令》。2020 年 7 月 3 日,俞某的申请被法院驳回,驳回文书中没有出具理由。当当网纷争由来已久,李、俞二人的离婚案也因涉及股权纷争难以宣判。

2020 年 7 月 7 日早 6 时 30 分,李某庆率 30 人(含社会人)来到当当,携带电钻,进入防盗门,抢走几名保安的手机、限制保安人身自由,撬开保险柜,抢走公章、U 盾等资料。2020 年 7 月 8 日晚 10 时,朝阳公安宣布对李某庆行政拘留 10 天。

2020 年 7 月 16 日晚,当当法务部官方微博发布消息,介绍李某庆、俞某离婚案的进展,称当当网股东离婚诉讼不影响当当网的运营与治理结构。文章介绍,北京当当科文电子商务有限公司在北京市工商局登记的股权比例为俞某 64.20%,李某庆 27.51%,管理层 8.29%。股东行使权力,应当按照工商登记的比例为依据,不能将《婚姻法》混淆进入公司治理中。股东的配偶,无权因配偶身份就行使股东权利。李某庆自己代替法院将股权进行 5:5 分,以此增加自己的股权比例,召开股东会的行为,于法无据。当当法务部还指出,俞某、李某庆、孩子和管理层,约定了他们在控股公司的股权比例,即俞某为 52.23%、李某庆为 22.38%、孩子为 18.65%、管理层为 6.74%。这个比例,扣除代持因素,目前同步映射在北京市工商局登记的北京当当科文电子商务有限公司的股权结构中。这个比例真实反映了俞某、李某庆和他们孩子在2016年的约定,符合当当的历史。[1]

根据当当法务人士的解读,工商登记显示的持股比例应当视为夫妻双方对于股权分配的一项“约定”,在离婚进行财产分割时,应遵守这一约定。但根据《北京高院民一庭关于审理婚姻纠纷案件若干疑难问题的参考意见(2016)》第22条规定,“上述有限责任公司工商登记中注明的夫妻双方股权份额不构成夫妻间财产约定”,很多地方法院审判意见中也体现了类似的规定。[2] 因此,如果李某庆夫妻二人最终不能“和平”离婚,当当网将面临持久的股权纷争,甚至有被分割的风险。

风险二:家庭变故导致家族企业“无主”

如果说上述当当网事件只是一个“纷争”,而有些企业家的离婚案件则上升到了刑事犯罪。

葵花药业从1998年成立至今,是家家户户都知晓的知名企业,主营业务以生产中成药为主导,以“化学药、生物药”和“健康养生品”为两翼,是集药品研发、制造与营销为一体的大型品牌医药集团企业。但因为实控人

---

① 资料来源:根据网上公开报道资料整理。

② 《北京高院民一庭关于审理婚姻纠纷案件若干疑难问题的参考意见(2016)》第22条规定:“离婚诉讼中有限责任公司股东为夫妻二人,双方就股权分割无法协商一致时。双方均主张股权的,可按比例分割股权;双方均要求补偿款的,释明当事人可另行对公司进行拍卖、变卖或解散清算并分割价款;夫妻一方主张股权,另一方主张补偿款的,可在确定股权价值基础上由获得股权一方给付另一方补偿款。上述有限责任公司工商登记中注明的夫妻双方股权份额不构成夫妻间财产约定。但如设立公司时根据相关规定提交财产分割书面证明或协议的,构成财产约定。离婚诉讼中有限责任公司股东为夫妻二人及其他股东时,参照上两款规定进行处理。”《江苏省高级人民法院关于〈家事纠纷案件审理指南(婚姻家庭部分)〉》第42条规定:“夫妻双方设立夫妻公司时在工商部门登记的持股比例是否属于夫妻财产约定,离婚时能否据此分割股权?基于夫妻关系的特殊性可能导致双方设立夫妻公司时在工商部门登记的持股比例具有很大的随意性,如果无其他证据佐证,该登记比例不属于夫妻财产约定,离婚时夫妻一方要求据此分割股权的,不予支持。”《浙江省高级人民法院关于审理婚姻家庭案件若干问题的解答[高法民一〔2016〕2号]》第13条规定:“婚后夫妻双方设立公司,在工商行政部门登记有双方持股比例,该比例是否属于夫妻财产约定,离婚时可否据此分割公司股权?如无其他证据证明夫妻双方对公司股权进行过夫妻财产约定,该登记比例不能视为夫妻财产约定。一方当事人仅凭工商行政部门登记的股东持股比例要求据此分割的,不予支持。法院应根据实际情况依法对股权进行分割。”《深圳市中级人民法院关于婚姻家庭纠纷案件的裁判指引》(2014年修改)第24条规定:“工商登记中载明的夫妻投资比例不应认定为夫妻对财产归属的约定。婚姻关系存续期间,无论使用一方的个人财产还是使用夫妻共同财产投资设立的股东仅有夫妻两人的有限责任公司,公司经营所产生的股东收益均属于夫妻共同财产。”

的离婚遭受了很大的冲击,甚至导致了伤人的犯罪事件。

葵花药业集团股份有限公司(以下简称葵花药业)的前身为成立于2005年9月的黑龙江葵花集团有限公司,2014年,葵花药业在深圳证券交易所成功上市。根据上市公司于2014年披露的招股说明书可知,彼时,葵花药业的实际控制人为关某斌和张某兰夫妇,关某斌和张某兰直接和间接控制了公司75.73%的股份。自公司成立伊始,关某斌担任公司法定代表人、董事长兼总经理,1959年出生的张某兰担任公司董事、副总经理。

2017年7月公司公告,关某斌与张某兰因离婚办理股份分割手续,张某兰所持有的葵花药业股份649,744股归关某斌所有,此次变更完毕后,张某兰不再持有上市公司股份。关某斌以现金方式补偿9亿元人民币给张某兰。至2018年12月已支付6.5亿元。

2018年12月22日,时任葵花药业董事长关某斌在其前妻张某兰父母家中,手持菜刀暴砍张某兰4刀,致其失血性休克,创伤性面瘫,构成重伤二级。行凶后,关某斌亦举刀刺向自己的左胸部,并划伤自己的脖子。后经全力抢救,张某兰幸免于难。2018年12月23日凌晨2时左右,在哈尔滨一家医院就医的关某斌被警方抓获。2019年1月2日,葵花药业发布公告称,关某斌因个人年龄的原因,从公司长远发展角度出发,为给年轻人更多机会,优化经营管理团队,申请辞去公司第三届董事会董事、董事长、总经理职务,同时辞去第三届董事会战略委员会委员的相关职务。辞职后,关某斌仍担任公司战略顾问委员会主任职务,但迄今仍是葵花药业的实际控制人。关某斌的女儿关某秀接任董事长职务;另一女儿关某则任总经理。2018年12月29日,关某斌被警方以涉嫌故意杀人罪监视居住。2019年1月24日,大庆警方对关某斌刑事拘留,同年1月31日,被批准逮捕。

2019年2月1日,葵花药业发布公告称,公司董事会选举关某秀为公司第三届董事会董事长,选举关某为公司第三届董事会战略委员会委员、并担任董事会战略委员会召集人。2019年3月21日,葵花药业披露了其2018年年度报告,其中提到,上市公司实际控制人关某斌"因个人原因与他人发生纠纷造成身体伤害,被司法机关采取强制措施。其在上市公司不担任董、监、高职务，该事件未对上市公司正常生产经营活动造成影响。其行使股东权利不受影响”。

2020 年 7 月 16 日，这震惊一时的“葵花药业董事长杀妻案”一审宣判，法院以关某斌犯故意杀人罪，判处其有期徒刑 11 年。关某斌不服，表示上诉。

上述葵花药业的事件向企业主提出了一个警示：对于掌管企业的企业主来说，协议离婚也避免不了持久的纷争和抗衡。关某斌和张某兰夫妇虽然在 2017 年已经协议离婚，谈妥了财产分割方案，但在执行过程中仍矛盾重重，最后演变成伤害事件。因此，突发事件随时发生，应早早计划“接班”事宜。关某斌和张某兰夫妇的离婚风波闹到如此境地，幸好有两个女儿及时“补缺”接班，否则企业经营将面临不可设想的后果。试想如果没有愿意接班或有能力接班的子女，而夫妇二人也未通过家族信托等工具做提前的规划，后果将不堪设想。下面这个案例就因为“接班”问题，家族企业可能面临巨大的经营风险。

2020 年年末，年仅 39 岁的上市公司游族网络董事长林某意外离世。根据警方通报的消息，案件涉及公司内斗、高管投毒。董事长意外离世，刑事案件涉及公司高管，上市公司将何去何从？就在投资人重新评估“后林某时代”的游族投资价值时，一场因股权继承引发的纠纷一波三折。

2021 年 1 月 11 日晚间，游族网络发布关于实际控制人将发生变更暨权益变动的提示性公告。公告显示，公司原控股股东、实际控制人林某生前直接持有公司股份 219,702,005 股，占公司总股本的 23.99%。上述遗产由其未成年子女林某溪、林某璟及林漓三人共同继承，相关股东权益将由三人母亲暨法定监护人许某芬行使，因此，本次权益变动完成后，许某芬为公司的实际控制人。因许某芬没有参与林某股份继承，除非林某另有遗嘱，否则间接证实林某和许某芬已离婚。紧接着 2021 年 1 月 12 日午间，微博用户糖醋个里脊啦发文“三问游族网络”，称林某与其姐姐“原计划疫情结束之后办理结婚登记”，且育有一子，名为林某清，应依法享有继承权，游族网络却枉顾事实，“做贼心虚偷偷公布变更股东继承人”。并在微博中附上一份出生证明照片，照片上显示孩子父亲为林某（但是不是游族网络的林某不得而知）。[①]

比离婚更可怕的是突如其来的离世。林某是这个家庭的核心，也就是我们所说的企业主。不管是三个未成年孩子还是四个未成年孩子（非婚生子女同样拥有法定继承权[②]）参与遗产的分割，也不管“实际控制人”最后落在谁那一边，在无任何家族信托等方面的传承安排情况下，游族网络的明天都开始茫然，对这个家庭、对投资人及对企业的员工都是一场灾难。

风险三：家庭变故导致企业倒在“成功”门前

成功企业背后的离婚闹剧频频上演，像沃尔核材周某平和邱某敏夫妇离婚直接导致公司“无实控人”，昆仑万维董事长周某辉与妻子李某离婚引发的“70 亿天价分手费”等。但有些企业却因为婚姻问题却倒在了“成功”的门前。

这类案例像上文中提及的“真功夫”案例，还有下面这个土豆网案例。

2005 年 4 月，土豆网成立，是全球最早上线的视频网站之一（土豆网上线 8 天后，YouTube 才上传了它的第一条视频）。2010 年 11 月，就在土豆赴美上市之际，王某的前妻杨某突然提出诉讼，要求分割土豆网 38% 的股权。因为杨某申请了财产保全，法院冻结了王某名下 3 家公司的股权，其中包括其所持有的上海全土豆科技有限公司 95% 的股份，为此，土豆网的上市申请被迫推迟。

2010 年 12 月，土豆的竞争对手优酷在纽交所挂牌，成为全球首家在美独立上市视频网站，优酷首日大涨，与 12.8 美元的发行价相比涨幅达 160%，市值超过 30 亿美元。在付出巨大的代价后，王某与杨某结束了离婚官司。直至 2011 年，土豆才完成上市，结果市场不看好，土豆上市首日下跌 12%，市值 7.1 亿美元。2012 年，土豆与优酷合并，几个月后，王某“退休”。

---

① 资料来源：根据网上公开报道信息整理。

② 《民法典》第 1071 条规定：“非婚生子女享有与婚生子女同等的权利，任何组织或个人不得加以危害和歧视。”

俗话说，“起个大早赶了个晚集”。可以说，因为这桩离婚官司，土豆付出的代价很可能是20多亿美元，更重要的是企业错失了发展的机遇。①

风险四：多婚姻或多情感导致的多子女及子女教育缺失

这一部分主要讨论离婚或家庭变故后给子女教育和家业传承带来的影响。离婚协议或法院离婚判决中，也都会对子女问题进行确认，包括子女抚养权、探望权等。父母怎样“传”以及孩子如何“承”本身就是一枚硬币的两面，都是家族财富传承的核心。因此，在家庭出现变故时子女的情况、子女之后的教育和传承问题就尤为关键。当然，无论父辈是否存在婚姻状况的变故或提前离世情况的发生，子女的教育问题始终是个大课题。本部分就这两个问题一并梳理和讨论。

在没有事先的家族传承工具加以安排的情况下，离婚节点或家庭变故节点，子女们的态度将对接下来的财富传承产生重大的影响。如果都是同父同母的婚生子女，且子女已成年、受过良好的教育并愿意接纳家族事务，家庭之间也很和睦、家族企业运行也很正常，则财富能顺利传承下来。但面临家庭状况的突变，这样完美的情况毕竟是少数。

一、多婚姻或多情感导致的多子女

“多婚姻或多情感”主要指夫妻一方有过其他婚史（目前是重组后的家庭），或者一方在外面有事实婚姻或外遇等情况。很多高净值家族都面临这样的复杂的婚姻问题。因为父母婚姻的变故，对孩子的影响也因孩子当时的情况有所不同。孩子可能是婚生子女，也可能是非婚生子女，孩子可能已经成年或者尚未成年，有些家庭还有这“重男轻女”等思想，这就使的传承中的“承”这一过程变得更为复杂。

二、缺失家庭教育

父母离婚或婚姻不和谐，直接影响孩子的就是家庭教育。家庭教育跟社会和学校教育相比，对孩子的影响是最直接和长久的，尤其是对未成年

① 志方说：《还记得比优酷成立更早的土豆网吗？创始人因离婚错失上市机遇》，载https://baijiahao.baidu.com/s?id=1645827646113112528&wfr=spider&for=pc，2020年12月8日访问。

孩子的影响。

尽管我国法律做了一些人性化的制度安排，包括保护非婚生子女（跟婚生子女享有同等权利）、保护未成年子女、[1]离婚后父母和子女的直系亲属关系不会改变、赋予非抚养一方父母探望权等，但更多的是需要父母给予孩子关爱，孩子需要父爱和母爱同时存在，需要完整的家庭教育和陪伴。缺失家庭教育的孩子，将会缺乏家庭观念，缺乏对家族企业和财富传承的意愿，当其拥有财富时，更多的是挥霍。

并不是只有离婚家庭的孩子才缺少家庭教育，很多正常的家庭，如果只一味地让孩子出国留学或只重视孩子职业教育和专业培养，而忽视了培养孩子对社会、对家庭的认知和尊重，也一样是一种缺失家庭教育的表现。

根据福布斯中国与平安银行私人银行于2020年12月发布的《2020中国家族办公室白皮书》公布的调查结果，由于国内第一代企业家多数是在改革开放初期创业并经营传统产业，因此，多数的第一代企业家子女并不愿意在现有的企业经营模式下接班，即对企业战略以及经营管理理念与父辈存在分歧，同时对未来经济、行业和市场趋势也有自己的见解和判断。与此同时，第一代企业家也有担心子女“志不在此”，自身不愿意接班，或是子女“能力不济”，无法承担接班的重任。

当然，除了家庭教育之外，职业和专业方面的教育也应齐头并进。

根据福布斯中国与平安银行私人银行于2020年12月发布的《2020中国家族办公室白皮书》公布的调查结果，61.5%的参与者表示，目前最令人担心的家族继承人培养问题是继承人对人才管理缺乏判断。同时，缺乏扎实的财务和商业运营的实操经验（50.0%）和针对新兴产业的盲目投资、创业（46.2%）也令大多数的第一代创业者担忧。

已使用家族办公室的参与者表示目前国内家族办公室提供的下一代教育、培养服务集中在以下几个方面：教育规划（55.6%），职业规划

① 例如，为了更好地保障“未成年人”的合法权益，《民法典》规定，夫妻离婚后如果一方不给付抚养费，另一方可以依据双方在离婚时签署的协议主张违约金。

(38.9%),家族继承人规划(27.8%),社会责任规划(27.8%)和创业支持(27.8%)。

综上,家庭出现变故的同时也给孩子的成长带来一定的影响,为了减少这样的影响,不能只是金钱补偿,而是应该在重视家庭教育的同时,通过家族信托等工具为子女和传承做好安排,让子女拥有坚定的家庭观念的同时,获得持续稳定的求学和生活保障,从而实现传承的目的。

风险五:缺乏家庭冲突解决机制

相比海外庞大、复杂且发展漫长的富裕家族传承和历史而言,国内富裕家族成型较晚、家族成员人数和体系相对简单,同时因为国人“家丑不可外扬”的思想,高净值家族的矛盾或争端也仍依赖家族内部自行解决。

根据福布斯中国与平安银行私人银行于2020年12月发布的《2020中国家族办公室白皮书》公布的调查结果,76.6%的参与者表示目前在家族中并没有规范的家族治理机制和组织来处理、协调家族成员内部的关系与事务的机制,但在家族内部出现纷争或矛盾时,55.4%的参与者会根据实际情况,和家族内部成员商议解决。

但对于拥有家族企业的家庭来说,如果只靠家族成员的内部协调,甚至这种协调结果直接影响企业的决策,则应尽量利用一些成文的“家规”甚至利用一些外部机制做些补充,避免因此造成的损失。上述很多案例中家族企业的消亡都源于家庭矛盾没有及时解决。

家庭协调机制的建立和家庭事务的处理也是对子女进行家庭教育的一个重要方面。本书其他章节将对家族宪章等常用的家族传承方式进行解读。

风险六:夫妻共同债务

近年来出现了很多离婚后夫妻一方仍需要对另一方离婚前的债务承担连带责任的案例,使夫妻共同债务的认定法律界关注的问题,如上文中提及的小马奔腾案例。

跟其他制度一样,我国关于夫妻共同债务的法律制度也经过了一个逐步完善的过程。

《婚姻法》是我国确立夫妻共同债务制度的开始。《婚姻法》对夫妻共同债务的规定并不十分明确，但对夫妻间"婚内财产分割协议"的效力进行了认可，并相应的解释为在第三方明知的情况下，夫妻间的债务分割也是可以实现的。[①]

但随着债权人追索夫妻共同承担债务的案件逐渐增多，从债权人利益的角度出发，2003 年最高人民法院发布了关于夫妻债务的司法解释，该司法解释规定，婚内一方举债视为夫妻共同债务，除非夫妻一方能够举证：(1)债权人和债务人明确约定为个人债务；(2)债权人知道债务人夫妻之间有个"婚内财产分割协议"。[②] 这就使夫妻承担共同债务的情况变得更为普遍，甚至出现了夫妻一方与债权人串通损害另一方配偶财产权的情况。鉴于此，2018 年最高人民法院又发布了新的司法解释，将夫妻一方以个人名义所负的"超出日常生活"需要的债务属于夫妻共同债务的举证责任从夫妻一方转移给了债权人，日常生活需要所负债务一般还是认定为夫妻共同债务。[③]

经过多年来司法实践的积累和演变，目前对于夫妻共同债务的认定主要依据《民法典》第 1064 条。[④] 根据该法的规定，夫妻债务主要从三个方

---

① 《婚姻法》第 19 条第 3 款规定，夫妻对婚姻关系存续期间所得的财产约定归各自所有，夫或妻一方对外所负的债务，第三人知道该约定的，以夫或妻一方所有的财产清偿。

② 最高人民法院《关于适用〈中华人民共和国婚姻法〉若干问题的解释(二)》第 24 条规定，债权人就婚姻关系存续期间夫妻一方以个人名义所负债务主张权利的，应当按夫妻共同债务处理。但夫妻一方能够证明债权人与债务人明确约定为个人债务，或者能够证明属于婚姻法第十九条第三款规定情形的除外。夫妻一方与第三人串通，虚构债务，第三人主张权利的，人民法院不予支持。夫妻一方在从事赌博、吸毒等违法犯罪活动中所负债务，第三人主张权利的，人民法院不予支持。

③ 《最高人民法院关于审理涉及夫妻债务纠纷案件适用法律有关问题的解释》第 3 条规定，夫妻一方在婚姻关系存续期间以个人名义超出家庭日常生活需要所负的债务，债权人以属于夫妻共同债务为由主张权利的，人民法院不予支持，但债权人能够证明该债务用于夫妻共同生活、共同生产经营或者基于夫妻双方共同意思表示的除外。

④ 《民法典》第 1064 条规定，夫妻双方共同签名或者夫妻一方事后追认等共同意思表示所负的债务，以及夫妻一方在婚姻关系存续期间以个人名义为家庭日常生活需要所负的债务，属于夫妻共同债务。夫妻一方在婚姻关系存续期间以个人名义超出家庭日常生活需要所负的债务，不属于夫妻共同债务；但是，债权人能够证明该债务用于夫妻共同生活、共同生产经营或者基于夫妻双方共同意思表示的除外。

面来认定：

第一，有共同意思表示，是共同债务。即夫妻一方的举债不管是用于什么用途（生活需要、企业经营需要甚至个人挥霍等），如果双方“共签”举债协议或者一方签署后另一方“追认”，[①]则为夫妻共同债务。

第二，共同日常生活所需，是共同债务。即虽然举债是一方进行的，但借来的钱用于夫妻共同日常生活所需，如购车、购房、孩子学费等，则可以直接认定为是夫妻共同债务，不需要债权人提供借据之外的其他证据。这里需要达到“共同”以及“日常生活”的标准，如果一方举债不是用于共同生活（而是个人挥霍或用于跟父母或其他人生活），或者很明显借款不是用于“日常生活”而是非日常所需的单笔大额消费、赌博等，则不属于共同债务，除非债权人证明有上面的夫妻“共同意思表示”。

第三，共同生产经营，是共同债务。这种情况因为是明显超过“共同日常生活所需”，因此，需要债权人能够证明夫妻双方都参与了家族企业的经营或者有上面“共同意思表示”。证明夫妻双方共同参与经营的核心在于：夫妻双方是否在家族企业持股、任职和工作，夫妻双方是否参与了家族企业重大事项决策等。

对于高净值家族和家族企业而言，夫妻共同债务这一制度的关注点主要在于上述第三种情况，即不主管家族企业事务的夫妻一方，如何避免被认定为参与了“共同生产经营”而需要对另一方甚至整个家族企业的债务承担责任。

在上文中小马奔腾案例中，可以发现，虽然李某的妻子之前在李某签署“对赌协议”时没有明确表示同意，在李某姐姐和妹妹可能代持的股份方面也没有争取回一些股份，但因为她在李某去世后一段时间掌控了公司并参与了一些决策，法院同样还是认定“对赌协议”项下债务为夫妻共同债务，可以看出对于高净值家族，法院对于“共同生产经营”的举证要求并

① 这种“追认”也需要债权人能够证实，追认的方式如签字、微信或电邮确认、录音等方式证实的口头确认等。

不是那么严格。这也给高净值家族提了个醒,尽量做好夫妻共同债务的隔离。

综上,婚姻和家庭方面的变故直接影响家族企业的健康发展和家庭财富的有效传承。《民法典》及之前的相关法律,在亲属财产关系方面充分考虑了我国的传统文化和多年的司法积累,鼓励和倡导家庭和睦,保护善良一方、子女和父母的权益。(1)对于夫妻一方对"小三"的赠与行为。由于其严重侵犯了夫妻对于共同财产的平等处理权,通常法院会认定赠与行为无效,且全部无效。(2)对孩子抚养费违约金的约定。《民法典》在婚姻家庭等亲属财产关系方面,也不是完全不考虑市场规则的运用,例如,为了更好地保障"未成年人"的合法权益,夫妻离婚后如果一方不给付抚养费,另一方可以依据双方在离婚时签署的协议主张违约金。也就是说,对于涉及身份关系的财产协议,并不完全排斥合同法律的使用。① (3)夫妻间"忠诚协议"的效力。夫妻之间的"忠诚协议",如果只是基于身份关系的协议,只是约定如果对方有"出轨"等情况需要向配偶支付一定赔偿金等,但不涉及财产分割内容等,法律通常不会赋予此类约定强制执行效力。但法律终究只是解决大概率事件且具有一定的价值导向,如果高净值家族想在传承方面尽量避免风险并按照自己的要求"定制"传承的方案,还需要借助于家族信托等工具。

---

① 王利明:《合同法研究》,中国人民大学出版社 2002 年版,第 58 页。

第三章

跨境传承的风险

除上述经营企业的风险和来自家庭的风险之外,还有一类风险是在传承过程中因为家族成员拥有海外身份带来的风险。

第一节　拥有海外身份的原因

高净值家族的家族成员一般都会有多重身份或至少有一个非出生国的身份。拥有外国身份的原因无非如下几个原因:

第一,税务筹划和海外资产配置。高净值家族一般都会进行全球化的资产配置和布局,享受全球无外汇管制带来的资产流通的便利以及各个国家和领域内财富增值机遇。如果已经在国外有公司或者有房产,而外国的移民政策也"友好的"向高净值家族伸出橄榄枝,高净值家庭都会选择先拿到一个身份,以方便以后的安排和税务筹划。没有合理的税务身份规划,参与海外资产配置下的家庭财富会在税务方面遭受重大损失。

第二,子女教育需要。相比较中国改革开放后逐步完善的教育资源和制度,欧美和很多院校都拥有完备的教育资源和教学质量,很多高净值家族都希望孩子在成长过程中能接受一些海外优质的教育。为了让孩子融入当地的教育和生活环境中,在很多情况下，高净值家族都会先给孩子办一个海外身份，有的甚至给全家都安排了一个海外身份。

第三，海外上市或融资需要。家族企业一般会根据其所处的行业和发展情况，在全球范围内选择其最合适的国家或地区将企业上市，在资本市场上进行融资，如美国纽交所和纳斯达克、我国香港地区联交所等，而不一定是国内资本市场。家族企业如果想在海外上市主要通过直接上市（如H股）或间接海外上市（红筹架构①）两种方式。根据中国相关的法律，境内居民自然人如果想在境外设立企业或者特殊目的公司，之后再收购或控制境内的资产，以寻求在美国、中国香港等国家或地区上市，需要经过一个复杂的审批流程，直接影响了是否能在恰当的时间成功上市。为了规避这一复杂的审批流程，很多方案都基于需要从交易方式、交易时点，以及避免关联并购以及变更实际控制人身份等四个方面入手。变更实际控制人身份实际上就是将境内资产的实际控制人变为非"境内居民自然人"，如不持有中国身份证、护照和户口等，同时一年内在国内居住不满183天等。

第四，家庭团聚的需要。高净值家族在长辈阶段已经涉足移民安排了，而为了子女教育有些家庭也将下一代的身份也进行了调整。为了能和家人团聚，享有目标国出入境的便利，家庭成员的身份需要进行调整。

除上述原因外，有的家族更换身份是为了躲避债务、法律处罚等。

第二节　跨境传承最大的风险是税务风险

拥有海外身份最大的风险实际上是税务风险。在没有任何税务筹划和身份筹划的情况下，如果高净值家族选择获取海外身份实际上是存在很

① 主要的监管法规包括：《关于外国投资者并购境内企业的规定》[（商务部令2009年第6号）基本保留原《关于外国投资者并购境内企业的规定》（国家外汇管理局令2006年第10号）的规定]；《国家外汇管理局关于境内居民通过特殊目的公司境外投融资及返程投资外汇管理有关问题的通知》[（汇发〔2014〕37号）取代原《国家外汇管理局关于境内居民通过境外特殊目的的公司融资及返程投资外汇管理有关问题的通知》（汇发〔2005〕75号）]。

大的风险。

判断海外税务征管部门是否对你具有税收管辖权（Jurisdiction to tax），主要从税务居民身份[①]和收入来源地两个方面来判断。在获得海外身份前，你首先要确定会不会因为这个身份被划定为当地税务居民身份而被征收税务？其次还要确定成为税务居民后日常的税务负担和具体财富转移事项下的税务负担（如购房）。此外，由于很多国家都签署了双边或多边避免双重征税的公约或条约，各国对于税收征管的基本原理是基本一致的，但各国征税的税种、税率则是多种多样，有的国家因为其联邦性质（如美国、加拿大等国家），相同的税种，税率却有很大的差别，而且联邦和地方都要纳税。

实际上对于拥有全球资产配置的高净值人群而言，在很多情况下获取海外身份是税务筹划的必要步骤。税务筹划的过程也是身份界定的过程，但这一筹划应当在获取海外身份前就做好。

先来看一个移民美国的高净值家族的案例。

高净值人士江先生在湖北经营一家家族企业，主要生产吸尘器等小家电。后来，公司在原有家电生产业务基础上又组建了一家物流公司，进而将原来的家族企业转换成一家集团公司。江先生与太太育有一对儿女，为了让儿女有很好的教育，在儿女出生不久就为太太和儿女办理了美国投资移民，而自己仍是中国身份。江先生还以自己以及家人的名义在美国和中国都购入了多处房产。

江先生持有集团公司50%的股权、其儿子持有30%的股权，其余20%的股权由管理层持有。现在江先生已经准备退休，正在和儿子商量接班事宜，但儿子已经习惯了在国外生活，对回国接班事宜有些抗拒。

以上述案例为例，由于江先生在为家人办理海外身份时没有进行税务筹划，将可能面临如下方面的税务风险或损失：

---

① 判断自然人是否在当地属于税务居民，主要从四个方面考量：住所（domicile，指永久生活地）、居所（residence，指实际居住地）、停留时间（一年内提留时间是否超过183天）以及国籍等。

第一，江先生的儿子已属于美国税务居民，美国是典型的对其税务居民"全球征税"国家，其在中国持有股权和房产及相应的所得收入也需要向美国申报，并需要依照美国个人所得税法律征税（最高为 37%）。需要填写 1040 表（美国个人收入联邦税申报表）。

第二，美国税务居民，其全球范围内的资产都面临遗产税和赠与税，包括其在中国的房产、股权甚至保险赔偿金等。美国遗产税和赠与税也是累进税率，最高为 40%（扣除免除额）。

第三，如果江先生将其股权转让给其儿子，其儿子实际控制了中国的公司，则对于美国税务居民控制的境外子公司，即使未分配利润，其儿子也要将该未分配利润作为个人所得向美国进行申报。就其持有的境外股权，也需要填写 5471 表格进行申报。

第四，就在美国的房产，大多数州和市都会对房产征收财产税，一般为房屋价值的 1% ~5%。

第五，如果江先生儿子打算回国继承家业，也觉得美国全球征税政策太烦琐税率也高，想要申请成为美国非税务居民，则将视情况就其离境前所持有的资产缴纳"离境税"，这些资产将被视为按照市场价出售并缴纳所得。

第六，如果江先生准备放弃中国国籍移居海外，依据我国《个人所得税法》第 10 条的规定，需要"离境清税"，虽然目前只是一个原则性规定，但按照国际通常做法，一般视同按照市场公允价格处置资产，缴纳 20% 个人所得税。

第七，在《海外账户税收合规法案》（Foreign Account Tax Compliance Act，FATCA）正式在中美之间实施后，如果江先生的太太和儿女（持有美国绿卡，为美国税务居民）没有按照《海外账户税收合规法案》的要求配合金融机构（如中国银行）向美国税务局提交中国和其他美国境外的金融资产信息和个人信息，还可能面临更为严重的处罚（下文将具体阐述）。

第八，此外，虽然《统一报告标准》（Common Reporting Standard，CRS）（下文将具体阐述）主要面向各国金融机构搜集信息而不直接对个人进行处罚，但如果江先生家庭在国内外很多地方都有金融资产账户，中国及他国税务机关如果通过共同申报标准信息互换获取了这些信息,且依据这些信息获取了江先生家庭偷逃税的证据,还将面临税务管辖地区内税务方面行政及刑事处罚。

第三节 《海外金融账户披露条款》和《海外账户税收合规法案》,移民美国前不得不知的法律规定

2019 年 7 月 3 日,美国司法部网站公布一则消息,一位来自中国且持有美国绿卡的女士 Lili Bian 因为瞒报在中国境内的银行账户认罪被重罚,资产全部被冻结。

在本案中,Lili Bian 主要是被控告未申报美国财政部金融犯罪执行局《海外账户税收合规法案》规定的《海外金融账户披露条款》(Report of Foreign Bank and Financial Accounts,FBAR)。Lili Bian 的中国境内的银行账户加总已经超过 1 万美元,按照《海外金融账户披露条款》的规定必须要申报。Lili Bian 在法庭认罪,承认在 2014 年起,就故意瞒报在美国以外的中国境内银行账户,特别是隐瞒其在中国境内一家 FUNGCHEN 证券公司的账户的信息。第一次瞒报出现在 2015 年 6 月 30 日。

由于其属于故意瞒报,将会被课以重罚至最高 25 万美元和面临最高 5 年的有期徒刑。①

美国税务居民对海外银行账户和金融资产申报主要遵循两个法律规定(也是两套不同的申报体系):一个是依据美国《银行保密法》(The Bank Secrecy Act)项下的《海外金融账户披露条款》,必须向美国财政部填报的

① 金春霞:《瞒报中国境内银行账户,中国公民持美国绿卡女士被重罚,资产全冻结。吓人的 FBAR 究竟是何方神圣?》,载搜狐网,https://www.sohu.com/a/325714784_99901325,2021 年 3 月 5 日访问。

FinCEN 114 表格。[①]《海外金融账户披露条款》诞生于 1970 年，在 2011 年重新修订并开始从严执行。另一个是 2010 年出台的《海外账户税收合规法案》。[②]《海外账户税收合规法案》在 2014 年后在金融机构和国家或地区的税收主管当局之间全面签订和逐步执行。[③]

《海外账户税收合规法案》实际上是在《海外金融账户披露条款》基础上演变来的，推动《海外账户税收合规法案》及经济发展与合作组织（Organization for Economic Co-operation and Development，OECD）共同申报标准法案（下文将具体阐述）出台的实际上是德国联邦情报局花费 400 万～500 万欧元买的一张 CD[④]。《海外金融账户披露条款》和《海外账户税收合规法案》在海外金融资产申报部分的表格内容大部分一致，但两者执法主体大有不同，《海外金融账户披露条款》直接由美国财政部金融犯罪执行局来主管，对于美国居民纳税人而言，《海外金融账户披露条款》的处罚也要远远大于《海外账户税收合规法案》，如上文案例所述。

因为类似于“长臂管辖”，两个申报义务主要面向美国公民、美国绿卡持有人或拥有双重国籍的个人，一般不包含暂时因为工作或比赛来美国居住外国人（即使其因为在美国境内因居住或有收入来源可能被认定为是美国税

---

① 资料详见 https://www.irs.gov/businesses/small-businesses-self-employed/report-of-foreign-bank-and-financial-accounts-fbar，2021 年 3 月 5 日访问。

② 资料详见 https://www.irs.gov/businesses/corporations/foreign-account-tax-compliance-act-fatca，2021 年 3 月 5 日访问。

③ 至今，美国已经同 113 个国家和地区签订了政府（地区）间协议或就政府间协议达成一致。其中，新加坡、英国、德国、法国、加拿大、意大利、西班牙和澳大利亚及中国香港等 90 多个国家和地区已经执行《海外账户税收合规法案》，泰国、菲律宾、智利、中国澳门、中国台北等 11 个国家和地区已经签署了政府（地区）间协议但尚未实施，中国、马来西亚等 9 个国家和地区已与美国就实质性内容达成一致，但尚未正式签署协议。各国（地区）签署了条约分为模式一和模式二两种，模式一是互惠条约，双方互换信息，签署国有新加坡、加拿大、澳大利亚、新西兰、法国、德国、意大利以及达成实质性条款的中国等 101 个国家和地区，模式二为单一模式，只向美国提供信息，签署国包括中国香港、中国澳门、中国台北、日本、瑞士等 12 个国家和地区。资料来源：美国财政部官网，https://home.treasury.gov/policy-issues/tax-policy/foreign-account-tax-compliance-act，2021 年 3 月 5 日访问。

④ 靠这张 CD 披露的德国居民纳税人在列支敦士登逃税的证据，德国政府最终追回 2 亿欧元以上的税款。德国将该部分信息与美国分享，最终导致《海外账户税收合规法案》的出台。经济合作发展组织借鉴了《海外账户税收合规法案》，并利用《多边税收征管互助公约》的法律工具制定了《金融账户涉税信息自动交换之多边政府间协议》。参见杨后鲁：《税务透明时代下的家族财富传承》，清华大学出版社 2019 年版，第 2～4 页。

务居民)。关于适用主体可以参考《海外账户税收合规法案》对此的规定。[①]

表3-1 两类申报的主要差异

法律名称	申报条件	执法主体	申报表格	违法后果
《海外金融账户披露条款》	一个纳税年度内单独或累计最大值超过1万美元的海外金融账户,包括自己名下或自己有签字权的银行账户、证券账户等,以及有现金价值的年金合约和保单等。	美国财政部金融犯罪执行部门	FinCEN 114	行政和刑事处罚: 行政处罚的追溯期为6年,包括:1.故意不报,处罚10万美元或账户金额的50%(两者选较高值);2.非故意不报,处罚不超过1万美元。 刑事处罚为25万~50万美元罚金和/或5~10年刑期。
《海外账户税收合规法案》	一个纳税年度内,区分境内居住和境外居住,已婚或未婚,总资产价值超过5万美元以上。[②] 申报内容除了海外金融账户资产之外,还包括海外非账户金融资产,如私募股权、基金份额、保单等。	美国国税局	个税表1040及附表8938	面临1万美元罚款; 如IRS通知后还是未申报,可高达5万美元罚款; 如少报或漏报,可被征收高达额外40%未申报资产总额的罚金; 无合理解释将面临账户冻结甚至刑事处罚; 对于源于美国的收入和财产,相关金融机构有权扣缴30%的预提所得税,[③]即使这些收入在中美避免双重征税的税收协定项下是可以免征预提所得税的。

---

① 《海外账户税收合规法案》主要适用人群:(1)美国公民;(2)持有绿卡的永居公民;(3)外国人于课税的日历年在美停留超31天,且3年内在美居留天数加权达183天(本年度停留天数乘1,上年停留天数乘1/3,前年停留天数乘1/6)但持有A或G签证(但不包括A-3或G-5)的美国个人,持有J或Q签证的美国教师或实习生,持有F、J、M或Q签证,或在美国境内参加慈善体育赛事的专业运动员,不受183天规则限制。佚名:《重磅!2020年元旦起,美国新税法正式实施,这个行为将面临重罚及刑牢!》,载 https://www.jiemian.com/article/3821879.html,2021年4月5日访问。

② 住在美国境内必须申报情况:(1)单独申报:且在纳税年度最后一天,美国境外金融资产的总价值超50,000美元,或在纳税年度中的任何时候超75,000美元。(2)夫妻联合申报:美国境外金融资产的总值在纳税年度最后一天超100,000美元,或者在纳税年度的任何时候超150,000美元。住在美国境外必须申报情况(连续12个月在美国境外居住至少330天,配偶中一人居海外也适用):(1)单独申报:美国境外金融资产的总值在纳税年度最后一天超200,000美元,或该年任何时候超300,000美元。(2)夫妻联合申报:美国境外金融资产总值在纳税年度最后一天超400,000美元,或该年任何时候超600,000美元。

③ 这些收入包括:(1)源于美国的利息、股息、租金、工资、奖金、薪金等固定的或可以确定的年度定期支付的款项;(2)出售或以其他方式处分美国股票和证券的毛收入。

中国尚未与美国交换金融账户信息,但国内高净值如果已经是持有“绿卡”或护照的美国居民纳税人,就要按照上述规定申报,否则将面临民事甚至刑事的处罚风险。此外,如果现在不申报,将来两国正式互换信息,也会追溯处罚。同时要注意,上述两类申报都要进行,而且申报的信息不能有矛盾。

《海外账户税收合规法案》已经正式适用于 90 多个国家,中国也已经与美国就实质行条款达成一致,华人主要的移民地也悉数签署或执行了《海外账户税收合规法案》,包括中国香港、中国澳门、中国台北,亚洲的日本、新加坡、马来西亚及泰国等(韩国暂未加入),欧洲的英国、德国、法国、意大利、瑞士等主要国家以及列支敦士登和卢森堡等欧洲税收洼地国家,大洋洲的澳大利亚和新西兰,美洲的加拿大,以及传统离岸地开曼群岛、泽西岛、英属维尔京群岛等(百慕大群岛暂未加入)。也就是说,只要高净值家族在上述国家范围内获得了其他海外身份,将面临其在海外的金融资产、账户和个人信息被交换的可能。

第四节　共同申报标准,获取他国身份之前不得不知的事情

如上文所述,除《海外账户税收合规法案》之外,经济合作与发展组织参考《海外账户税收合规法案》于 2014 年制定了一个《金融账户涉税信息自动交换标准》(Standard for Automatic Exchange of Financial Account Information in Tax Matters, SAEFAITM),其中最受全世界关注的是《统一报告标准》(Common Reporting Standard, CRS)。这个规则要求参与国将这些相关制度要转化为国内法律,并监督各国的金融机构依据转化后的反洗钱规则和尽职调查规则,识别金融资产账户的受益所有人及相关信息,并将这些信息汇报给主管税务当局,由主管税务当局与对该受益所有人有税务管

辖权的其他国家税务机关进行信息交换，最终实现对跨境逃税行为的有效控制。

《统一报告标准》是以《海外账户税收合规法案》政府间协定为蓝本设计的多边信息交换机制，可以说是全球版的《海外账户税收合规法案》。《统一报告标准》与《海外账户税收合规法案》内容上大体相同，但是在细节上存在一些差异，包括报送对象、个人账户的尽职调查门槛、免予报送信息的金融机构类别、处罚措施等。与《海外账户税收合规法案》相比，《统一申报标准》还有几个它自己的优势和特点：(1)《统一申报标准》是世界组织发起的，相对中立和有一定号召力，容易得到推广，很多内容都要落实到参与国国内法规层面；(2)《统一申报标准》是自动进行的，无需提供过多的交换情报的理由和资料；(3)其信息交换是无门槛的，只要是"非税务居民"相关信息都需要提供给已匹配的参与国。

截至目前，参与《统一报告标准》的国家和地区有100余个。根据世界经济合作发展组织披露的监管年报，仅2019年就有近100个参与国自动交换了8400万个账户信息，涉及金额10万亿欧元。《统一报告标准》在全球范围内的实施是大势所趋，未来将有更多国家(地区)承诺实施《统一报告标准》。对于一直不承诺实施《统一报告标准》的国家(地区)，国际社会将会采取"黑名单"等形式的联合反制措施。美国目前尚未参与《统一报告标准》，但其依据《海外账户税收合规法案》已经开始在全世界范围内进行涉税信息获取和交换。①

经国务院批准，中国已向20国集团承诺实施《统一报告标准》，并于2015年7月由第十二届全国人大常委会第十五次会议批准了《多边税收征管互助公约》(于2016年2月对中国生效)，随后于2015年12月由国家税务

① 鉴于中国政府已与美国政府就《海外账户税收合规法案》政府间协定的实质性内容达成了一致(但尚未正式签署)，国税总局在关于《国家税务总局、财政部、中国人民银行、中国银行业监督管理委员会、中国证券监督管理委员会、中国保险监督管理委员会关于发布〈非居民金融账户涉税信息尽职调查管理办法〉的公告》的解读中已经明确要求各金融机构可以考虑在操作层面将"标准"与《海外账户税收合规法案》统筹，包括根据自身业务需求将两者的声明文件进行整合等。

总局对外签署了《金融账户涉税信息自动交换多边主管当局间协议》(Multiateral Competent Authority Agreement on Automatic Exchange of Financial Account Information ,MCAAAEFAI),为中国与其他国家(地区)间相互交换金融账户涉税信息提供了操作层面的依据。

为了保证相关公约顺利实施,参照《统一报告标准》,2017 年 5 月中国国家税务总局、财政部、中国人民银行、银监会、证监会和保监会六部委发布了《非居民金融账户涉税信息尽职调查管理办法》(俗称"中国版《统一报告标准》"),并开通了"金融账户涉税信息自动交换(CRS)专题网页"供业内学习参考。同时,参照国际惯例,2018 年 8 月,第十三届全国人大常委会第五次会议表决通过了修订后的《个人所得税法》,明确引入了居民个人和非居民个人的概念。对于住所不在中国但在一年内在中国居住满 183 天也是中国税务居民,相反,按照居住天数理论,持有中国护照也不一定是中国税务居民。

自 2015 年开始,中国作为参与国进入信息交换实施"观察期"。在 2015 年 10 月 1 日至 2018 年 9 月 30 日 3 年间,中国共收到其他国家交换信息的诉求达 584 件,[①]中国都及时给与了回复。但交换信息国给出的综合评级是"大多数符合",并不是"完全符合",主要原因在于:(1)中国的金融机构分业监管体系庞杂,公约要求的金融监管措施未完全实施到位,很多金融机构在客户信息调查和权益实际控制人的识别方面有些欠缺;(2)监管机关对于公司股东及权益变动的监管并不是太密切,对于权益人信息的变动应给与及时的补充;(3)缺乏对于合伙企业项下合伙人的信息识别;(4)当对应国提出诉求时,除了账户人名称之外,其他信息中国可以尽量向自己的金融机构索取,而不是让对应国提供;(5)中国尚未与全部已加入经济合作发展组织相关公约并需要信息交换的国家或地区签约或达成合作。[②] 截至 2020 年底,已与中国启动信息互换程序的有 71 个国家,

① 其中有 6 个信息是需要国内信托公司提供的。

② 资料来源:Peer Review Report on the Exchange of Information on Request PRC 2020 (second round)。

只向中国提供信息但中国尚未向其“互惠”提供信息的有29家，共有100家与中国开展《统一报告标准》合作的国家。①

虽然《统一报告标准》不像《海外账户税收合规法案》，可以直接约束和处罚个人或非金融机构，其直接约束的是各参与国及其境内的金融机构，但对存在多重身份的华人影响还是不小的。

根据“中国版统一报告标准”，从2017年7月1日起，个人和机构在金融机构新开立账户（包括在商业银行开立存款账户、在保险公司购买商业保险），需在开户申请书或额外的声明文件里“勾选”其税收居民身份，是“中国税务居民”还是他国税务居民。2017年7月1日以前已经在同一机构开过账户的，没有这个要求，金融机构一般会先自动识别为“中国税务居民”，除非根据客户提交的护照等信息判定其为他国税务居民。具体流程如图3－1所示。

① 与中国签订双向信息交换“互惠”协议的71个国家（或地区）：（1）交换信息起始于2016年1月1日：哥斯达黎加；（2）交换信息起始于2017年1月1日：安道尔、安提瓜和巴布达、阿根廷、澳大利亚、奥地利、阿塞拜疆、巴巴多斯（拉丁美洲国家）、比利时、巴西、智利、克罗地亚、库拉索岛（荷属安的列斯岛屿）、哥伦比亚、塞浦路斯（地中海东部一岛）、捷克共和国、丹麦、爱沙尼亚、法罗群岛（位于北大西洋）、芬兰、法国、德国、直布罗陀、希腊、格陵兰（北美东北的一大岛）、根西岛、匈牙利、冰岛、印度、印度尼西亚、爱尔兰、英国属地曼岛、以色列、意大利、日本、泽西岛、韩国、拉脱维亚、列支敦士登（欧洲）、立陶宛、卢森堡、马耳他（欧洲岛国）、毛里求斯、墨西哥、荷兰、新西兰、挪威、波兰、葡萄牙、俄罗斯、圣马力诺（意大利半岛东部的国家）、沙特阿拉伯、非洲塞舌尔群岛、新加坡、斯洛伐克共和国、斯洛文尼亚、南非、西班牙、瑞典、英国、乌拉圭；（3）交换信息起始于2018年1月1日：库克群岛、中国香港、马来西亚、摩纳哥（欧洲西南部国家）、巴基斯坦、巴拿马、圣卢西亚岛（位于东加勒比海）、瑞士；（4）交换信息起始于2019年1月1日：土耳其；（5）交换信息起始于2020年1月1日：安提瓜和巴布达。只签订单向协议（只向中国提供信息）的29个国家：（1）交换信息起始于2017年1月1日：阿尔巴尼亚、安圭拉岛（位于西印度群岛）、阿鲁巴岛（加勒比海）、英属维尔京群岛、保加利亚、加拿大、开曼群岛、马绍尔群岛（位于西太平洋）、蒙特色拉特岛（位于美洲）、瑙鲁岛（西太平洋岛国）、尼日利亚（位于非洲）、卡塔尔、罗马尼亚、圣基茨和尼维斯（位于加勒比海）、圣文森特和格林纳丁斯、萨摩亚（南太平洋中部一群岛）、特克斯和凯科斯群岛（巴哈马群岛东南部的两组群岛，英国殖民地）；（2）交换信息起始于2018年1月1日：伯利兹城（拉丁美洲国家）、百慕大群岛（北大西洋西部群岛）、科威特、黎巴嫩；（3）交换信息起始于2019年1月1日：巴哈马群岛（拉丁美洲国家）、巴林岛、格林纳达（拉丁美洲岛国）、阿拉伯联合酋长国、瓦努阿图（西南太平洋岛国）；（4）交换信息起始于2020年1月1日：文莱达鲁萨兰国、多米尼加岛（拉丁美洲岛屿）、阿曼（西南亚国家）。资料来源：https://www.oecd.org/tax/automatic-exchange/international-framework-for-the-crs/exchange-relationships/，2021年4月5日访问。

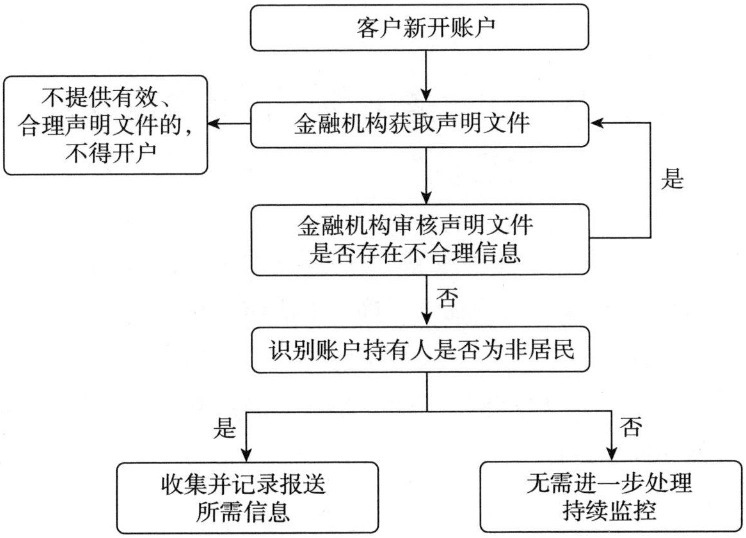

图 3-1 金融账号涉税报告标准流程

也就是说，《统一报告标准》交换的信息主要是信息提供国的“非税务居民”或者由非税务居民控制的消极非金融机构①的信息。“非税务居民”在开立金融账户时，需要详细填写账户持有人或控制人的税收居民身份声明文件，包括姓名（名称）、现居地址、税收居民国（地区）、居民国（地区）纳税人识别号、出生地、出生日期等信息，并应确保信息真实、准确。

如持有新加坡绿卡的李先生在中国银行北京分行有一个账户，中国银行北京分行识别出李先生为新加坡税务居民，则中国银行北京分行应当通过系统将信息反馈给国家税务总局，国税总局将按照 CRS 与新加坡进行信息交换。

① 如果一家企业取得的大部分收入是股息、利息、租金、特许权使用费等消极经营活动收入，则该企业属于消极非金融机构，例如，设立在某避税地、仅持有子公司股权的中间控股公司。由于消极非金融机构容易被当作跨境逃避税的工具，金融机构需要识别出这些机构及其背后的实际控制人。如果消极非金融机构的控制人是非居民，金融机构则需要收集并报送控制人相关信息。

第五节 海外账户信息被交换回国可能成为“呈堂证供”

税务居民海外账户信息被交换回税务居民所在国有哪些法律后果呢？为了解释这一法律问题，首先需要明确几个法律要素：

（一）审查依据

这些海外账户信息被交换回国后，税务当局主要依据所在国国内的法律对相关法律问题进行审查。

（二）审查事项

1. 主动审查税务事项

根据《金融账户涉税信息自动交换多边主管当局间协议》的要求，各国当局就交换的信息应当保密，只会传递给税务机关，并不用于其他非税务目的。发布“中国版统一报告标准”的牵头部门是国家税务总局，协同部门是财政部以及“一行三会”。因为税务总局是税收主管部门，其他部门是实施部门，因此，获取的境内居民境外账户信息还主要是审查其是否存在偷逃税的情况。以中国为例，上述案例中江先生为中国税务居民，其在瑞士开立的账户信息被交换回中国，被中国税务机关掌握，中国税务机关首先根据收入性质和来源分析其目前是否具有纳税申报义务（目前没有纳税义务以后有的时候也会再次被审查），有的话，则需要依据中国法律补税及滞纳金、罚款甚至刑罚。如果该收入在境外已经完税，他需要向税务机关解释并提交相应的完税凭证，税务机关会根据相关的法律和与美国签署的有关双边协定审查是否需要继续补税及承担相应的法律责任。

2. 被动的反洗钱审查

《统一报告标准》的目标本质是反避税，《统一报告标准》的核心目的是反洗钱。《统一报告标准》的执行，首先要求金融机构履行尽职调查程序来识别金融资产账户的受益所有人，而识别受益人更多的是反洗钱领域的问题。

中国是国际组织金融行动特别工作组（Financial Action Task Force，FATF）的成员，根据国际组织金融行动特别工作组的建议，偷逃税等税务犯罪构成对反洗钱规则的违反。虽然根据中国的《刑法》第191条,目前洗钱罪的上游犯罪只有毒品犯罪、黑社会性质的组织犯罪和走私犯罪三类,但根据《最高人民法院关于审理骗购外汇、非法买卖外汇刑事案件具体应用法律若干问题的解释》(1998年8月28日)第1条的规定,以进行走私、逃汇、洗钱、骗税等犯罪活动为目的,使用虚假、无效的凭证、商业单据或采取其他手段向外汇指定银行骗取外汇的,应当分别按照《刑法》分则第三章第二节、第190条、第191条和第204条等规定定罪处罚。此外,根据国务院办公厅《关于完善反洗钱、反恐怖融资、反逃税监管体制机制的意见》(国办函〔2017〕84号)第10条的规定,要求按照我国参加的国际公约和明确承诺执行的国际标准要求,研究扩大洗钱罪的上游犯罪范围,将上游犯罪本犯纳入洗钱罪的主体范围。实际上,国际组织金融行动特别工作组的很多成员如欧盟国家、瑞士、新加坡及中国香港等,已经将税务犯罪作为反洗钱的上游犯罪。① 并且,根据国际组织金融行动特别工作组相关建议,发生在其

---

① 欧盟:2015年5月20日,欧盟议会批准了《防止将金融系统用于洗钱和恐怖活动融资之指令》,即欧盟反洗钱指令(第四指令)。欧盟各成员须在2017年6月26日将该指南转化为国内立法。欧盟反洗钱指令(第四指令)第1.3(b)和(c)条规定,故意采取下列活动,将被认为是洗钱:隐匿、掩盖财产或者财产权利的真实性质、来源、位置、处分、流动,且明知该财产来源于"犯罪活动"或来源于部分参与该"犯罪活动";获得、占有和使用财产,在获得财产时,明知该财产来源于"犯罪活动"或来源于部分参与该"犯罪活动"。而作为其中的核心概念,"犯罪活动"被定义为欧盟各成员法律界定的与直接税和间接税相关的税务犯罪。瑞士:2016年1月1日起,瑞士法下符合条件的税务犯罪(qualified fiscal crime)为反洗钱概念所涵盖,因而面临洗钱的刑事处罚:有欺诈的故意、伪造或实质变造具有证明效力的文件来逃避税收;以及在同一纳税年度,逃税所涉及税款金额(包括所得税、财产税、利润和资本税以及不动产收益税)超过30万瑞郎。纳税人发生在境外的逃税行为如果依据该国法律具有可惩罚性,并同时符合前述规定,也被认为对瑞士反洗钱规定的违背。中国香港:香港《打击洗钱及恐怖分子资金筹集(金融机构)条例》[AMLO(Cap. 615)](2012年4月1日起生效)将"洗钱"定义为出于下列意图的行为,使:a. 属于犯香港法律所规定的可公诉罪行或作出假使在香港发生即属犯香港法律所规定的可公诉罪行的行为而获取的收益的任何财产,看似并非该等收益;或b. 全部或者部分、直接或间接代表该等收益的任何财产,看似不如此代表该等收益。AMLO(Cap. 615)的该规定使得反洗钱的法律后果适用于逃税行为。金融机构须将其客户的逃税行为视同其他洗钱行为一样进行处理。新加坡:2014年9月1日,"境外严重税务罪行"(foreign serioustax offence)明确被规定为违背反洗钱规定的行为。"境外严重税务罪行"被定义为违背境外国家法律,有逃避、帮助他人逃避该国任何税款的下列行为:在纳税申报时,不列、少列或者多列相关税务信息;在纳税申报时,进行虚假申报、申请和主张,或者提供虚假的信息;就有关税务问题,故意提供虚假的口头或者书面答复;就税务评估中出现的任何不正确信息等,在税务机关明确要求的情况下,拒不告知;伪造、变造,或者授权伪造、变造账簿、记账凭证;使用任何欺诈、欺骗,或者授权使用欺诈和欺骗等。资料来源:《逃税就是"洗钱"!》,载http://shuo.news.esnai.com/article/201604/131458.shtml,2021年2月10日访问。

他国的税务犯罪,应视为发生在本国,并产生同样的反洗钱法律后果。

虽然根据《金融账户涉税信息自动交换多边主管当局间的协议》的要求,各国当局就交换的信息应当保密,但税务机关获取的信息再得到信息交换国的许可后,仍可以把信息共享给信息接受国的其他政府部门。以中国为例,“一行二会”及各大金融机构具有严密监控和上报反洗钱行为的责任和权力,因此,一旦获得相关信息,就可以“顺藤摸瓜”审查其他非法收入的问题。这种审查是“被动”审查,一是要获得信息交换国的许可,二是相关居民应该已经在刑侦等系统中“挂号”了。洗钱的行为表现包括:(1)提供资金账户;(2)协助将财产转换为现金或金融票据;(3)协助转账或其他方式资金转移;(4)协助将资金汇往境外;(5)以其他方式掩饰、隐瞒犯罪的违法所得即收益的性质和来源的。

3. 被动的外汇监管审查

很多国家都没有外汇管制政策。但就中国境内居民而言,如果其在海外的相关信息被共享给外汇管理部门,外汇部门也会就该等资金出入境是否符合外汇监管政策进行审查,看是否存在逃汇、骗汇等行为。如上文所分析,逃汇、骗汇等行为本身就可能形成反洗钱的上游犯罪,进而遭受金融机关部门和各金融机构的联合审查。

(三)不当行为的法律后果

经过上述各项“主动”和“被动”的审查,如果该税务居民存在不当行为,就需要根据其具体情况承担管辖国内的行政及刑事处罚。对于中国税务居民而言,可能面临如下处罚:

第一,税务责任。首先是行政责任“偷逃税”行为,就未申报税额给予50%以上5倍以下罚款,且须就未申报税额缴纳18%/年的滞纳金。前述罚则没有追溯期。就刑事责任而言,逃税额5万元人民币以上且达到应纳税额10%以上,就可以追究刑事责任,但如果在税务局下发追缴通知后履行上述行政处罚责任的,可以免于刑事处罚。[①] 中国尚没有税务特赦的情况,即纳

① 根据《中华人民共和国刑法修正案(七)》和最高人民检察院、公安部《关于公安机关管辖的刑事案件立案追诉标准的规定(二)》的规定。

税人自行申报之前未依法纳税的情况来减免处罚的机制。此外，根据国家税务总局发布《重大税收违法失信案件信息公布办法》，如果纳税人欠缴税款10万元以上将被列入重大税收违法失信“黑名单”，信用评级直接就变成了D级，这类人将面临阻止出境、限制乘坐飞机、高铁、买房等惩罚。

第二，反洗钱责任。根据《刑法》第191条等相关法律规定，构成洗钱罪的，将没收违法所得及收益，并处5年以下有期徒刑或拘役，并处或单处洗钱数额5% ~20%的罚金；情节严重的，处5 ~10年有期徒刑，并处洗钱金额5% ~20%的罚金。

第三，外汇监管责任。根据《全国人民代表大会常务委员会关于惩治骗购外汇、逃汇和非法买卖外汇犯罪的决定》和《中华人民共和国外汇管理条例》第39条等相关法律、法规的规定，有违反规定将境内外汇转移境外，或者以欺骗手段将境内资本转移境外等逃汇行为的，由外汇管理机关责令限期调回外汇，处逃汇金额30%以下的罚款；情节严重的，处逃汇金额30%以上等值以下的罚款。公司等单位将境内的外汇非法转移到境外，单笔在200万美元以上或者累计数额在500万美元以上的，可以构成“逃汇罪”。“逃汇罪”是单位犯罪，单位和负责人需要接受刑事处罚。骗购外汇，数额在50万美元以上的，构成“骗购外汇罪”，有犯罪情节的单位和个人都需承担刑事责任。①

① 根据《刑法》、《关于惩治骗购外汇、逃汇和非法买卖外汇犯罪的决定》(1998年)、2010年最高人民检察院、公安部《关于公安机关管辖的刑事案件立案追诉标准的规定(二)》、2019年2月1日起施行的最高人民法院、最高人民检察院《关于办理非法从事资金支付结算业务、非法买卖外汇刑事案件适用法律若干问题的解释》等有关规定，逃汇罪：构成逃汇罪的单位在客观上有违反国家规定，擅自将外汇存放境外，或者将境内的外汇非法转移到境外的行为。这里的“违反国家规定，擅自将外汇存放境外”，是指违反了国家的上述规定，将应调回国内的外汇不调回国内，而存放境外的行为；“违反国家规定，将境内的外汇非法转移到境外”，是指编造各种虚假理由，以合法的名义将境内的外汇转移到境外，如未从境外购买货物却以付货款的名义将外汇汇出境外等；或者秘密将外汇转移到境外；或者违反“境内机构向境外投资，在向审批主管部门申请前，由外汇管理机关审查其外汇资金来源；经批准后，按照国务院关于境外投资外汇管理的规定办理有关资金汇出手续”的规定，未经批准，将境内外汇以投资等名义转移到境外的行为。对于公司、企业或者其他单位逃汇数额较大的，对单位判处逃汇数额百分之五以上百分之三十以下罚金，对其直接负责的主管人员和其他直接责任人员处5年以下有期徒刑或者拘役；数额巨大或者有其他严重情节的，对单位判处逃汇数额百分之五以上百分之三十以下罚金，对其直接负责的主管人员和其他直接

此外，如果需要承担相关的法律责任，司法机关对于税务居民在该管辖国境内的资产具有强制执行的权力，同时管辖国可以依据双边或多边协定要求其他国家协助执行，并可以采取限制违法人员出境的措施。

第六节　规避上述因有海外身份带来的税务风险的方法

如上文所述，各项信息交换的核心是避免偷逃税以及洗钱的违法行为。反洗钱是全球范围内相互协同重点打击的犯罪之一，试图用身份的转换来掩盖非法收入，在全球信息透明化的今天恐很难有效实现。而对于高净值人群取得的正常收入，可以通过的税务筹划方案降低税负，而不是一味地寻求资产的隐匿和规避申报义务。税务筹划跟“偷逃税”的行为有着本质的区别，在税务信息透明化的今天，恐是解决上述税务风险最根本的方式。

高净值人群有关税务筹划安排，与其税务居民身份的筹划以及家族财富的传承是一脉相承、密不可分的。在进行身份筹划、税务筹划和传承规划时，最好聘用专业的服务机构，对家庭的各个方面进行充分了解和分析，这些方面包括现有家庭税务居民身份情况、海外金融资产配置情况、现有

责任人员处5年以上有期徒刑。骗购外汇罪：有下列情形之一，骗购外汇，数额较大的，处5年以下有期徒刑或者拘役，并处骗购外汇数额百分之五以上百分之三十以下罚金；数额巨大或者有其他严重情节的，处5年以上10年以下有期徒刑，并处骗购外汇数额百分之五以上百分之三十以下罚金；数额特别巨大或者有其他特别严重情节的，处十年以上有期徒刑或者无期徒刑，并处骗购外汇数额百分之五以上百分之三十以下罚金或者没收财产：(1)使用伪造、变造的海关签发的报关单、进口证明、外汇管理部门核准件等凭证和单据的；(2)重复使用海关签发的报关单、进口证明、外汇管理部门核准件等凭证和单据的；(3)以其他方式骗购外汇的。伪造、变造的海关签发的报关单、进口证明、外汇管理部门核准件等凭证和单据，并用于骗购外汇的，依照前款的规定从重处罚。明知用于骗购外汇而提供人民币资金的，以共犯论处。单位犯前三款罪的，对单位依照第一款的规定判处罚金，并对其直接负责的主管人员和其他直接负责人员，处5年以下有期徒刑或者拘役；数额巨大或者有其他严重情节的，处5年以上10年以下有期徒刑；数额特别巨大或者有其他特别严重情节的，处10年以上有期徒刑或者无期徒刑。

资产形态和情况、未来收入的来源和规划、家庭生活的舒适性和便利性、子女教育环境、经营企业和发展事业的需要、家族财富传承的安排等，并充分利用信托、保险、基金、投资实体、股权架构、遗嘱等工具进行方案的设计和完善，最终达到最适合每一个高净值家族的实施方案。如果盲目地靠买卖护照、转换身份或者隐匿资产来规避监管，恐引火烧身，给家族财富传承带来巨大隐患。因此，身份筹划、税务筹划和传承筹划密不可分。

第四章

信息被泄露的风险

近几年无论是国内还是国外的互联网企业、服务机构等，在用户信息方面都屡屡出现重大泄露事件，几乎可以说没有一位用户的信息是绝对安全的。就连新冠疫苗的相关数据，都被相应的网络监听组织轻易窃取。

据英国《每日电讯报》网站 2020 年 12 月 9 日报道，欧洲药品管理局遭到了网络攻击，黑客盗走了新冠疫苗的相关数据。这是一个重大打击，因为该机构目前正在审批两种救命药物。该机构负责授权新冠疫苗在欧洲各地的使用，掌握了美国的辉瑞制药有限公司和莫德纳公司等制药企业的试验和安全数据。这些公司希望它们研发的药物能够尽快得到批准。就在一周前，美国科技巨头国际商用机器公司（IBM）警告说，一场复杂的网络监听行动瞄准了正在研发或分发新冠疫苗的机构。

日常中，个人信息主要由金融机构、监管机构、交通、网购、社交网络、酒店、商家、快递公司等各种主体获得。金融机构和监管机构的个人信息数据更为全面和有效。随着各种线上认证及交易、人脸识别、指纹识别等技术的应用，个人信息的保护更为复杂和更容易受到攻击。

针对个人信息保护问题，近年来全球多个国家纷纷颁布相关法律法规，对信息安全与隐私保护相关问题进行严格的规范与引导。如中国的《网络安全法》、《GB/T 35273－2020 个人信息安全规范》;欧盟《通用数据保护条例》(GDPR);美国《加州消费者隐私保护法案》(CCPA);美国《内华达州 SB220 数据隐私法》;《英国 2018 数据保护法》等。

2020 年我国《民法典》正式颁布,首次规定了隐私权和个人信息的保护原则,界定了个人信息的概念,列明了处理个人信息的合法基础,规范了个人信息处理者的义务、自然人对其个人信息的权利以及行政机关的职责。尽管存在诸多问题有待在未来的《个人信息保护法》中予以解决,但《民法典》为该领域的未来立法奠定了基础。

对于拥有海外身份和海外资产的高净值人群而言,在《统一报告标准》带来的各国分享客户信息的大趋势下,高净值人群的信息可能暴露给一些跨国犯罪组织。

2019 年 7～9 月是各个税收主管当局的国家或地区《统一报告标准》全球金融账户涉税信息交换的高峰期,就在这样关键的时期,保加利亚国税局 BNRA 近期不得不向外界公布,BNRA 遭遇历史上最大的黑客袭击,成为全球税收主管当局被泄露纳税人信息最大的税务机构。[①] 该消息公布后,立刻引发保加利亚居民和跨境保加利亚和其他国家的高净值人士的极度恐慌。对此,经济合作与发展组织于 8 月 30 日发表了相关声明:保加利亚国家税务局(NRA)的信息技术系统遭到黑客攻击,并于 2019 年 7 月 15 日向媒体提供了大量数据。保加利亚随后确认这些数据来自国家税务局系统,其中包括根据《统一报告标准》多边主管当局协议、欧盟行政合作指令与国际条约下自动交换的数据。经合组织全球税务透明论坛(全球论坛)在得知违规行为后立即暂停了保加利亚与其他国家的税务信息交换,并组建了一个数据安全专家小组,目前正在评估保加利亚的实地情况。在《统一报告标准》框架下所有其他国家(地区)自动向保加利亚发送税务信

① 佚名:《保加利亚爆出史上最大涉税信息泄露案》,载中国税网,http://www.ctaxnews.com.cn/2019－09/10/content_954725.html,2020 年 12 月 3 日访问。

息的义务将继续暂停，直至完成当前的评估审查并确定所存在的缺陷。所有参与税务自动交换信息（AEOI）的国家（地区），在接受任何税收信息（包括《统一报告标准》信息）之前都必须遵守国际数据安全标准。

被泄露的个人信息如果只是被用作推销房产或产品也就是一个“骚扰问题”，但如果是被另有所图的人获取，对高净值人群的危害就无法遇见了。

就国外而言，类似于香港富豪家庭成员被绑架的事件比比皆是。尽管中国内地有着世界上数一数二的生活环境安全保障，但近年来，也出现了一些针对高净值家族的绑架事件：

2013 年 9 月 23 日也发生了一起绑架案，张某是越海全球物流有限公司董事长，在深圳一处地下车库被绑架。绑匪最初索要赎金 1.6 亿元，经交涉后改为 5000 万元，当晚，张某的家属支付了价值 5000 万元（共计 185 公斤）的黄金后，张某随即被释放。①

2015 年 11 月 10 日 21 时左右 4 名犯罪嫌疑人利用事前准备好的脚镣，在宜宾市翠屏区一小区电梯内将“宜宾首富”的宜宾伊力集团公司董事长章某某绑架至赵场镇一出租房内，并用自制手枪威胁章在 2016 年 3 月前交赎金 1 亿元，章某某迫于威胁同意后，4 名犯罪嫌疑人威逼章某某对翠屏区建设路一按摩店员工以绳索勒颈的方式进行杀害，在杀害的同时，嫌疑人对章某某的杀人过程进行摄像记录作为威胁依据，之后将章某某释放回家准备赎金。②

2020 年 6 月 14 日夜间，美的集团实控人何某某在自家遭挟持，何某某之子从自家别墅旁边的河游到对岸报警。根据福布斯实时数据，何某某个人身家为 255 亿美元，折合 1806 亿元人民币，为中国第 6 大富豪。何某某居住小区是美的集团开发的顶级豪宅社区，从这里到美的总部步行仅需

---

① 佚名：《安保有多重要！中国多位富豪曾遭绑架？盘点那些年的“富豪绑架案”》，载知乎网，https://zhuanlan.zhihu.com/p/299697802，2020 年 12 月 18 日访问。

② 罗敏：《宜宾首富遭绑架案：被胁迫杀人如何定性引关注》，载搜狐网，http://news.sohu.com/20151118/n426787944.shtml，2021 年 1 月 6 日访问。

20 分钟。据知情者透露,该小区平时管理比较严格,犯罪嫌疑人应当是蓄谋已久。①

由于中国治安环境优越,且中国的高净值家族主要是近几十年来发展起来的,中国高净值家族对安保措施不够重视,而相应的安保机构发展也相对滞后。根据各大上市公司向美国证券交易委员会(SEC)提交的资料,Facebook 创始人马克·扎克伯格 2019 年私人航空旅行花费 295 万美元、个人安保费用超过 730 万美元。首席运营官谢丽尔·桑德伯格在 2019 年个人安保支 269 万美元。亚马逊首席执行官贝佐斯自 2012 年以来,每年的安保开销达到 160 万美元。甲骨文公司花 150 万美元加强首席执行官拉里·埃里森的住宅安全。股神巴菲特每年花费 37.5 万美元,苹果首席执行官蒂姆·库克花费 30 万美元。② 需要明确的是,发达国家的安保机构不仅保护高净值家族人身安全,也可以保护家庭信息安全(防止黑客攻击等)、保护家人声誉(媒体资源的利用)以及在重要诉讼方面的财产调查等。

高净值家族个人信息的泄露不仅可能使家庭成员遭受人身攻击,也可能使家庭银行账号等金融资产遭受线上黑客攻击或对家庭成员从事诈骗行为,如盗取或破解家庭成员金融资产账户密码进而窃取资金,或者通过电话或邮件对家庭成员进行诈骗等。

① 佚名:《中国知名富豪、美的集团创始人何享健在家被歹徒绑架,何享健何许人也》,载微信公众号,https://new.qq.com/omn/20200615/20200615A0166800.html,2021 年 1 月 10 日访问。

② 佚名:《何享健遭绑架背后:国内富豪“心大”?富豪保镖市场待完善》,载新浪网,https://finance.sina.com.cn/chanjing/cyxw/2020-06-24/doc-iirczymk8664915.shtml,2021 年 3 月 10 日访问。

第五章

不要让风险转变为灾难

风险的管理应当主动及时,不要让风险转化为危机和灾难。危机的爆发都是源于风险的聚合和长期的漠视。在处理任何风险事项时,比如处理公司业务上的一些纠纷,都需要权衡利弊,避免将风险转化为危机。

北京京西文化旅游股份有限公司(以下简称北京文化)是一家以电影业、电视剧、综艺和艺人经纪四个板块全面发展的A股上市公司,曾投资了《战狼2》《我不是药神》《流浪地球》《无名之辈》《我和我的家乡》等多部大获票房的电影作品。其股东包括张某家族作为大股东的富德生命人寿保险公司、丁明某家族控制的中国华力控股集团有限公司及娄某曦家族控制的西藏金宝藏文化传媒公司。北京文化股权实在太过于复杂和分散,各方势力盘根交错,名义上为董事长的宋某持股数连前十名都进不了。2017年底,负责综艺的夏某安离职,北京文化的综艺项目彻底停摆,而王某花这也遭遇艺人大量流失,陈某明、白某合、张某毅等多名艺人或单飞或跳槽,而一直被看好的负责电视剧这块业务的娄某曦,旗下的世纪伙伴长期和北京文化因为资金和债务问题内讧不止,最终娄某曦于2020年4月通过微博实名举报北京文化系统性财务造假、宋某等人存在严重的财务欺诈行为,公司和法定代表人都收到了证监会的处罚。2021 年 1 月 4 日,开年的第一个交易日,中国证监会宣布向北京文化派驻调查组,本已雪上加霜的北京文化又被牵扯进了“郑某”的事件和公司贷款逾期等事件中,公司前景堪忧。北京文化的相关股东及管理层并没有及时识别并有效控制风险的蔓延,导致公司发生经营上的危机。

为了应对这些风险,做好风险管理工作的关键是有一套根据不同风险预先设置的识别和应对方案,甚至通过家人和顾问的联合进行各类型风险化解的分工。具体而言,风险的管理应该从如下四个方面(或四个步骤)入手:

第一,学习和总结同等高净值家族可能存在的风险和事件;

第二,识别自身家庭目前或潜在的风险;

第三,建立风险管理的框架和规划,包括内外部人员的分工;

第四,通过家族信托、保险等工具对这些潜在风险进行规避和预防。

总结而言,风险管理工作应根据不同风险类型和发展程度进行规划、分工及实施,如表 5－1 所示。

表 5－1　企业不同风险类型、程度的规划

风险种类	代表性风险	主要参与人员	主要手段	举例
该风险不可预知的、或无能力抑制的、或保险作为管理工具更有效和经济的。	自然灾害及不可抗力;人员意外伤害及疾病;职业(执业)责任;财产意外损失等。	公司代表 家庭代表 保险公司。	购买保险覆盖。	上述案例中家族成员意外身亡的情况下的保险赔付。
通过密切监测可以有效抑制的风险。	政策更替;经济及金融形势变化;身体健康的变化等。	合规人员 经济顾问 家庭健康顾问。	专人研究、及时反馈、及时调整。	上文中 Lili Bian 女士如果能重视政策研究并由信任的外部顾问给予指导,也许不会有这么严重的后果。

续表

风险种类	代表性风险	主要参与人员	主要手段	举例
通过科学的管理机制可以有效抑制的风险。	家族事务管理;公司治理及控制权管理;信托受托人管理;公司经营及员工管理;部分保险不能涵盖的责任范围。	家庭理事会; 公司治理机制; 家族信托保护人、监察人及外部顾问。	在左侧任何一项事务项下:(1)设置一个沟通机制并像"消防演习"一样定期演习;(2)分配联系人及联系方式,责任到人,事事有决策人;(3)充分信任和倾听,信息透明。	上文案例中,离婚风险可以及时识别并在家族会议上提出解决方案;或者通过家族信托的设立和管理避免离婚或意外身亡出现的"混乱"局面。
通过程序控制及技术更新可以抑制的风险。	家庭成员人身及财产安全;公司财产及人身安全;人员及财产信息保护。	安保人员及机构 技术人员 行程安排人员。	部署安防设施设备; 安装网络安全系统并及时更新; 家庭成员及公司重要人员的出行专人安排,出行中的可能的风险给予防范措施。	上文中富豪绑架事件缺乏相应的安保人员及措施。

第二部分

家族财富传承的“目的”和“标的”

上一部分列举了家族财富传承中可能遭遇的风险，除此之外，我们在考虑家族财富传承问题时，还需要考虑家族财富传承的最终目的，以及传承的“标的”有哪些？其实，这是一枚硬币的两个面，回答了一个问题，另一个问题也会迎刃而解。

第六章

家族财富传承的最终目的是什么?

经济学家认为,决定幸福感的因素有很多,决定幸福感的个体特征因素包括心理健康、身体健康、婚姻、子女、家庭经历、教育程度、性别和年龄等;决定幸福感的外部因素包括工作、社区和治理、价值观和宗教信仰、环境污染、自然灾害、人与人的信任、政府以及社会的安全和保障。因此,家族得以幸福的存在和传承,真的不是只是"财产富裕"就可以的,相反很多时候家族的不幸是由财产争夺引起的(如本书其他章节所举的例子)。

家族财富传承的最终目的绝对不是财产的永续和增值,不能为了刻意避免"人活着、钱没了"而最终造成"钱都在、但幸福没了"的结果。家族传承的最终目的还是实现家族的和谐幸福的存在。

首先需要明确的是,家族财富传承的目的绝对不是"子承父业"。我们看到了太多刻意安排的"子承父业"导致的家族财富的流失和家族企业的没落。"子承父业"的确可以靠一定的事先安排予以实现,①但这种传承未必代表成功或可以永续。

① 如宁波方太厨具有限公司创始人茅某翔与儿子茅某群边经营边传承,以"带三年、帮三年、看三年"的"三三制"原则完成接班人的培养。

当子女由于能力或兴趣等方面确实不适合“子承父业”时，我们是否可以让子女在自己喜欢和擅长的方面发挥自己的能力，而将“父业”通过一些家族信托等安排实现传承，这或许也是一种“子承父业”的安排。

股神巴菲特并没有要求其儿子学习金融并像他一样成为金融投资家，而是让孩子追求自己的人生，其儿子获得过美国电视节最高荣誉“艾美奖”。巴菲特认为，人一生最大的财富和幸福，就是做自己！

在巴菲特看来，良好的工作状态首先就在于勇于发现自我。当从事自己喜欢的工作时，即使异常艰辛，仍然可以在工作中享受快乐。巴菲特时常鼓励儿子，要多审视自己的内心，寻找自己的热情，并以在一场儿子的音乐会中，以“合唱”的方式支持儿子对梦想的追求。

在给予孩子追求幸福的空间的同时，巴菲特通过朴素生活及慈善等言传身教的方式给予孩子正确的财富观和幸福观。

股神巴菲特应该是世界上最懂得如何赚取金钱的人，但却选择让孩子追求自己的人生幸福，把家族的传承的目标定格在了“幸福”的标准上，是难得的智慧选择。在中国，苏州的贝氏家族与巴菲特家族传承理念何其相似。

苏州贝氏家族财富的传承是中国内地家族财富传承史上的一个经典案例。据贝家族谱记载，贝家的崛起源于元朝末期，贝家先祖便从事医药的行当。到明朝中期时，贝氏家族已成为当时吴中地区的四大名门望族之一。到了清朝中期，贝家凭借着源远流长的历史文化底蕴，以及代代相传的经济基础，更是从吴中地区脱颖而出，成为苏州首富。如今的贝氏，在江苏依然是名门望族，出现了许许多多的杰出人才，如现代著名的建筑学大师贝聿铭，他就是江苏贝氏家族的第十五代传人。百年传奇人生里，贝聿铭获得了法国建筑学金奖，美国国家艺术馆、肯尼迪图书馆、香港中银大厦、法国卢浮宫金字塔，以及家乡的苏州博物馆，每一件设计都是经典之作，被誉为“现代建筑的最后大师”。

贝聿铭的祖父贝理泰学问渊博，20 岁时便入了科举的贡生，并在京都为官。后因其善理财，同陈光甫一起联手创办了上海商业储蓄银行。到了清末民初时期，贝氏家族子孙贝润生开始从事其他行业，有了一定家底的贝氏家族投资了钱庄、颜料等行业，成了名副其实的“颜料大王”，据传，贝氏家族同时也是中华人民共和国成立前拥有上海最大的房地产公司。贝聿铭的父亲贝祖诒是大金融家。1914 年贝祖诒进入中国银行北京总行工作，1918 年被派往香港组建中国银行香港分行，先后担任了中国银行分行总经理等要职。贝聿铭于 20 世纪 30 年代赴美，就读于哈佛大学。

贝聿铭如今的子孙都在美国，大多数上了美国名校哈佛大学，在各大领域小有成就。贝家在美国也仍然保持着东方式的生活，家族经常聚餐，相互探望。①

苏州贝氏家族的传承的成功并不是凸显其“家大业大”的物质条件，而是家庭成员和谐相处并在各自领域有所成就的幸福感。大的家业可能使家庭成员相互建立了“隔阂”，良好的家庭教育和价值观的传承才是家族和谐幸福的纽带。贝氏家族和巴菲特家族的成功传承，缘由便在于没有将金钱神圣化，反而崇尚孩子追求自己的人生，并且崇尚家庭的乐善好施，重视对下一代的子孙在公益慈善方面的培养，树立明确、崇高的社会责任感，杜绝了子孙会肆意地挥霍先辈积攒下来的财富。这样的家族传承可以总结为“富而不骄、忠于自己、乐善好施”的幸福传承。因此，幸福才是家族财富传承的最终目的。

① 资料来源：根据网上公开信息整理。

第七章

家族财富传承的是什么？

家族财富或家族资本主要分为两类，一类是“定量”的资本，其为“可数”财产，决定了家族财富的数量，这类资本即财产，或称为物质财富；另一类是“定性”的资本，其为“不可数”财产，决定了家族财富的质量以及打破“富不过三代”（shirt sleeves to shirt sleeves）魔咒的可能性。

第一节 财产不是家族财富传承的唯一标的

家族财富传承的载体，包括人、文化和物质财富三类，这也是家族财富传承的所应具备的三个要素。拥有物质财富之后，还要有“传财”和“承财”的人，更重要的是，有把两者维系起来的纽带，即家族的文化和精神财富。因此，家族财富传承所“传承”的标的并不只是财产，还包括人力资源财富和家族文化等“无形资产”。

林则徐曾经说过一段非常经典的话：“子孙若如我，留财有何用，贤而多财，则损其志；子孙不如我，留财有何用，愚而多财，益增其过。”如果子孙没有能力、家族没有精神传承，财产只会带来负面的影响,要消除或者减少物质财富所产生的负面影响,就要引导家族成员正确认识、认知和利用财富。引导的方式就是培育、管理和延续家族的精神财富。

著名作家小霍丁·卡特也曾说:“我希望有两份永久的遗产能够留给我们的孩子,一个是根,另一个是翅膀。根就是文化,是精神,是信仰;翅膀就是希望,是目标,是能力。”培养下一代创富能力和独立人格、延续先辈创富过程中的理念和精神,这是作为家族“交棒者”对于精神传承的认识和期望,也是家族传承长久的秘诀所在。

第二节　家庭成员本身才是最宝贵的财富

家族成员本身就是一个家族最宝贵的财富,也是不可缺少的人力资本,通过教育和培养提升家庭成员的能力本身就是人力资源财富的增值。发挥家族人力资本的优势也会让家族财富发生质的飞跃。股神巴菲特曾表示:“我想给子女的,是足以让他们能够一展抱负的能力。”

18 世纪中期,梅耶·罗斯柴尔德在法兰克福成立罗斯柴尔德集团。他有 5 个儿子,他将他们派到旗下位于欧洲五大主要金融中心分别成立分公司。一个天才可以创造一个产品,三个天才可以创造一个市场,而五个天才则会创造一个帝国。老大阿姆斯洛坐镇法兰克福大本营,和他的父亲一直控制者罗斯柴尔德的中心;老二所罗门在维也纳建立罗斯柴尔德支行,让罗斯柴尔德的金融帝国开启疯狂的扩张的旅程;老三内森罗氏五人中最为成功的一个人,也是罗氏五人中第一个走出来的人,前往了伦敦,在伦敦的内森仿佛开了天眼,事先得知英国于 1815 年 6 月在滑铁卢击败了法国的拿破仑,最终从战争局势上获益巨大;老四卡尔被派往那不勒斯,作为罗氏五虎中的一员,同样他也建成了以罗斯柴尔德银行为中心的金融帝国一角;老五詹姆斯则被派往巴黎,像他的四个哥哥,成就这个帝国的最后一片版图，而他也曾买下直到今天依旧非常著名的拉菲酒庄。① 他要求每个儿子搜集所在地的金融信息，并与大家共享这些信息，并在给予儿子独立和多元化发展的同时，分散了投资风险，堪称是家族中擅于运用家族人力资源的典范。

一、财富守成和传承应当与家庭成员的能力相一致

财富的坚守和传承与家族成员的能力是需要相匹配的。当一个家庭获得巨额财富时，其还要审视家庭成员承载财富的能力是否已经足够，当财富大于家庭成员的能力，"守财"就变得异常困难，家庭成员的幸福感也会随之降低。财富与能力相平衡才能创造幸福。因此，人力资本实际上是家庭财富的那个"锚"。

家族财富传承的实施也是主要由家庭成员完成的，其他外部的人一般顶多是受托人或被动受益人。传承中的"传"是长辈的事，"承"是晚辈的事，长辈和晚辈要相互协作，愿景一致，才能把财富传承好。在传承过程中，"传"的人的能力固然重要，但"承"的子女的能力就更为核心，尤其是当前"一胎政策"给中国传承带来的窘境，让"富二代"这个词早已成为贬义词。

零点研究咨询集团董事长袁岳早在《富不过二代再思考》的文章中就一针见血地点明了大部分"富二代""不成器"的五个"缺乏"能力的表现：其一，缺乏危机感与应对压力的心理反应机制；其二，缺乏对于父辈事业所在社会环境的起码社会知识的认知；其三，更多在优异生活环境中形成的消费能力而极端缺乏对自我、社会关系与团队的管理期待与能力；其四，缺乏起码的自我节制与妥协能力，个性计较张扬；其五，比他们的上代与困境家庭孩子有更为突出的物质至上思想，相信财富的能力，极度缺少公德修养与道义感召力。

生活中富二代不争气"败家"的案例有很多，主要原因就是子女的

---

① 佚名：《罗斯柴尔德：一个老父亲带着五个儿子征战欧洲金融界》，载搜狐网，https://www.sohu.com/a/190719487_638049，2021 年 4 月 3 日访问。

教育没有做好,子女的能力没有实现与拥有财富的匹配,这个“锚”太小了。

江苏阜宁稀土大亨朱某成早期通过国企改制、股权重组等方式投资或控制了包括中铝公司三大业务板块之一的“中国稀有稀土”“中铝稀土(江苏)”“新里程科技”“三威稀土”等十余家企业,成为名副其实的“稀土大王”。

人到暮年,朱某成指望儿子朱某栋顺利接班。为此,朱某成还是下了很大功夫,让朱某栋在加拿大约克大学留学 5 年,读国际金融贸易专业。作为一个根正苗红的“富二代”,朱某栋却很勤奋,2005 年回国后,立刻开始帮助父亲拓展生意。据说,阜兴集团与日本住友、三菱、豪雅、索尼、奥地利特里巴赫、法国罗地亚、德国肖特、韩国 SK 和美国钼公司等能建立起长期贸易合作关系,多为少东家朱某栋的功劳。

但好景不长。年少轻狂的朱某栋觉得实业挣钱慢,又觉得自己学的金融,可以从资本市场入手。2011 年,朱某栋与同年出生的绍兴人赵某权一道在上海组建上海阜兴投资有限公司,公司名字指的是俩人的家乡,阜代表阜宁,兴代表绍兴。

在 2012~2015 年间,阜兴集团在上海组建了意隆财富、郁泰投资、西尚投资、易财行 4 家私募基金公司,覆盖证券、创投、股权等领域。到 2017 年的时候,阜兴集团的资产管理总额就超过 350 亿元,贸易总额突破 300 亿元。这些资金绝大部分被他们核心的几个人挪用或侵占。[①]

有了“资金池”,2016 年初开始,朱某栋聘请了所谓华北第一操盘手李某卫帮助其操纵大连电瓷的股票,一开始也赚了不少钱,并效仿这一操作收购了华闻传媒、华塑控股两家上市公司。然而,世事难料。由于内部“老鼠仓”以及外部市场影响和媒体曝光等原因,“资金池”里的钱赔了不少,

---

① 2020 年 1 月 8 日,中国证监会网站公布了 2020 年 1 号市场禁入令,详细披露了阜兴集团如何利用 365 家关联企业挪用和侵占私募基金所募集的资金。

难以给投资人兑付，最后导致资金链断裂。朱某栋远逃海外，最终被羁押回国。①

2020年11月30日至12月4日，上海市第二中级人民法院对阜兴集团、朱某栋等人涉嫌集资诈骗罪、操纵证券市场罪、非法吸收公众存款罪进行了公开审理，至今尚未宣判。

朱某栋的例子代表了前几年层出不穷的“80后”上市公司董事长造福的传奇经历。很多人依靠敏锐的资本市场嗅觉和“娴熟”的资本运作能力把上市公司市值从几十亿元“做到几百亿元”，然后靠股票买卖“收割韭菜”。如果说他们的父辈有些依靠国家产权制度完善过程中的国企改制、占有资源获得了“暴富”的机会，则这些人则依靠国内资本市场完善过程中的监管间隙获得了“暴富”的机会。但“暴富”带来的财富往往超出了承载主体的能力，这波依靠资本运作而不是实业经营和技术更新带来“暴富”者，安全“着陆”的人不多。

二、作为“承”的主体，子女的教育最为关键

“授人以鱼，不如授人以渔。”成功的家族财富传承案例都非常重视子女的教育。上文贝氏家族案例中，贝聿铭先后在麻省理工学院和哈佛大学就读建筑学，而他的四个子女们，其中三个儿子和父亲一样，毕业于哈佛大学，从事建筑工作，女儿在哥伦比亚大学攻读法律。同样地，以曾国藩家族为例，两百多年来，自曾国藩以下八代人中无一“败家子”，曾氏家族至今190余年间，绵延至第八代孙，共出有名望的人才240余人，有近两百人接受了高等教育，众多留学欧美或日本等国，其中取得博士、硕士和获得院士、教授、研究员、高级工程师等职称的多达百余人，构成了一个名声远播的华夏望族。②

微软的创始人比尔·盖茨在2002年新德里的一个发布会上阐述了在

---

① 猫哥：《一个超勤奋的富二代，凭能力搞了300亿的大爆雷》，载搜狐网，https://www.sohu.com/a/366464969_711825，2020年12月21日访问。

② 中企联家族办公室：《家族传承丨家族文化才是传承的灵魂！》，载百度百家号，https://baijiahao.baidu.com/s?id=1600159261833263142&wfr=spider&for=pc，2021年1月10日访问。

他这样的一个财富阶段，财富对子女教育的影响的观点，他说："我不认为巨额财富对孩子成长有实质性的帮助。在我看来，我将我的相当一部分财产让我的孩子去继承，我不认为这是对孩子或对社会是有利的。当然，我还是会保留一部分财产让我的孩子去继承，让他们能够在一个舒适的环境中成长。"实际上，不同的家族财富发展阶段，子女教育（或人力资本的培养）的占比是有所区别的，[①]如图 7－1 所示。

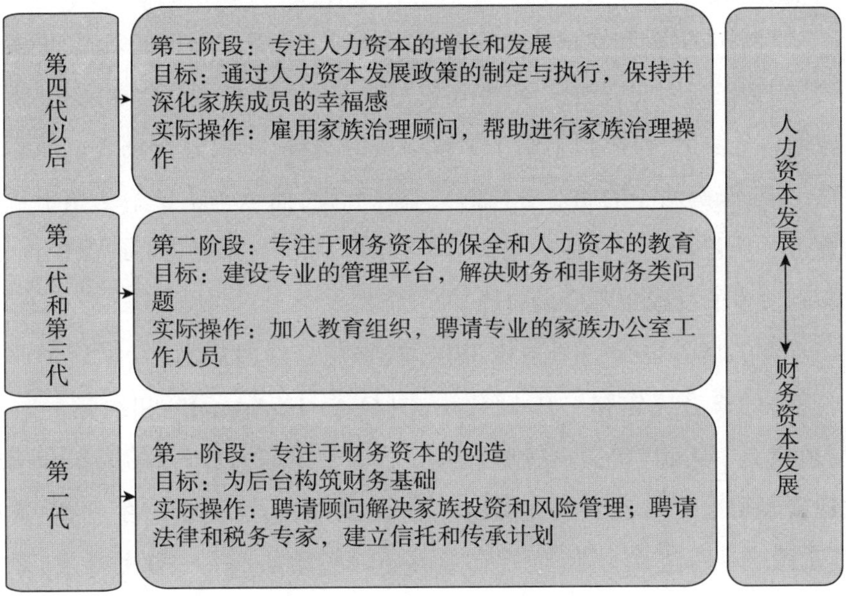

图 7－1　不同的财富积累阶段与受教育的支出

但子女的教育绝不只是从学校到大学定时定量的"学校"教育，更重要的是持续的家庭教育和心理辅导。罗伯特·布鲁克斯（Robert Brooks）博士在《培养坚毅的孩子》（*Raising Resilient Children*）一书中提到子女的三个最基本的需求是：第一，有归属感以及与家人的亲密感；第二，有自我决定的自由；第三，拥有能力的需求。

① ［美］迈克尔·M. 庞皮恩：《家族办公室与超高净值客户资产配置指南》，卢强、黄振译，中国工信出版集团、电子工业出版社 2016 年版，第 56 页。

第三节　子女的教育

一、子女的教育是一项复杂且持续的“工程”

对孩子的教育也要根据孩子本身的特点、年龄、性别等予以综合考虑，要“认识你的孩子”。每个孩子都是不一样的，孩子也不是父母本身的“克隆品”。例如，男孩和女孩的培养就有所差别。爸爸对于男孩来说，更多的是榜样的力量，因此，爸爸一定要树立好榜样，从事业、家庭、孝道、健康等各方面言传身教，妈妈则要给予男孩适度的关怀，不要过分溺爱。而对于女孩来说，妈妈给予的朋友一样的关心和照顾，而爸爸主要给予孩子自信和尊重。从爸爸这个异性这获得了尊重，敢于说不，才能更好地保护自己。得不到父爱的女孩也不会爱自己。①

子女的培养也是一个系统工程，需要前瞻性的规划。《家族企业战略转型》的作者克雷格·E. 阿伦诺夫(Craig E. Aronoff)和约翰·L. 沃德(John L. Wrad)曾提出接班人培养需从小抓起，接班人的成长和成熟过程需经历七个自然阶段：阶段一——态度准备，从孩子出生到25岁期间；阶段二——进入企业，通常在20～30岁；阶段三——业务开发，通常在接班人25～35岁；阶段四——领导力培养，在30～40岁；阶段五——挑选接班人；阶段六——过渡阶段，企业的责任和权力要转交给接班人；阶段七——规划下一代接班人事宜，企业家在45岁以上，开始计划下一轮的接班事宜。

二、子女的教育绝对不仅是“学校”的教育，更应重视家庭教育

不可否认，知名学府的教育是孩子良好教育的一个保证，如上文中提及的苏州贝氏家族以及曾国藩家族的教育。但学校的教育绝不能替代家庭教育。

---

① ［澳］史蒂夫·比达尔夫：《养育女儿》，钟煜译，中信出版社2014年版。

政治世家美国肯尼迪家族有个子女教育的十训：[1]（1）亲手制作孩子的育儿日记与读书记录，然后对此进行彻底检查；（2）帮助孩子培养遵守时间的好习惯；（3）父母要经常向孩子讲述他在事业上所发生的故事；（4）吃饭时要形成一种自然和谐的讨论氛围；（5）教授孩子“取得第一名成绩的人不会被人无视”的世界法则；（6）当孩子遇到困难时，家长要站在孩子的角度上帮助他们解决问题；（7）让孩子进入名牌大学进行学习，使之获得最好的人脉关系；（8）让孩子明白，起初的笨拙与不适应，将会通过反复努力而变得熟能生巧的道理；（9）告诉孩子要树立远大的目标，但切勿急躁，必须循序渐进才能取得成功的道理；（10）父母与兄弟姐妹之间，要形成一种和睦相处、互相帮助的良好家庭氛围。

三、家庭教育主要内容有哪些？

学校教育更多的是传授“术”，为了将来“术业有专攻”；而家庭教育更多的是“德”，是良知，让孩子学会与人为善，培养孩子的责任感、对家族企业的热爱以及对家庭文化的认同。

（一）寻找子女的兴趣

父母要有耐心做一些调查研究，发现子女的特点、爱好和特长，有的放矢地去发展他的潜力。就像多年前的最佳电影《阿甘正传》（*Forrest Gump*）所描述的一样，看似普通甚至迟钝一点的孩子，因为找到了自己的兴趣，并随着时间的积累，也能有所作为。要像“爱护自己的眼睛”一样保护孩子的兴趣。

如上文中提及的巴菲特家族案例，巴菲特坚信兴趣才是成就优秀子女的源动力。于是，他亲力亲为，在儿子出演的音乐会中，拿起夏威夷吉他与儿子共同演绎一首作品。儿子在音乐方面的才华得以充分的发挥，并获得美国电视台做高奖项“艾美奖”。

（二）“德育”

贝聿铭的叔祖父，“颜料大王”贝润生认为，以产遗子孙，不如以德遗

---

① 佚名：《世界十大顶尖家族的教育子女十训，受益匪浅！》，载搜狐网，https://www.sohu.com/a/59208083_223771，2021年2月15日访问。

子孙。“德育”是一种“品质”的教育,目的是让孩子在心灵上拥有一种“信仰”,而不是需要成绩的文化课或专业课。在“德育”方面,笔者总结了三种教育方式:

第一,让孩子接触“国学”。中国文化博大精深,让孩子从小接触《四书五经》,培养孩子圣贤之心对于中国富裕家庭是必要的。富裕家庭可以给孩子请老师或报一些兴趣班,但笔者宁愿把这类学习放在“家庭教育”科目里面,主要是倡导让子女从兴趣角度来学习、从生活中去体会,不能再以“成绩”来衡量。再如,培养孩子的“孝道”,并不是要求子女背诵多少诗经就可以,而是要赋予子女对“良知”的尊重,让孩子明白,良知是孝的本源,孝顺不是一方不断的牺牲,而是情感的双向交流、包容和互动。

第二,父母的言传身教。父母在生活中的言辞和行为对孩子的影响是最直接的,这就是所谓的“家庭环境”对孩子的影响。父母之间相互尊重、对长辈孝顺、对他人宽容善良,孩子也会受益终身。

第三,家族慈善。家族慈善可以让孩子懂得感恩,增加孩子的社会责任感、淡化孩子的优越感。家族慈善的具体分析详见下文。

(三)家族文化教育

虽然时代不断演变,但每个家族都有自己世代传承的价值观和文化,都有自己的“家魂”。很多大家族将这些价值观上升为家族宪章或者家训,并定时安排一些家族活动,传承这种家庭文化。有关家族文化传承的具体分析详见下文。

(四)子女的心理教育

美国心理学家梅德林·莱文(Madeline Levine)博士在其专著《特权的代价》中提及,来自富裕家庭的12~18岁青少年,有30%~40%正遭受心理疾病的困扰,过多的财富可能会给孩子带来不利的影响。“富二代”在中国教育界已经成为需要特殊关怀的“特殊群体”。

对于拥有“富二代”的富裕家庭而言,笔者认为,有必要在心理教育专家的帮助下,定期组织一些心理学活动,及早发现和调整子女的心理状态。要让子女懂得弱化自己、学会放下自己的光环。必要时,应当利用家族基金或家族信托的方式给子女的物质生活进行一种设置(而不是肆意地给予)。正如企业家王石所言,“当你处在短缺的环境中,才会懂得珍惜”。

(五)“财商”教育

富裕家庭的子女以后无论是否“子承父业”,都需要面临很多财产的打理,因此,应从小培养他们的财商。很多富裕家庭的家长害怕孩子接触到钱,这实际上是一种矫枉过正的做法。

《纽约时报》个人理财栏目专栏作家荣·利伯(Ron Lieber)在其著作《宠坏的反面》(*The Opposite of Spoiled*)中阐述了一个观点:孩子会不会被宠坏,与穷养还是富养无关,其根本在于孩子是否树立了健康的金钱观……将孩子与钱隔离,会让孩子失去学习健康的金钱观的机会。利伯建议,把孩子的零用钱分别装在三个透明的罐子里,分别贴上三个标签:奉献(give)、储蓄(save)、消费(spend)。这实际上模拟了一个财务预算行为,同时培养子女的社会责任感。

防止对孩子溺爱和因此把孩子养成的“衣来伸手”的习惯,可以靠家族基金或家族信托等方式给予适度的限制和安排,但不能让孩子接触不到“财”。

(六)“企商”教育

家族财富的守护和传承终究离不开投资甚至开办企业的机会。让子女从小接触一些企业管理方面的教育也是必需的。李嘉诚让两个儿子在年幼时就坐在小板凳上旁听董事会。①

以下是一些比较成功的子女“企商”教育案例:

陈丹霞:立白集团创始人之一、副董事长陈凯臣之女。如果从外表来看,她是一位名副其实的“80后”大眼美女,但她却被笑称为“拼命三娘”。当其他“富二代”轻松地享受着大学时光之时,陈丹霞却一边在澳洲悉尼大学读着经济系研究生,一边摸索着帮忙打理立白集团澳洲事业。白天奔

---

① 龚乐凡:《私人财富管理与传承——破解基业长青的财商、法商与情商密码》,中信出版集团2016年版。

波于工作中，晚上回学校上课，当陈丹霞以战略管理专业第二名、市场营销专业第一名的双硕士学位毕业，所有人都对这位大小姐刮目相看，在其担任立白化妆品品牌高姿总经理前，这个位子已经换了三位精英。不过三年后，高姿三年来年增速都超过100%。

杨惠妍：碧桂园创始人之一、杨国强之女。在2005年获得父亲碧桂园的股份之后，杨惠妍以个人总资产达到74亿美元在2007年成为亚洲首富。李泽钜、李泽楷八九岁时，即被安排在公司董事会上，静坐一旁，作为学校之外的另一项重要课程。李嘉诚的做法自此而被富一代们奉为培养接班人的金科玉律。杨国强同样效仿了这种做法，当杨惠妍只有十三四岁时，父亲就将她们姐妹俩带到董事会会议列席旁听。会后，杨国强还会向她们解释为什么他在会议上这样说话以及如何批评下属等。

刘畅：新希望集团董事长刘永好之女。2000年，刘永好要求刘畅“十年内不许出现在媒体面前”，出于安全的考虑，刘畅还听从父亲的安排借用母亲的姓氏暂时用了“李天媚”这个名字以远离媒体的纷扰。在父亲的细心安排下，刘畅走的是一条甚为稳定的接班之路：跨国历练+基层锻炼。刘畅14岁时，被送到美国留学历练。2002年，22岁的刘畅学成回国后以一头清新的短发和朴素的打扮低调在公众面前亮相。刘永好并没有安排女儿直接进新希望的管理层，而是让刘畅先在北京接触政商关系，再到新希望的下属公司南方希望、新希望乳业学习。同时，刘永好也不忘安排女儿在新希望涉足的投资领域学习，全面了解和感受企业管理、资本运作，为以后的事业发展做准备。①

“企商”教育最核心的就是让子女可以有企业主的思维，发掘对企业管理的兴趣和分析，因此，对于有家族企业的富裕家庭来说，家庭企业主就是一个很好的导师。目前市面上也出现了一些“领导力”培养的夏令营项目或“MBA”预科项目，对子女来说都是一个培养“企商”的重要途径。但

① 黄丽嫦：《谁是富二代坑爹败家典范　精英富二代成功案例》，载东方财富网，https://money.eastmoney.com/news/1583.2013030276019013_2.html，2021年4月2日访问。

如笔者上文所述,这类的培训终究还是以培养兴趣为目的,不能追求排名和成绩,那样会造成子女的厌烦。会弹钢琴的孩子很多,但相信没有一个钢琴家是被父母“打”出来的,后天还是主要靠子女的兴趣推动。

(七)契约精神、遵纪守法等基本生存法则的教育

虽然很多的商业法则可以从书本中学到,但奇怪的是,父母的“言传身教”才能让子女真正懂得这些规则。例如,父母答应子女的事再忙也要做到,就是对契约精神的一种教育。再如,上文中提及的阜兴集团朱氏家族的案例,朱氏子女虽然接受了成熟的商科教育,也很勤奋,但最后还是倒在了“违法”这个禁地中,不能不说朱氏家庭教育方面存在欠缺。

家庭教育也可以“机制化”。例如,李锦记家族中由第四代母亲们成立的一个叫“超级妈妈委员会”的组织来开展子女教育。她们会鼓励对下一代进行家族价值观、哲学和管理学教育,用言传身教来培养孩子的价值观和责任感。[①] 作为教育项目的一部分内容,李锦记家族每年都会集体出游度假,度假期间不仅能学习商业知识,还能加强家族成员间的沟通,享受家庭欢乐。有些家族甚至在家族治理结构中设置专门负责教育的委员会,会定期跟家族分享教育理念,传递家族倡导的教育方法,引进一些优秀的教育资源,也会设立一些专项家族教育项目。

四、子女的海外教育

几乎所有的高净值家庭都会将选择让子女在某个年龄阶段去留学,而且随着中国人更多地在海外置办房产,现在海外留学的子女年龄越来越小,出现了“小留学生”潮。

富裕家庭为什么让孩子去国外留学?应该什么时候让孩子去留学?笔者以代表西方教育理念的美国为例,结合自己的理解进行简单的分析。

(一)中美教育的差异

先简单总结一下美国教育的基本情况。

---

① 佚名:《从〈知否知否〉品家族子女教育之道》,载百度百家号,https://baijiahao.baidu.com/s?id=1627236559821555328&wfr=spider&for=pc,2021年4月2日访问。

美国和中国一样，初等教育总共12年，但分布上来说稍微有一些差异，美国小学5年，初中3年，高中4年。

美国小学只是一些基本生活能力和常识的教育，除了语言就是简单的算数等文化课，艺术课反而更丰富些。小学老师都是一个老师可以教一个班，没有分科老师。而初中就像大杂烩，除了基础文化课程，还有很多选修课和课外活动。有一些分科老师，但文化科的老师也可以教数学。

虽然美国小学和初中并不要求学生掌握很强的学术能力，但对于聪明才智的学生，各个地区都有天才教育计划GATE（gifted and talented education），政府专门拨款给学校，让那些学有余力的天才学生学习超出他们所在年级难度的东西，[①]这也是所谓的“精英教育”。正因如此，当发现孩子的兴趣或某方面的天才潜能时，就会给予重点培养。除此之外，美国的大学、研究机构、政府机关和社会上的商业机构，都非常重视跟公立学校建立伙伴关系。

美国与中国教育最明显的分水岭在于高中阶段。美国基础教育的重头戏就在高中这4年。高三这一年仍处于学习新知识的过程中。美国高中随随便便都可以开出一百多种课程。如果学生毕业后就想读职业学校或社区大学，是选修一些课程就可以的。但如果想考入理想大学，就应以学术课程学习为主。美国采用的部分大学课程高中提前设置方案AP（advanced placement），并采用学分制，目的就是让高中生提前根据自己的兴趣选择专业和大学，并为大学学习做好铺垫。美国采用两种高考入学水平考试，一种是学术能力评估测试SAT（scholastic aptitude test），另一种是入学水平考试ACT（american college test）。这种高考考试每年可以考六七次，且高中四年的平均成绩和活动的参与与高考成绩同样重要，甚至更为看重。

因为高中在学期间的分数与高考成绩同样重要，而高中老师对这些成绩拥有绝对的“生杀大权”，但因为美国的高中没有“升学率”这一概念（是否考上大学对老师的工资没影响），因此，在校期间获得的分数比较能客观

① 方帆：《给学生无限可能——细说美国教育》，中国人民大学出版社2016年版。

反映学生的真实学习成果和表现。中国的高中很多知识已经在入学前就学习了,高三又主要以应试复习为主,因此,中国高中阶段留给学生学习新知识的时间不多。但美国很多公立高中都是无法正常授课的乱校,[①]并不是都注重学术教育。好的公立学校一般都需要在当地买房或有长久居住权,如果不能选择好的公立学校或不想在国外买房,选择一些排名靠前的私立学校也是不错的选择。私立学校学生的学风和纪律比较有保障,但也要看私立学校的老师水平和福利待遇如何。公立学校的教师待遇是比较高的,但很多私立学校招收的老师水平一般,待遇也一般。

中国留学生选择大学主要看排名,尤其是综合排名,但实际上美国各大院校在面对各个年龄段和学科的教育水平参差不齐。

中美教育的差异在何处呢?

1. 中国崇尚"不让孩子输在起跑线"的思路,美国崇尚"长跑"式教育

中国科学院院士杨乐教授早年在原中央电视台著名主持人崔永元的《实话实说》中曾以"长跑"为例告诫中国家长,在起跑线上冲刺是得不偿失的,是违反教育规律的。[②] 2015 年上半年,一部由赵薇和佟大为主演的电视剧《虎妈猫爸》中的很多细节,刻画了中国家长"不让孩子输在起跑线"的很多表现,比如为了孩子上重点小学天价换房买下"老破小"等。

因此,中国家长过早地让孩子补习各种文化课,甚至让低年级的孩子提前补习高年级孩子的课程,会让孩子:要么产生厌烦的心理;要么觉得学校课程无用,盲目自信。

但有些教育在"起跑线"阶段是很重要,如艺术教育。歌德曾经指出,科学是后天的,而艺术是先天的。对艺术的挖掘越早越好。因此,中国家长应更多地从孩子兴趣点出发,在早期教育阶段,多让子女接触一些艺术课程。

2. 中国崇尚成绩和排名(外部驱动),美国教育更多地靠兴趣驱动

中国初等教育主要靠家庭和学校外驱动来学习。重视成绩和排名的

---

① 方帆:《给学生无限可能——细说美国教育》,中国人民大学出版社 2016 年版。

② 丁玖:《亲历美国教育——三十年的体验与思考》,商务印书馆 2016 年版。

中国教育的几个特点：第一，考试大排名，名次靠前容易得到别人尊重；第二，初等教育学校教育成果通过考试成绩来衡量，课程安排是否有用不做评判；第三，读书、学习和考试成绩是一脉相承的，鼓励学生多读课外书或兴趣书的不多；第四，教育动机主要靠家庭和社会期望推动，学生缺乏内在动机和兴趣；第五，畅销的培训机构大多与考试或者报考好的学校所需的成绩有关；第六，提倡"勤能补拙""头悬梁锥刺股"等考霸行为，忽视天生兴趣和聪明才智。

上述中国教育的现状与有史以来的"科举"制度、中国老师的"升学率"考核要求以及中国各地区教育资源的不平衡是分不开的。中国高考对于很多家庭来说甚至可以用"一考定终身"来形容，但美国的高考只是占一半的成绩，且一年内考试次数多。

美国等发达国家在保护孩子兴趣方面确实比"以分数论英雄"的教育体制要完善一些。美国学校主要发掘孩子的兴趣，靠内驱动。

发掘和保护孩子的兴趣不同于中国教育界提倡的"素质教育"。中国培训行业冠以"素质教育"大肆宣传各类培训项目，家长也是想让孩子琴棋书画样样精通，孩子在折返于各个培训机构的劳累中不知道还有没有时间坚持自己的爱好。美国补习班不多（华人社区除外），主要原因在于：其一，美国社会阶层分化已固定，各个阶层不会认为考上好大学能彻底改变什么；其二，相比中国，美国的教育资源还是比较充足；其三，美国也有"精英教育"计划对某些方面拥有聪明才智的学生给予特殊的课程设置和学习规划。

3. 中国大学教育更注重学校排名（"985""211"），美国更突出培养优秀的人才的结果

由于改革开放后中国想办世界一流大学，所以，以"985""211"等对重点大学进行了划分（重点大学国家和地区会倾斜一些经费和资源），并在高考中进一步对本科院校进行了分级。而美国首先拥有相对久远和完善的教育基础，且对于联邦制国家而言，各州甚至各地区都有出类拔萃的学校，而且如上文所述，美国的阶层划分已经很明晰（只靠上学很难改变一个家庭的阶层），因此，美国并没有像很多留学中介宣称的那样重视排名，甚

至很多排名之间差异巨大,仅有一点参考意义。

但美国教育很重视学生领导力和演讲能力的方面的教学,重视个人能力的培养。所以在大学前,就以"精英教育"的方式对学生群体进行了区分(类似于中国重点班)。

中国高考之后,很多子女上大学就变得懒惰起来,这有两方面的原因,一方面确定高考带给了孩子太多的负担,想明白为什么上这个大学学这么多课程的孩子估计不多;另一方面中国很多大学教育水平和教师地位还有待提升。美国重视大学教育的另一个表现是,美国大学校长和总统都是同一个称呼"President",他们的薪水一般比州长高很多,私立名牌大学校长的年薪甚至高于总统。

4. 其他方面

比如,在男女交友问题上,美国学校鼓励男女生约会,认为这样可以学会跟异性相处,学会尊重和迁就。但中国传统文化不支持男女太早交朋友。

(二)海外留学的建议

鉴于上述中美在初等教育和大学教育方面的差异,笔者认为,让子女接受一些类似于美国之类西方发达国家的海外教育对于富裕家庭来说还是很有必要的(很多传承案例都支持了这一点)。但至于何时让子女去国外留学,则需要根据每个高净值家庭的自身情况加以区分,这些情况包括家族企业主要经营地(是否在国内)、家庭成员身份(与学费和升学名额相关①)、家庭成员的年龄及分工等。但如果孩子在大学之前出国读书,建议家长陪同。因为脱离父母强监管的中国孩子在美国独自一人读书,容易迷失自己。此外,美国教育非常重视家长的参与,家长的重视对学生的成功

① 非纳税人身份肯定需要缴纳更多的学费。以美国为例,美国是联邦制国家,除了少数特殊高等学府如军事学院外,州立大学的生源主要是本州的高中毕业生,教育经费除了学费外,主要靠州议会批准的州政府财政拨款,花的是本州纳税人的钱。所以,来自州内的学生,只需要缴纳所谓的"州内学费"(in-state tuition),而来自外州的学生包括外国学生,则要支付"州外学费"(out-of-state tuition),一般是前者的两三倍或更多。当然,享受不同类型奖学金资助的学生常常有免缴学费的优待。另外一个,就是录取率肯定不如州内高中毕业生,毕竟面向外国留学生的名额有限。

要起到一半作用。如上文所述,学校教育和家庭教育本来就是相互融合和补给的。

第四节　家族慈善是孩子教育的必修课

在欧美财富家族的价值观里,慈善是财富家族的重要思维方式和行为习惯,是财富的最终归宿,是家族财富得以长远传承的法宝。在他们看来,亿万富翁家的孩子出生时,嘴里含的"银汤匙",可能是孩子长大后插在其后背的"银匕首",[①]而慈善是解决子女教育问题的关键手段。

家族慈善在孩子教育中所起的作用主要体现在如下几个方面:

一、家族慈善是子女获得家庭关怀和家庭教育最有效的方式

家族慈善的实施方式有很多,可以直接进行财物捐赠、可以通过依法设立的公募或私募基金会捐赠,可以自行设立私募基金会进行捐赠,也可以通过慈善信托的方式捐赠。但无论何种方式,都需要经过类似于家族会议的讨论,并交由家族成员去实施。在这个过程中,长辈和子女各扮演不同的角色。充满活力的子女一般在慈善项目选择和调研上发挥积极的作用,并在家族做出决策后进行积极的实施;而长辈则运用自己的生活阅历和实践经验给予建议。慈善这一过程实际上是家族成员相互协作的过程,所有的家族成员都可以参与进来(不论年龄、是否在家族企业任职等),这样即增进了家族成员之间的沟通(有助于消除家族矛盾),又增加了两代人甚至多代人之间的协作能力,进而增进了家族团结和凝聚力。

二、家族慈善是子女"德育"教育的快捷方式

家族慈善本身体现的就是财富家族承担社会责任、奉献社会的基本生活方式。作为含着"银汤匙"出生的子女更应该承担起这份责任,这本身

① 龚乐凡:《私人财富管理与传承——破解基业长青的财商、法商与情商密码》,中信出版集团2016年版。

就是财富家族家族文化传承的一部分。这是这种“品质”教育，才会引导子女成为对家族和社会有责任心的人，这是子女作为合格传承人的基础条件。

同时，作为将来接班人的子女，尽早地让其感受“企业家精神”也是一种很好的教育方式。通过家族慈善，子女做出慈善行为并由社会给予家族声誉、荣誉和社会价值等方面的回报，子女在这一过程中获得成就感，进而加深对成为企业家的喜爱。

三、家族慈善可以锻炼子女的能力

家族慈善并不是像施舍乞丐这么简单。家族慈善需要在厘清家族慈善目的和业务范围后，利用多重法律工具，甚至需要整合其他基金会、社会资金及资源（与政府、基金会、受赠人等各方达成合作），才能完成专业的慈善工作。这一过程需要运用到财务预算、法律架构与合约、商业合作与谈判、资金监管、公开演讲和领导力发挥等多重知识和经验，本身就是对子女能力的一个锻炼。

此外，如果需要单独为家族慈善建立一个组织（如基金会）甚至开展对外宣传和商业活动，本身就是“创业”的活动，能让子女最直接的感受父辈创业的艰辛和努力。

1968 年创立的美的集团是中国最早的民营家电企业。2012 年，何享健退出美的管理层后，交由职业经理人方洪波操盘，何享健与其子女只担任大股东，成为中国家族企业“传贤不传子”的交班范例。

多年来，何享健一直热心于慈善公益事业。2013 年，何享健发起成立和的慈善基金会。2017 年，和的慈善基金会发布了总额 60 亿元人民币的捐赠计划，包含股权捐赠和现金捐赠两个部分。其中，何享健捐出其持有的 1 亿股美的集团股票设立慈善信托，现金捐赠的部分总额为 20 亿元人民币。

第五节 家族成员之间的冲突解决

提起家族成员之间的冲突,不得不重温一下古驰(GUCCI)家族没落的典型案例。

奢侈品牌(GUCCI)的创始人古驰奥·古驰(Guccio Gucci)少年时从意大利来到繁华的英国大都市,由于长期在酒店服务有钱的宾客,慢慢对奢侈品皮具产生兴趣,并专门辞掉酒店的工作去一家皮具厂做学徒。学有所成后,1922年开始创业,也学着其他爱马仕等其他奢侈品品牌一样,将自己的姓氏印在箱包上作为品牌。

他了解富人对品质生活追求,确立了"小规模、成就大事业"的经营方针;在选人方面,高精确严挑选,只聘请手艺最好的工匠;内容上,制作各式各样的皮具,大到行李箱和手提包,小到皮带、钥匙链等一应俱全,同时古驰奥将象征精英阶层的马术元素引入品牌,产品的品质和服务都达到了同时代最高水准,这也为古驰到20世纪70年代享誉全球做好了铺垫。

古驰奥·古驰在事业上成就斐然,但在子女教育上缺很"另类"。古驰奥·古驰有四个孩子:[①]长子Aldo、次子Vasco、三子Rodolfo以及女儿Grimalda。他重男轻女,男子可以参与家业并获得股份,但女孩却不行;同时他还鼓励儿子之间竞争(以此体会社会的险恶),导致家庭关系异常混乱,以至于在1953年古驰奥·古驰去世后,对遗产未做安排的情况下,子女之间争斗遗产,最终长子靠计谋获得家族企业的控制权。

在长子Aldo的努力下,古驰门店已经扩张到美国全境,公司还设立了多个海外机构,扩张后的管理挑战与家族纷争叠加,问题变得更为棘手。

随着第三代开始长大成人,控制权的争夺变得更加复杂。先是女儿Grimalda揭穿其兄弟Aldo有关家族品牌贵族化的谎言("我们家族从来没

① 也有资料显示其有五个孩子,但已无从考证。

有做过马具”)。而后在1982年一次董事会上,一家人大打出手,最终导致Aldo的二儿子Paolo(也是当时GUCCI品牌的设计师)自立门户,成立Paolo GUCCI品牌。之后,其他成员出面控告Paolo,结果其败诉并放弃Paolo GUCCI品牌。之后Paolo联合自己的堂弟Maurizio(Rodolfo的独子)开始了复仇之路,将自己的父亲Aldo逐出家族企业,并控告父亲逃税(最后被判入狱一年)。

经过数年家族混战后,1989年Maurizio联合一家私募基金将其他家族成员的股份买断,成为唯一家族成员股东,并担任董事长。但好景不长,Maurizio因经营无方、挥霍无度,最终将公司转手卖给了Investcrop集团。此外,由于Maurizio与其妻子Patrizia扭曲的婚姻关系,1995年Patrizia雇凶杀害了Maurizio,被判处29年监禁。[①]

上文GUCCI案例充分说明导致家族财富传承失败甚至灭失的最大的隐患就是家族成员之间的矛盾。一项研究表明,在所有的传承失败案例中,60%都是由于家族成员之间缺乏信任和沟通所产生的矛盾,另外还有25%是没有做好传承的安排(也是一种家族成员缺乏沟通的表现)。[②]

一、家族冲突的起源

结合相关案例及中国目前的家族生存环境,笔者总结出如下几个可能引起家族冲突的原因:

(一)没有形成统一的家族价值观或家族文化

每一个家族都有自己的“基因”,这是从家族成员出生后就带有的印记。带着这种印记的家族成员本身相互吸引,因为他们可能有着共同的爱好、共同的表情、共同的手势,这就是老话说的“一个模子”。但人的价值观的形成不是决定于基因,更多的是受环境的影响。

由于家族成员生存的环境不尽相同,就可能造就不同的价值观,而缺

---

① 梁静:《GUCCI家族沉浮录:一个辉煌品牌背后的家族衰亡史》,载搜狐网,https://www.sohu.com/a/165399411_780043,2020年12月19日访问。

② Barbara R. Hauser ed., *Family offices: The STEP Handbook for Advisors* (2nd ed.), Globe Law and Business Ltd., p. 214.

乏家族文化和价值观的创立和维持过程,就会让两代或者几代人价值观冲突爆发出来,最终形成一种家族内乱。

体现不同价值观的案例比比皆是,像“败家子”“逆子”等都是古往今来形容价值观冲突的字眼。这种价值观冲突并不代表着谁对谁错,以发展的眼光看,可能“逆子”做的是对的事情。价值观冲突代表的是家族成员的“不和谐”,没有充分的沟通,才会让冲突和不理解愈演愈烈,最终用“逆子”来丑化自己的子女。

(二)父辈与子女间成长环境的悬殊

中国财富家族更多的是处于“创一代”向“富二代”交接的过程。“创一代”是借助中国发展机遇造富的一代,见证了中国从贫穷落后走向复兴和国际化,但他们很多人没有接受过系统的教育,缺乏国际化视野,将企业视为自己的生命;而“富二代”与“创一代”相比,成长的环境大相径庭。由于独生子女政策以及对孩子缺少陪伴等原因,“创一代”对孩子格外溺爱,他们出生就拥有物质财富做支撑。父辈将教育和工作安排得井井有条,子女更多的感受是“接受”而不是“创造”。此外,很多子女甚至从小生活在西方国家。但西方国家和我国的文化差异巨大,简单而言,西方人强调个人英雄主义、强调个人独立,强调规则和分类;而我国国人更注重以和为贵、重视关系。这些原因都是导致父辈和子女之间出现矛盾和冲突的原因,如图 7-2 所示。

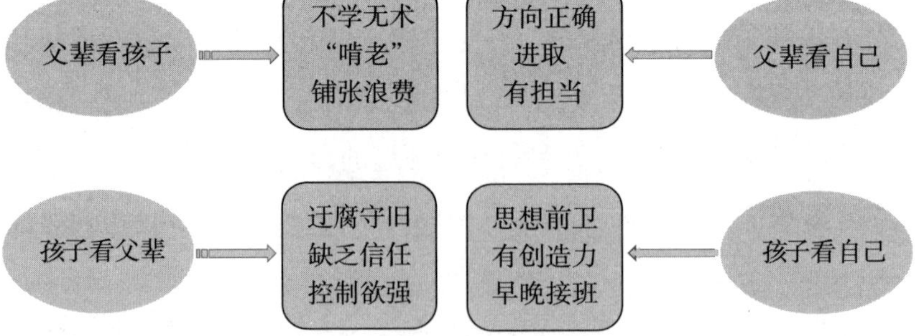

图 7-2　家族成员间的平等对待

(三)家族成员之间没有“一碗水端平”

像GUCCI案例,创始人古驰奥·古驰只“传男”不“传女”的做法就是典型的不能一碗水端平。中国虽然有独生子女政策,但很多富裕家庭都有重组家庭的情况,如果掌门人不重视家族成员间的沟通,尽量做到人人被关怀,甚至“一碗水端平”,就容易引发家族矛盾。

但“一碗水端平”并不是要求“诸子均分”。GUCCI案例中,创始人古驰奥·古驰的三儿子Rodolfo本是一个艺人,后来想回家族企业,古驰奥·古驰硬是让其跟其他孩子一样参与公司管理,这就是一种盲目的“一碗水端平”。“一碗水端平”可以体现在财富的分割上,但在对家族企业的控制、管理上,还是要根据子女的能力来选配,对于家族的其他事务可以根据子女的爱好和能力交给他们分别打理。

(四)“嫡亲”等带来的家族文化碰撞

“嫡亲”是将两个不同的家族靠婚姻捏合在一起的亲属关系。但正如前文所述,不同的家族有自己独特的标签和价值观,“嫡亲”建立的过程,如果处理不好两个家族之间价值观的冲突,很容易造成家族内乱。世界大名鼎鼎的罗斯柴尔德家族,曾一度主张家族内“近亲结婚”,其中重要的一方面就是考虑家族价值观的统一。

除两个家族价值观的冲突之外,“嫡亲”另外一个破坏统一家族价值观的风险就在于很多婚姻都是不稳固的,如果出现离婚或者重婚等婚姻重组的情况,两个家族之间就可以瞬间敌对。所以,李锦记家族宪章中才明确规定家族成员不得离婚。

二、家族冲突的解决

为了有效避免或解决家族成员间的冲突,笔者建议根据冲突的严重程度分三个层面进行处理。

(一)有意识地去建立和修炼家族统一的价值观

首先,要从家族环境上去改变。如上文所述,生存环境是形成价值观的关键。则形成统一的家族价值观就需要家族成员生存在相同或相似的环境下。但这个“环境”不是固定的,而是动态的。比如“创一代”的生长环境和“富二代”的生长环境肯定有很多不一样。因此，创造统一的价值观所需的环境不在于完全一致，而在于建造一个“和谐”沟通的环境和“相亲相爱”的家族氛围。

其次，要重视沟通，沟通过程本身就是对家族价值观的反复修炼过程。某种程度上，价值观是对家族的特征、家族崇尚的英雄、家规家训以及家族的故事的一种记载和表达。既然是一种记载，首先应当明确其核心内容，其次应经过反复的沟通、实践和完善。这一过程并不是追求正确与否，而是追求沟通过程所带来的“和谐”的认同。这种沟通可以是面对面的、可以靠书信，也可以靠科技手段（如录音、录像、视频等，但科技手段在创造“和谐”沟通上永远无法取代家族现场活动）。

曾国藩非常注重家族成员间的交流，即使在与太平天国作战的时期，他也保持着每半月与家庭成员保持一封长信的交流，那时候他比许多今天的官员、企业家要忙很多，但他并未因此就忽略与家族的联系。在清道光三十年（1850 年）至同治十年（1871 年）前后达 20 余年的时间中，共写了近 1500 封家书。①

沟通可以是日常沟通、日常家族活动，也可以是家族会议等正式些的沟通。但沟通的过程绝不是父辈的批评教育会，家族成员之间应当相互倾听，倾听的过程本身就是在沟通。沟通的过程也不仅是家族游乐，在家族企业工作中、在慈善事业中、在处理各种家族事务中，都存在沟通的机会。

（二）根据冲突的起源，有意识地去修复家族成员间的关系

如果家族成员之间有沟通上的障碍或冲突，那所体现的就不仅仅是沟通问题了，家族成员之间可能需要进行关系上的修复。修复关系就要找到触发关系危机的原因，如父亲的错怪、兄弟之间的敌对（像上述 GUCCI 案例中，女儿 Grimalda 举报其兄弟 Aldo 品牌虚假宣传问题）。

这种家族成员关系的修复必须建立在沟通的基础上，但沟通的发起和

---

① 佚名：《家族传承/文化传承才是传承的灵魂！》，载 https://www.meipian.cn/2i58grtb，2021 年 2 月 15 日访问。

主导就需要有权威的长辈介入,同时辅以和解补偿等方式。切记不要让这种关系逐渐恶化,直至引发家族灾难。

(三)建立家族冲突解决机制

财富家族应尽早建立家族成员冲突协调机制,尤其是对于家族成员庞杂、家族成员冲突显现不断的家族。

建立家族冲突解决机制实际上是家族会议制度的一部分。可以设立专门的家族长辈作为固定争议调解员,必要时可以聘请相关的心理学、法学和社会学专家。在每次召开家族会议时或者再出现在家族冲突时,由召集人召集有关人员进行说明。说明的过程更多的是一个沟通的过程,而不是像司法裁判一样举证的过程。最后在有威望的家族成员的主持下达成和解。对于家族冲突解决过程中觉得可能有损家族和睦甚至有损家族价值观的行为,可以列入家族宪法中,让家族成员以后得以遵守。

第八章

家族文化是家族财富传承的纽带

即使家族有了财产(物质财富),也人丁兴旺(人力资源),但如果这个家族没有形成良好的家族文化或者这个家族文化没有得以传承,则家族财富传承也最终会失败。许多家庭的矛盾纷争都是源于没有一个统一的家族文化。

家族文化的传承是一个“知易行难”的问题。如何实现家族文化的有效传承呢?笔者总结为三个步骤:

第一步:发掘和总结自己的家族文化;

第二步:建立家族文化的传承机制,如家族宪法;

第三步:通过家族会议等机构有效的实施上面的传承机制并不断完善。

美国家族治理专家帕特里夏·安格斯在美国国家家族慈善中心出版的《家族治理:慈善家族专刊》中,用三角结构形象地介绍了家族治理的三个要素,家族原则(价值观等)是三角形的顶部,家族政策(家族宪法等)是三角形的中部,家族实践(家族会议等)是三角形的底部,是工作支撑。

家族文化的传承机制的建立和实施将在本书其他章节介绍,本节主要分析如何发掘和总结属于自己的家族文化。

树有根,水有源,家有史,人有祖。家族文化,一般指以家族为中心,以家族存在范围的为活动基础,由家族人员之间的认同感、家族核心价值观、家族愿景和使命、家族责任感和归属感等组成的文化思想体系。家族文化注重家族的延续、发展与和谐，注重个人利益服从集体利益，如图 8 -1 所示。

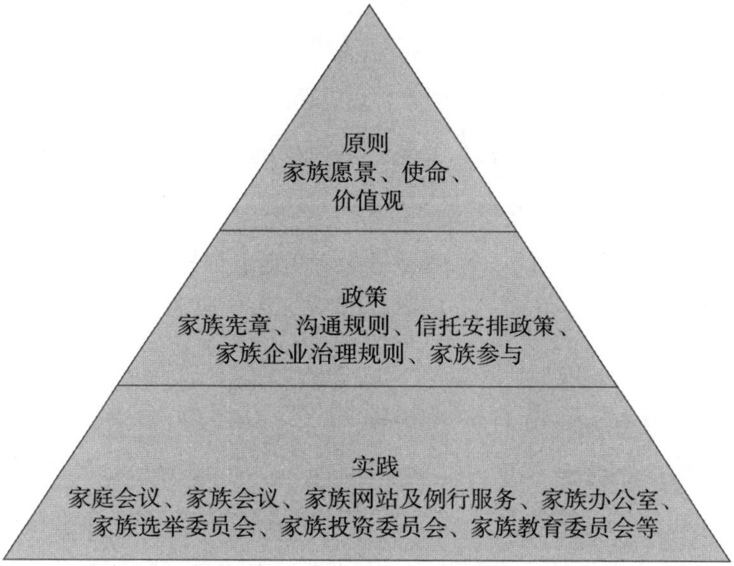

图 8 -1　家族文化治理要素

很多中国的富裕家庭都是改革开放以后的几十年出现的，即我们所说的“创一代”和“富二代”的群体。这样的富裕家庭刚开始有传承的需求，对比国外传承几代的大家族，是否有提炼家族文化的必要呢？答案是肯定的。对这一问题持怀疑的态度主要是对家庭文化的理解过于“宏大”。

每一个家族都有自己的家族文化，因为每个家族都有自己的经历。举一个简单的例子：如果你去朋友家聚会，朋友的家人会招待你，在整个聚会过程中，你会不会感到哪里“不自在”？这种“不自在”实际上就是不同的家族文化带给你的感悟。每一个家族成员自出生起，就带着这个家族的基因，并体现在日后其生活和行为中，但每一个家族的家族文化也不是一成不变的，有的是因为时代的变化，有的是因为婚姻（嫡亲）进行了两个家族基因的融合。但家族文化也不是仅仅决定于继承的基因，也会受周围环境的影响（因此良好的环境同样可以塑造优秀的家族文化），正如神经学专家 Richard Davidson 所言,“基因给枪上了膛,但环境扣了扳机”。

中国古代家训大多采用的是儒家传统哲学思想——仁义、功德、礼义、孝忠、行检等,这代表了中国传统家庭价值观。对于现代家族而言,家庭团结与和谐、家庭责任感与荣誉、谦逊与正直、坚定和拼搏等现代家庭价值观更值得推崇。此外,很多“创一代”创造财富的过程可以说就是一部奋斗史,但为何他可以成功?除历史给予的机遇之外,个人先天的聪慧、解决问题的能力以及坚忍不拔的意志都是必不可少的,这些都体现了这个家族核心人员的价值观和精神财富。

2020 年 1 月 26 日,对于很多人来说,本是个稀松平常的日子。但因为一个人的离世使得这个日子变得全世界范围内都不再平常,这个人就是科比·布莱恩特。

一说起科比,总免不了谈到他的“曼巴精神”。黑曼巴蛇,学名 Dendroaspis polylepis,是世界上运动速度最快的眼镜蛇(它的速度可达 16~20km/h),同时它也是非洲草原上毒性最烈的蛇。按“曼巴精神”的说法,缘起于科比在推特上发起的一个话题,而它的定义和诞生,其实是在科比职业生涯的 2003 年的那个至暗时刻。① 在那个事件以后,科比舍弃了原来的外号“小飞侠”,以“曼巴精神”重新定义自己和自己对家庭的责任。

什么是“曼巴精神”?科比自己的解读是:热情(passionate)、执着(obsessive)、严厉(relentless)、回击(resilient)和无惧(fearless)。

热情——科比认为,热情来自于爱,他说:我爱球的味道,我爱球鞋的味道。

执着——科比对于篮球、对于胜利都很执着。

严厉——科比严于律己也严于待人。

回击——科比职业生涯最后几年,受过几次大伤。每次他都用积极的

① 2003 年 6 月 30 日,一名叫凯特琳-菲贝尔的 19 岁女服务生向当地治安官报警,称自己遭到科比性侵,科比随即被警察逮捕。科比承认发生性关系,但辩称是女孩主动来到房间热聊并露出背上的纹身诱惑。由此,事件陷入罗生门式互撕。经过 14 个月的“拉锯战”,科比最终破财免灾,拿出 500 万元赔偿款脱身,双方和解,科比道歉并被宣判无罪。

态度回击伤病。

无惧——科比认为，一个人最大的恐惧，不是外部的，不是超自然的，而是来自自己的。[①]

“曼巴精神”就是科比留给家人的一种精神，他是科比家族文化的一部分，像是给科比家族贴上了一个标签，这个精神同时感染了很多人，实际是科比家族文化的一种对外渗透，从而提升了科比家族的社会地位。

即便不是每一个人都是科比，但相信每一个“创一代”都有自己的成长故事，这些故事和经历所塑造出的精神财富就是家族文化的源头。“创一代”应当将这些精神财富进行总结提炼，并以“讲故事”的方式将自己的感悟传承给自己的子女，因为他们真的需要。“富二代”因为出生后富足的物质条件，习惯了“饭来张口”，丧失了在奋斗中发现自我价值的机会，也丧失了为了家庭有所担当的塑造个人责任感的机会，有的家庭因为父辈强加过来的“恨铁不成钢”的压迫感，甚至还丧失了发现自我的机会。富足的物质条件让他们丧失了太多的积累自己精神财富的机会，如果他还不能从家族传承获得，他永远也到不了幸福的彼岸。

实际上，发掘和总结自己的家族文化是一个增进家人关系、给子女家庭事务参与感的一个绝佳机会。作为家族核心的“家长”，就着发掘和总结自己的家族文化的机会，可以自行或委托他人制定一个定期“家庭活动会”：

会议主题：家族文化总结讨论会

会议时间：每周、每两周或每月进行一次

会议地点：家里、球场、饭店、旅游途中各种场合都可以

会议形式：面对面、微信视频、电话连线各种形式都可以

参与人员：家庭成员以及信任的朋友（帮助提炼）

会议内容：爸爸的故事、妈妈的故事、爷爷的故事、奶奶的故事、孩子的

① 佚名：《情怀丨五个词看懂科比精髓 不会再有第二个他》，载新浪网，http://sports.sina.com.cn/basketball/nba/2016-06-29/doc-ifxtrwtu9536222.shtml，2021年3月9日访问。

故事、祖宗的遗训等，并找一些关键字对家族的价值观加以总结。同时，对家族将来的愿景也进行讨论和总结。

会议成果：对家族文化的文字提炼。

那么这个家族文化的“总结文字”需要多久做出呢？没有时间限制！也许几周、也许几个月、也许一年。可以设定一个时间目标，但要重视这个过程，因为在这个过程中：

第一，家人获得了难得的合作与深入沟通家庭事务的机会。

第二，要给予家人尤其是子女充分表达自己意愿的机会，并充分考虑他们的意见。子女才是家族文化传承的核心。

第三，这个家族文化的“总结文字”将作为后面设置家族文化传承机制的“锚”，总结的不到位，后面的机制也很难奏效。

在家族文化提炼的过程中，如果有信任的律师或咨询师等方面的朋友，也可以让他们参与并提供一些专业的意见或服务。

第九章

家族物质财富的传承

中国改革开放的政策、政治的稳定性以及庞大的国内市场都给国人创富提供了巨大的机会。但对于富裕家族而言,创富只是完成了第一步,守富和传富才是接下来的核心工作。实际上,综观中国及其他国家富豪家族的传承案例,创富容易,守富和传富则更难。仅近几年国内就有多少个富豪家族毁于一旦。

第一节　家族资产管理的四大步骤

为了实现家族物质财富的治理与传承,需要遵循四大步骤:

第一步:梳理自己的物质资产。

像制定资产负债表一样,梳理现有资产的类型、金额、价值,以及资产上的负债、或有负债、对外担保及他项权利等。资产类型可以分为:

股权:包括享有控制权的家族企业、直接对外股权投资(PE)以及直接持有的公开市场股票等。

金融资产:包括银行理财、信托产品、资管产品、基金等。

房地产:商业地产、住宅等。

货币资金。

实物资产:汽车、酒、金银首饰等商品、艺术品、收藏品等。

本章所讨论的投资或资产配置主要指非家族企业之外的投资及资产配置行为。如一个家族拥有一份家族企业,这部分资产将是家族最重要的物质财富。本章专门设立一节讨论家族企业的治理。

第二步:选聘资产管理员工或顾问,确定与其与家族成员的分工。

家族所选聘的家族资产管理人员不同于金融机构或第三方管理机构提供顾问服务的财富顾问,实际上是国外所称的"家族办公室"(详见本书其他章节)的员工和顾问。

国外成熟的家族办公室有很多职能,除了资产管理之外,还包括家族治理、企业治理、教育、养老等多重职能,但核心职能还是资产管理(或投资管理)。

选聘好资产管理的员工及顾问之后,还要进一步明确这些人与家族成员的分工。

如本书其他章节所述,家族会议(或议会)可以设立家族投资委员会,负责家族投资事宜,此委员会由家族成员主导。因此,需要划分家族投资委员会与家族办公室(或类似机构)对外开展投资和资产配置活动时的各自职能。例如,各类投资事项的决策程序;对于家族办公室递交报告的批准权限等。

第三步:制定资产配置的目标及策略。

资产配置实际上是在家族选定的一个可接受的风险程度内,由专门的团队帮助家族获得最好的收益。因此,资产配置的策略主要围绕配置哪些资产、每一类资产配置的权重是多少、何时需要调整这种配置、配置过程中需要哪些维护及运营工作等内容。

家族成员和资产配置人员之间需要就资产配置的目标达成一致,这个目标不一定是一个确定的量,一般是在一个收益区间的综合表现。资产配置策略及实施直接决定了资产管理的最终效果。

第四步:资产配置策略的实施。

在家族成员与资产配置员工(或顾问)就资产配置的策略达成一致意见后,主要实施工作由资产配置员工(或顾问)加以实施。这些实施工作主要包括筛选投资标的及产品、进行尽职调查和分析、定期(或特殊情况下临时)向家族成员或家族投资委员会等机构提交报告,根据家族成员的决定调整资产配置内容等。

第二节 家族资产管理员工或顾问的聘用

如本书其他章节所述,每一个家族都可以设立一个家族办公室,无论其是否注册为一家实体公司还是仅仅是一个“办公室”而已。而家族办公室的核心职能就是家族资产的投资及资产管理。因此,这里的家族资产管理员工(或顾问)应为家族办公室的员工或顾问。

家族办公室每年开支一般不超过所管理资产规模的 0.75%。[①] 在该预算范围内,可根据家族财富传承意愿、管理资产规模及类型等因素做出如下选择:

是设立单一家族办公室,还是加入其他联合家族办公室。单一家族办公室的雇员只服务于同一个家族。而联合家族办公室可以服务多个家族。

雇用多少专职人员、聘请多少外部顾问。雇用专职人员需要承担一定的固定费用(尤其相关专业人员费用均不低),但更为专注,并因受到劳动关系的制约,因此更有责任心。但考虑到预算,或有些服务无法匹配专职人员的情况下,可以选聘一些固定的外部顾问,按照事先约定和管理效果支付顾问费。

一、家族资产管理员工或顾问的职能

负责家族资产的投资及资产管理的家族办公室的员工或顾问,其主要

① Barbara R. Hauser ed., *Family offices: The STEP Handbook for Advisors* (2nd ed.), Globe Law and Business Ltd., p. 107.

履行如下三类职能：

第一，资产管理，包括投资策略、资产配置、风险管理和与资产管理相关的其他职能（如资金监管等）。

第二，投资运营，包括资产管理报告（定期和日常报告）、家族办公室等管理实体的运营等。日常报告内容包括：资产配置情况、与设定的投资策略的偏差、目前出现的风险、现金流和损益、投资上的调整或建议等。

第三，财务管理，包括制作财务报表、现金流风险控制等。

二、家族办公室的员工或顾问，与金融机构或第三方顾问的区别

家族办公室的员工或顾问，与金融机构或第三方顾问的区别在于：

（1）代表利益不同。家族办公室的员工或顾问受雇于家族，所以，其代表家族的利益，甚至顾问费用也是在达到家族预期收益后才得以分配；而金融机构或第三方顾问受雇于金融机构或第三方财富管理公司，其需要服从雇主统一意志和利益，尽管有些顾问费也是从家族财富账户中支出。

（2）工作专注度和深度不同。家族办公室的员工或顾问给家族提供的更多的是定制化的服务，他们会严格按照家族资产管理策略对外进行投资和配置。而金融机构或第三方的服务更多的是从其所任职机构本身产品出发进行营销，产品或服务内容都是标准化的，不直接体现家族资产管理策略。

但家族办公室的员工或顾问，与金融机构或第三方顾问也是相互协作的，金融机构或第三方顾问提供的产品或服务，将交由家族办公室的员工或顾问进行分析和筛选，并由后者根据家族资产管理策略进行匹配。家族办公室的员工或顾问在向家族成员出具报告时，也会将金融机构或第三方顾问提供的报告进行审查和整理。最终责任由家族办公室向家族承担。

第三节　资产配置的目标和策略

一、资产配置需求的时点

家族需要开展资产配置这类活动，实际上是基于如下三个时点：

第一，获得财富时。例如，公司获得分红与盈利，对外投资获得收益及利息，出售房地产或实物后所得、资产置换所得等。

第二，超过原预定时限需要打理的资产。例如，超出原定期限的产品兑付、超出原定预算期限的业务回款等。

第三，主动调整。对于之前设定的资产配置不满意或根据市场变动需要调整，就需要赎回重新配置。

二、制定资产配置目标和策略需要考虑的因素

制定资产配置目标及策略，需要综合考虑家族需求、经济周期、市场情况、税费等，具体而言：

（1）波动性及风险容忍度。如上文所述，资产配置本身就是在家族一个风险容忍度范围内进行的投资。因此，投资组合的设计也需要遵从这个容忍度。不能高于家族风险容忍度，也不能过于保守。资产配置策略应充分考虑家族在每一类资产上的最高值和最低值的接受情况，同时考虑家族能接受的最高亏损程度。

（2）尽量减少亏损的机会。巴菲特有两个投资铁律，投资铁律一是永远不要亏损；投资铁律二是永远不要忘记投资铁律一。财富传承的首要目标是保障财富安全，才会有传承。资产配置的核心不是用来提高收益的，而是用来降低风险的。

（3）考虑家族可接受的最低收益水平。实际上家族财富管理团队对收益的把控难于对风险的控制。风险和收益成正比，很少有无风险就能获得收益。

（4）考虑当前经济周期和市场周期。过去的策略能获得收益，也不能代表以后能继续如此获利。这决定于当前处于的经济周期和市场周期。对于权益投资（如指数型产品），选择正确时间投资比选择好的投资标的更为重要。

（5）流动性。在选择投资标的时，应结合家族的实际需求配置长期、中期和短期退出的产品。家族的需求例如家族企业的经营所需、家族成员生活所需、家族子女的教育、婚娶、购房等需求、家族成员的康养所需等。

(6)税费。注意避免反复调整和交易,节省交易环节佣金和税费。有些交易,如房产买卖,税费很高,尽量不要经常交易。选择根据现有法律税费较低的品类,如股票投资、利润再投资、信托产品投资等。税收的节省就代表投资本金的增加,在复利的作用下,对投资的收益影响很大。

(7)注意保密。家族资产信息及其管理应作为隐私或个人信息予以保护。原因在于,对外而言,信息的保密能阻断恶意攻击和窃取,像本书其他章节提及的泄密的风险;对内而言,能保障家庭和睦,如事先的遗嘱安排或财产分配可能造成家人关系“利益化”。此外,2017 年 7 月 1 日后,中国金融机构就有义务对账户开立人的税务身份进行识别,如果之后开户人有海外税务身份,再去其他金融机构开户,被识别后就需要将信息交换给对应的税务管辖国,进而可能需要补交税款。因此,资产配置的调整也要考虑是否需要重新选择一家金融机构开户而不再原金融机构继续交易或配置。

(8)把握投资底线。例如,不熟悉的行业不投、收费(包括税费、佣金及管理费等)太高的产品不投(如某些衍生品投资)、太保守的产品不投或少投(因为这些产品没有实现资产配置的真正目的,财富都被管理人或其他中介分化出去了)。

家族宪法等文件中对于持有物质财富的家庭成员有哪些约束和责任要求。投资策略不能违反家族宪法的基本原则。

重视家族共有财产对家族传承的意义。贝聿铭的叔祖父,“颜料大王”贝润生认为,以独有之产遗子孙,不如以公有之产遗子孙。他把自己花巨资修缮一新的狮子林,给全体族人享用。此外,他还在园子里设立了贝氏祠堂,并在旁边捐资建立了贝氏承训义庄,用来赡养、救济族人。

家族成员的心理偏好。作为投资人,家族成员会有一些偏好,这是行为心理学上的一种表现。作为家族资产管理人在设定投资策略时,应充分考虑这些偏好,并通过合理的解释消除家族成员偏好对投资策略的影响。这些偏好如图 9 - 1 所示。

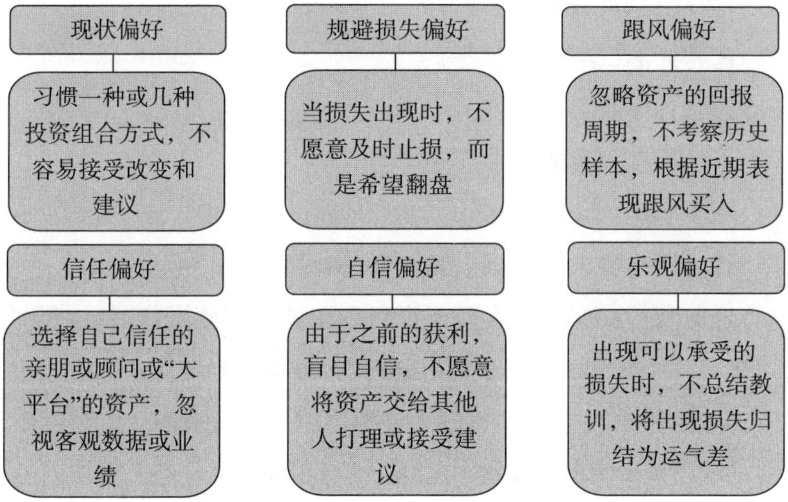

图 9－1　不同的偏好对投资策略的影响

三、投资策略书的主要内容

一份资产配置或投资策略书至少包含如下内容：

第一章　总则

（一）投资策略书的制定、修订及定义。

（二）投资纲领：体现家族投资愿景。由家族成员或家族委员会提供。

（三）投资目标：需要明确家族资产管理的目标。一般为使家族资产在风险承受范围内获得长期增长之类的表述。包括长期目标、短期目标、收益目标等。应注意对收益的计算是一个动态和统筹的概念，包括已收取的以及根据目前产品净值核算的收益等。

第二章　实施机构

（一）家族投资人（或投资委员会）

（1）制定家族投资纲领；

（2）选聘、调整及罢免投资管理人或资产管理人；

（3）审批、修订、废止投资策略书；

（4）对投资绩效进行评估并提出改进要求；

（5）监督投资管理人或资产管理人的行为。

（二）家族投资（或资产）管理人

（1）选聘标准（学历、经验等）；

（2）选聘程序及罢免程序；

（3）考核标准与报酬；

（4）主要职能；

（5）行为标准要求（如忠诚、勤勉、保密等）；

（6）避免利益冲突。家族资产管理人在管理家族资产时，应尽量避免跟家族有利益冲突，否则离职或在部分投资方面不参与。

（三）家族投资（或资产）管理人与家族投资委员会的分工与合作

第三章　投资策略的实施

如上文所述，投资策略需要结合家族成员的风险承受度、投资期限、经济和市场周期等因素进行设定，并根据不同的投资方式和投资类型进行匹配。例如，与市场周期反向操作的逆向投资策略就需要家族成员忽视短期收益、承担短期损失，因此这种策略主要是长期投资策略。

（一）管理资产的范围：根据家族资产梳理情况确定

（二）可允许的投资类别

（1）国内及国际公开市场股票、债券；

（2）国内及国际固定收益产品；

（3）国内及国际私募股权（可限制投资行业）；

（4）国内及国际对冲基金；

（5）国内及国际房地产投资（含房地产投资信托等）；

（6）国内及国际其他固定资产投资，如能源、自然资源等；

（7）商品、艺术品、收藏品投资等；

（8）现金管理类投资等绝对收益产品。

（三）资产配置模型的建立及调整

（1）参考当前市场，模拟上市各类投资的收益范围。

（2）对上述各类投资（区分主动投资和被动投资）设定一个风险系数。根据风险等级模拟核销周期性风险准备金，平衡投资收益。

(3)结合上述收益范围和风险系数,建立当前的投资组合(即各类别投资的权重范围及比例),以及测算的收益区间。

(4)对投资配置模型的评估,明确评估的各项标准和维度。一般由家族投资人或家族委员会与聘任的家族资产管理人按季度进行评估。刚开始建立模型时,可提高评估次数。评估时应尽量避免以短期收益来定性。对于私募股权等需要长期投资和价值估值的领域,可以单独报告和评估。

(5)根据评估结果进行动态再平衡,降低组合的背离程度。

(6)融资杠杆的使用原则:注意风险的扩大。

第四节 资产配置策略的实施

投资策略书经家族投资委员会等审批通过后,具体实施由聘请的家族资产管理人实施,并定期向家族委员会汇报及接受考核。实施的过程,根据家族资产管理人是直接对外投资还是通过外部资产管理人投资,可以分为主动投资和被动投资。

无论是主动投资还是被动投资,家族资产管理人实施投资或资产配置策略都需要考虑如下因素,如图 9－2 所示。

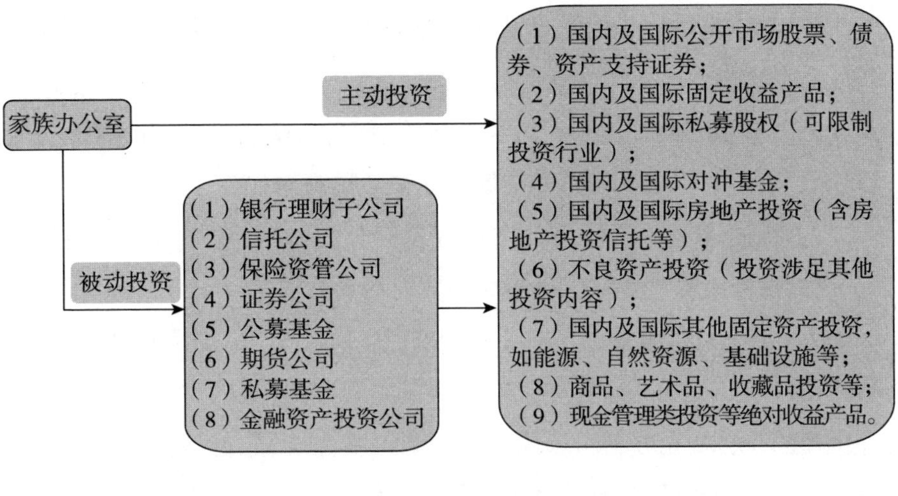

图 9－2 家族投资策略布局

（一）具体投资项目上，考虑是直接投资还是被动投资。例如，股权投资项目上，通过私募基金投资，可以分散风险、谈个好价格、依托于管理人的专业性实现退出等；但直接投资又具有获得董事席位、方便与家族企业进行上下游整合、且退出时自己做决定等优势。就房地产投资而言，通过产品投资可以绕开限购政策、进行税收筹划等。

（二）风险和收益是否匹配。不能单纯地为追求投资的安全，而获取不对等的收益。

（三）税务筹划。在具体选择家族资产投资标的时，也要进行合理的税务筹划。

（四）合理的利用金融工具和法律工具。具体实施时，应善于利用各种金融工具和法律工具，对投资行为和税收行为进行统一的架构和筹划。如利用家族信托进行风险隔离、节税及传承，利用有限合伙和个人独资企业等企业形式进行节税，利用保险进行风险隔离和传承等。

（五）优先选择与家族企业相关的行业进行股权投资。在进行股权投资标的选择时，优先选择与家族企业所处行业相关的上下游进行投资。一是可以作为将来投资退出的保障，二是有助于助力家族企业的发展。完全不熟悉的行业，应尽量避免投资。

（六）符合国家政策。尤其是国内的投资，应密切关注政策导向。比如，住宅“房住不炒”的政策、非法集资行为下的“集资参与人”风险自担政策等。

（七）风险规避：债券发行人信用风险、利息风险、通胀风险、资金托管风险等。国内股票市场与海外市场相互交叉影响等。

（八）兼顾家族生活所需。在进行投资分配时，也要考虑家族生活所需。比如投资康养产业对家族健康和养老活动的支持。

（九）兼顾家族愿景。实施投资策略时，不能只考虑经济利益，也要照顾家族慈善等活动的协同。例如，在新冠疫情期间，美的集团的实际控制人何享健家族，就充分利用家族设立的慈善基金会、慈善信托与美的集团以及何享健之子何剑锋的盈峰控股等机构的相互联动对灾情提供慈善活动,彰显了何氏家族在灾难面前的社会责任的担当。

对于“被动投资”还需要考虑如下因素:

(一)考虑是配置私募资管产品还是公募资管产品。私募产品更能体现家族投资策略,甚至可以定制,但管理费和申购赎回费较高。但公募产品由于受制于交易所等公开市场,不能随意调整,有些对冲基金等也不能随意赎回,但交易环节税费偏低。

(二)管理人的信誉和规范运营。同等条件下,优先选择国有金融机构。注意了解管理人历史操守、有无监管处罚情况(监管评级)、有无不愿披露信息的情况、资金托管及划转流程是否规范、管理人是否有资源整合能力(如私募股权投资项目的退出)等。

(三)所投产品应底层资产清晰透明。尽量避免投资不透明、期限错配、资产错配等产品。

(四)具体到个人。投资证券类基金产品,基金管理人的经验、管理水平更为关键。应了解这个人的投资策略,甚至人的性格和行为方式。当然,还要了解基金投资标的等其他信息。

(五)了解一些行业“潜规则”。例如,在产品兑付中,个人投资人更容易获得优先照顾,而机构投资人次之等。

(六)要注意比较私募基金管理人管理的债券基金以及证券公司管理的资管类债券产品。近年来信用债市场风险聚集,评级机构也是丑闻不断。有些私募基金管理人(甚至信托公司等金融机构)以下沉信用的方式增加投资人收益,对此要有所防范。

第五节　国内可配置的资产管理产品

一、国内投资及资产配置的三大局限

虽然国人比较容易获得财富,但也应当注意到在国内进行财富管理安排将面临的三大局限,它们的存在可能导致守富和传富失败的风险:

金融市场不成熟、法律滞后的风险。金融的发展体现了一个国家整体经济的发展水平,体现的是发展的质量而不仅是数量。近十年随着我国经济的跨越式发展,金融业也迎来的突飞猛进的发展。金融本身就具有很强的创新性,再赶上发展的风口,于是出现了很多金融乱象。像以私募、众筹、P2P、互联网小贷、金交所等名义进行的非法集资,证券行业的炒壳卖壳、打着"市值管理"旗号的坐庄炒股(动不动就搞千亿元市值),信用评级行业的标价"运作"评级报告,大型民企偏爱金融牌照方便"搞自融"腾挪募集资金,各类金融机构以 PPP、非标、标准债券等方式协助政府大肆举债(如一个一般预算收入才 10 亿元左右的贵州的县级市,负债 400 多亿元),金融机构各种方式给房地产输血、导致出现目前很多"环城"或三、四线城市房价大跳水等。

服务体系不完善、专业人才匮乏。国内的私人财富已经发展到一定程度了,但国内财富管理方面的服务还没有完全跟上。银行、信托等金融机构由于金融强监管以及担心产品风险可能带来的声誉风险等影响并不能提供完善的服务。尽管有的服务类产品(如家族信托)已经上架,但服务标准差强人意。有的产品还存在重大缺陷(如"拆东墙补西墙"的"池子类"产品)。金融机构的服务人员(如财富顾问)因为雇佣关系和执业资格等影响,主要还是从所服务的机构角度出发服务客户,且服务范围有限,并不能真正实现"买方顾问"的角色。而第三方财富管理公司,很多因为之前的业务(如产品亏损、私募股权投资尚未退出等),并没有开始给客户做真正的家族财富投资服务,且投资的模式也比较单一。国内家族办公室方面的业务虽然已存在了几年,但真正开始大范围展业也就这一两年,导致有经验的相关人才少之又少,尤其是能提供跨境服务方面的人才。

外汇等方面的管制使全球化资产配置受到限制。国内由于外汇管制的限制,一些外币投资产品、基金、保险等暂未完全开放。这样就限制了国内资产对汇率等风险的抵御,也使一些法律工具(如家族信托)的功能不能进行充分的发挥(如家族信托的税务筹划的功能)。同样,因为这些限制,减少了家族财富在多个市场间的流动性,增加了财富的流动性风险和合理变现的风险。这些实际上都是全球化资产配置的优势。

二、国内资管产品监管现状

在国内供给侧改革、“三去一降一补”(去产能、去库存、去杠杆、降成本、补短板)、脱虚向实、直接融资等经济和金融政策的大背景下,国内资管产品的监管迎来统一监管时代,即按照产品类型,而不是“生产”产品的机构类型来监管。①

国内资产管理产品监管的基本原则有:

不刚兑、不保本、不担保。打破银行理财、信托等产品的“刚性兑付”潜规则,不允许金融机构提供担保,包括隐性担保及回购。金融机构向投资人承诺的保底或刚性兑付条款无效。②

穿透管理:向上识别最终投资者,向下识别底层资产。对于有投资限制的行业(如房地产信托产品)合并计算,但公募证券基金除外。

金融消费者倾向保护。金融机构及金融产品销售机构向投资人(金融消费者)推荐资产产品应当承担适当性义务。③ 未履行适当性义务,金融

---

① 各类资产产品监管的特殊法律、法规包括:《关于规范金融机构资产管理业务的指导意见》(银发〔2018〕106 号)、《商业银行理财业务监督管理办法》、《信托公司资金信托管理暂行办法(征求意见稿)》、《保险资产管理产品管理暂行办法》、《证券期货经营机构私募资产管理业务管理办法》、《私募投资基金监督管理暂行办法》以及《关于金融资产投资公司开展资产管理业务有关事项的通知》等。

② 根据《全国法院民商事审判工作会议纪要》(法〔2019〕254 号)第 92 条的规定,信托公司、商业银行等金融机构作为资产管理产品的受托人与受益人订立的含有保证本息固定回报、保证本金不受损失等保底或刚兑条款的合同,人民法院应当认定该条款无效。受益人请求受托人对其损失承担与其过错相适应的赔偿责任的,人民法院依法予以支持。实践中,保底或者刚兑条款通常不在资产管理产品合同中明确约定,而是以“抽屉协议”或者其他方式约定,不管形式如何,均应认定无效。

③ 根据《全国法院民商事审判工作会议纪要》(法〔2019〕254 号)第 72 条的规定,适当性义务是指卖方机构在向金融消费者推介、销售银行理财产品、保险投资产品、信托理财产品、券商集合理财计划、杠杆基金份额、期权及其他场外衍生品等高风险等级金融产品,以及为金融消费者参与融资融券、新三板、创业板、科创板、期货等高风险等级投资活动提供服务的过程中,必须履行的了解客户、了解产品、将适当的产品(或者服务)销售(或者提供)给适合的金融消费者等义务。卖方机构承担适当性义务的目的是为了确保金融消费者能够在充分了解相关金融产品、投资活动的性质及风险的基础上作出自主决定,并承受由此产生的收益和风险。在推介、销售高风险等级金融产品和提供高风险等级金融服务领域,适当性义务的履行是“卖者尽责”的主要内容,也是“买者自负”的前提和基础。第 76 条:告知说明义务的履行是金融消费者能够真正了解各类高风险等级金融产品或者高风险等级投资活动的投资风险和收益的关键,人民法院应当根据产品、投资活动的风险和金融消费者的实际情况,综合理性人能够理解的客观标准和金融消费者能够理解的主观标准来确定卖方机构是否已经履行了告知说明义务。卖方机构简单地以金融消费者手写了诸如“本人明确知悉可能存在本金损失风险”等内容主张其已经履行了告知说明义务,不能提供其他相关证据的,人民法院对其抗辩理由不予支持。

机构及金融产品的销售机构均有责任向投资人承担实际损失赔偿责任。①

禁止"资金池"(或期限错配)产品。这类产品主要表现为:名义上是净值化产品但未按照公允价值确定产品净值;产品滚动发行,本金收益风险在投资人之间转移,但未有直接对应的投资项目;产品通过自己平台或通过他人平台募新还旧,"拆东墙补西墙"。

支持发行和流转。资产产品以登记制为主,采取事中事后监管,搭建各类产品的登记交易平台,鼓励开展资管产品相关的资产证券化。

资管产品属于金融机构表外业务。与表内业务(负债型业务)严格区

① 《全国法院民商事审判工作会议纪要》(法〔2019〕254 号)第 74 条规定,金融产品发行人、销售者未尽适当性义务,导致金融消费者在购买金融产品过程中遭受损失的,金融消费者既可以请求金融产品的发行人承担赔偿责任,也可以请求金融产品的销售者承担赔偿责任,还可以根据《民法总则》第 167 条的规定,请求金融产品的发行人、销售者共同承担连带赔偿责任。发行人、销售者请求人民法院明确各自的责任份额的,人民法院可以在判决发行人、销售者对金融消费者承担连带赔偿责任的同时,明确发行人、销售者在实际承担了赔偿责任后,有权向责任方追偿其应当承担的赔偿份额。金融服务提供者未尽适当性义务,导致金融消费者在接受金融服务后参与高风险等级投资活动遭受损失的,金融消费者可以请求金融服务提供者承担赔偿责任。第 75 条规定,在案件审理过程中,金融消费者应当对购买产品(或者接受服务)、遭受的损失等事实承担举证责任。卖方机构对其是否履行了适当性义务承担举证责任。卖方机构不能提供其已经建立了金融产品(或者服务)的风险评估及相应管理制度、对金融消费者的风险认知、风险偏好和风险承受能力进行了测试、向金融消费者告知产品(或者服务)的收益和主要风险因素等相关证据的,应当承担举证不能的法律后果。第 77 条规定,卖方机构未尽适当性义务导致金融消费者损失的,应当赔偿金融消费者所受的实际损失。实际损失为损失的本金和利息,利息按照中国人民银行发布的同期同类存款基准利率计算。金融消费者因购买高风险等级金融产品或者为参与高风险投资活动接受服务,以卖方机构存在欺诈行为为由,主张卖方机构应当根据《消费者权益保护法》第 55 条的规定承担惩罚性赔偿责任的,人民法院不予支持。卖方机构的行为构成欺诈的,对金融消费者提出赔偿其支付金钱总额的利息损失请求,应当注意区分不同情况进行处理:(1)金融产品的合同文本中载明了预期收益率、业绩比较基准或者类似约定的,可以将其作为计算利息损失的标准;(2)合同文本以浮动区间的方式对预期收益率或者业绩比较基准等进行约定,金融消费者请求按照约定的上限作为利息损失计算标准的,人民法院依法予以支持;(3)合同文本虽然没有关于预期收益率、业绩比较基准或者类似约定,但金融消费者能够提供证据证明产品发行的广告宣传资料中载明了预期收益率、业绩比较基准或者类似表述的,应当将宣传资料作为合同文本的组成部分;(4)合同文本及广告宣传资料中未载明预期收益率、业绩比较基准或者类似表述的,按照全国银行间同业拆借中心公布的贷款市场报价利率计算。第 78 条规定,因金融消费者故意提供虚假信息、拒绝听取卖方机构的建议等自身原因导致其购买产品或者接受服务不适当,卖方机构请求免除相应责任的,人民法院依法予以支持,但金融消费者能够证明该虚假信息的出具系卖方机构误导的除外。卖方机构能够举证证明根据金融消费者的既往投资经验、受教育程度等事实,适当性义务的违反并未影响金融消费者作出自主决定的,对其关于应当由金融消费者自负投资风险的抗辩理由,人民法院依法予以支持。

分。资管业务需要独立核算;不因金融机构的负债和诉讼被查封、被执行或被列入清算财产。

资产产品的发行坚持私募属性(公募理财产品除外)。单个产品募集对象一般不超过200人,存在多层产品嵌套的,一般合并计算发行人数(依法登记的产品除外)。

不得通过拆分份额或收(受)益权等方式通过多个产品投一个项目。

产品之间不得超过两层嵌套,但投公募基金产品或家族信托等服务类产品除外。

除上述基本监管要求之外,在产品募集及投资运作方面,监管也提出了一些统一的要求:

(一)在募集管理方面

合格投资者的要求(对于私募类资管产品):投资人是自然人的,要求2年以上投资经验+家庭金融净资产达到300万元(或家庭总资产达到500万元)或近3年每年平均40万元的收入;投资人是公司等法人,要求近一年末公司净资产达到1000万元。但也有两个例外:第一,对于各类私募基金,个人年收入的要求从40万元提高到50万元;第二,债转股股权计划的投资门槛进一步提高。①

投资起点:固定收益类产品30万元起(其中,非标产品及保险资管产品100万元起)、混合类产品40万元起、权益产品和商品及金融衍生品产品100万元起;债转股股权计划投资起点提高到300万元。

分级产品、分级比例的要求(优先劣后比):固定收益类产品(3∶1)、权益类产品(1∶1)、商品及金融衍生品以及混合类产品(2∶1)。

产品代销机构要求:必须为金融机构和经监管机构(银保监会或证监会)认可的机构。对于证监会监管的资管产品主要要求是"有基金销售资格",包括信托、保险、金融资产投资公司设立的私募基金。

① 投资人是自然人的,要求2年以上投资经验+家庭金融净资产达到500万元(或家庭总资产达到800万元)或近3年每年平均60万元的收入;投资人是公司等法人的,要求近1年末公司净资产达到2000万元。

（二）在投资运作方面

标准产品无限额、非标产品有限额：对于各类金融机构发行的标准化产品，没有产品配比及限额的要求。但对于非标准化产品，具体限额要求为信托公司发行的非标准化产品只能占到其发行产品总规模的50%，其他金融机构发行的非标产品不得超过其全部产品规模的35%。一般而言，期货公司及其子公司等不能发行非标产品，但券商资管（公司）和公募基金子公司可以发行非标产品，但发行产品的单一项目投资不得超过该产品规模的25%。

非标产品的封闭期要求：非标准化产品须为封闭资管产品，封闭期不低于90天。

对投资同一资产的上限的要求：各类资管产品投资同一资产的总投资额不超过300亿元（除非监管另行批准）。

投资标的限制：各类资管产品不得投资禁止投资的行业、不得直接投资银行信贷资产（通过银登中心的信贷资产受益权投资没有禁止）。

产品负债上限限制：开放式公募产品及分级私募不超过140%，封闭式公募及私募不超过200%（分级私募除外）。不得对产品进行份额质押融资。

金融消费者倾向保护对于家族投资理财产品是重大利好，为加以说明，笔者整理了近两年出现的两个案例：

案例一：朱某群与中大期货有限公司金华营业部、中大期货有限公司财产损害赔偿纠纷

案号：（2019）浙0702民初4240号

案件概况：2017年，上海宇艾股权投资基金有限公司发行管理“宇艾供应链二十三期专项私募基金”，存续期180天，募集额4500万元，由被告中大期货代销。2017年8月，原告朱某群在中大期货的营销下，认购了400万元上述基金产品。产品到期后，原告只收到部分投资收益，400万元投资本金和剩余投资收益均未兑付。原告请求被告承担赔偿责任。

法院判决：由中大期货及其营业部共同赔偿原告400万元投资款及利

息损失。

判决理由：法院认为，两被告均未履行适当性义务和信息披露告知等义务，存在重大过错，且该重大过错与原告损失之间存在因果关系。

(1)产品尽调。两被告未对基金产品交易主体的重大未决诉讼进行调查核实，未履行诚实信用、谨慎谨勉的义务，使原告在不知情的情况下决策买该产品。

(2)不适格主体。两被告员工陈某伪造原告收入证明，明知原告拼凑资金购买私募基金产品仍向其销售。两被告应将合适的产品销售给合适的投资者，应负有未适当推介义务。

案例二：中国建设银行股份有限公司北京恩济支行与王某财产损害赔偿纠纷

案号：(2018)京01民终8761号

案件概况：2015年6月，原告王某在被告建设银行北京恩济支行员工的推荐下，购买了"前海开源中证军工指数型证券投资基金"96.6万元。2018年3月，原告进行了基金赎回，赎回金额38.95万元，本金亏损57.65万元。原告请求被告承担赔偿责任。

法院判决：由建设银行北京恩济支行赔偿原告本金亏损57.65万元，并赔偿相应利息损失。

判决理由：建行恩济支行在向王某推介涉诉基金的过程中，存在明显不当推介行为和重大过错，若无建行恩济支行的不当推介行为，王某不会购买涉诉基金，相应损失亦无从发生，故应认定建行恩济支行的过错行为与王某的损失之间存在因果关系。

1. 建行恩济支行向王某主动推介了"风险较大"的"经评估不适宜购买"的理财产品。基金管理人、基金托管人及基金代销机构均与该基金存在一定程度的利害关系，其对该基金的风险评级缺乏客观性，且该风险评级结果与基金招募说明书中揭示的基金为"较高风险"品种的内容不一致。

2. 建行恩济支行未向王某说明涉案基金的运作方式和风险情况，其推介行为存在明显不当。本案中，在王某购买涉诉基金过程中，建行恩济支行未向王某出示和提供基金合同及招募说明书，没有尽到提示说明义务，应认定建行恩济支行具有侵权过错。另外，王某购买涉诉基金时在《须知》《确认书》上签字，但上述《须知》和《确认书》的内容系通用的一般性条款，未有关于王某本次购买的基金的具体说明和相关内容，故王某的上述签字行为并不能免除建行恩济支行就涉诉基金的具体相关情况向王某做出说明的义务，亦不能因此而减轻建行恩济支行未向王某说明涉诉基金具体相关情况的过错。

3. 王某针对此案向北京市银监局进行了投诉，根据中国银保监会的处理结果显示，北京市银监局并未认定建行恩济支行存在任何不当行为，也没有作出任何处置。但中国银保监会的处理结果未能体现调查过程，调查结果中载明的结论亦不明确，无法作为本案的裁判依据，故法院对该份证据的证明效力不予认定。

三、国内资管产品的类别

按照产品的"生产方"进行区分，目前国内资管产品主要有如下几类：

(1)银行理财：商业银行(理财部)、理财子公司；

(2)信托产品：信托公司；

(3)保险资管产品：保险资管公司；

(4)证券公募期货资管产品：证券公司(资管部)、证券公司子公司(私募或另类子公司)、公募基金管理公司、公募基金子公司、期货公司、期货公司子公司；

(5)私募基金产品：股权投资(创业投资)基金、资产配置基金、证券投资基金、其他类基金(目前很难备案)、信托(有些是信托计划代持)及证券公司子公司股权投资类基金；

(6)债转股股权计划：金融资产投资公司。

但如上文所述，国内资管产品的监管迎来统一监管时代，即按照产品类型，而不是"生产"产品的机构类型来监管。

按照监管规则的分类，资管产品主要分为四大类：固定收益类、权益类、商品及金融衍生品、混合类。不包括资产证券化及养老金产品等。

四、各类资管产品“生产方”侧重的产品、优势和劣势

(一)银行理财子公司及其产品

截至2019年底,全国共35家银行发布公告设立了理财子公司,其中18家已获批,包括6家国有银行、5家股份制银行、6家城商行和1家农商行。

2019年银行理财子公司的主要规模体现在现金管理类产品的管理上,其他净值类产品的发行和募集并不理想。产品策略面,多家积极探索母基金(FOF)、养老、固收+、量化策略。有些理财子公司(如光大银行理财子公司)已开始发行直接股票投资产品。2019年理财子公司共发行了442只非保本浮动收益型产品,其中70%为固定收益类产品,21%为混合类产品,8%为权益类产品。固定收益类产品的平均发行业绩比较基准为4.4%,混合类产品的平均发行业绩比较基准为4.7%。面向个人客户产品中,3~6个月与6~12个月产品占绝大多数;30万元以下的发行数量占比减小,100万元以上发行数量占比提升。①

银行理财子公司的产品,与原来银行发行的理财产品相比,在募集端和投资端都更为灵活,就资金募集而言:

(1)大幅放宽了公募理财的销售门槛。与公募基金一致,不设销售起点。而银行理财的要求是1万元起;

(2)取消原来首次购买银行理财产品需要“面签”的要求;

(3)允许发行分级产品,但不得再投其他分级资管产品;原来银行理财不允许发行分级产品;

(4)公募理财,同公募基金,可以在电视、电台、互联网渠道公开宣传;原来的银行理财不能公开宣传;

(5)银行理财子公司的自有资金可以投自己的产品;

(6)银行理财子公司的产品代销渠道更宽,其他认可机构也行。银行理财只能由银行代销。

① 华宝证券:《财富管理新时代——2020中国金融产品年度报告》2020年4月28日。

就投资范围而言：

(1)银行理财子公司产品的投资范围更广。公募理财可直接投资股票(银行理财不行,银行理财投公募产品也只能投货币和债券基金),也可通过公募基金间接投资于股票,并且以管理费收入的10%计提风险准备金(比照公募),利好权益投资。此外,公募理财产品还可参与货币市场工具、固定收益、商品及衍生品、未上市股权、非标等的投资。

(2)理财子公司的产品投资“非标”的限制明显放松。银行理财子公司产品可以直接投资“非标”项目或产品,但投资于非标准化债权类资产的余额在任何时点均不得超过理财产品净资产的35%,相对于取消了原商业银行投资非标余额不得超过银行总资产4%的限定。

(3)私募合作。合格私募还可以与银行理财子公司开展投资顾问以及私募理财子公司产品的委外业务。

总结:银行理财子公司将成为中国财富管理行业的真正航母,其是最有可能向公众提供全线理财产品的金融机构,且依托于其营业网点和资产规模的优势,其在家族资产配置中将占有一席之地。

(二)信托公司及信托产品

从2018年一季度开始,信托公司资产规模连续8个季度下滑。2019年末,存量集合资金信托规模9.92万亿元,规模较年初增加8121亿元,规模占比由年初的40.12%提升到45.93%。

2019年,已公布的信托公司集合理财类信托产品的平均收益率为8.16%,与2018年相比平均收益率上行22个bp;其平均信托年限为1.86年,与2018年持平。

2019年以来信托行业风险项目和风险资产规模出现大幅攀升。截至2019年末,信托业的风险项目个数达到1547个,较年初增加675个,同比大幅增长77.4%;风险项目涉及的资金规模达5770.5亿元,较年初增加3548.6亿元,同比增加159.7%,信托整体的不良率由2018年末的0.98%

上升至2019年末的2.67%。[①]

信托行业的巨大变化，除了因为市场的原因之外，还有一个重要的原因就是政策元。随着《关于规范金融机构资产管理业务的指导意见》（银发〔2018〕106号）等规定实施后，信托公司传统的非标准化债权业务受到严重的限制：

第一，从产品募集方面而言，严格要求产品募集人数不能突破总数200人的限制，取消了原300万元以上投资者不计数量的规定。

第二，严格限制非标的规模和投资。要求信托产品投资单一客户的集中度不超过其净资产的30%、全部贷款或非标债权类资产不超过信托公司管理的集合资金规模的50%，而且仅允许设立封闭式资金信托，开放式的“资金池”产品受限。

第三，明确同一个信托公司管理的不同资金信托财产不得相互交易——信托公司以后续资金接续存续老产品的手段被封堵。

这样的政策导向，导致信托公司不得不摒弃传统的房地产、政信、消费金融等传统非标产品以及“资金池”产品，进而开始研究和开发大量的净值化、标准化的产品，如债券基金产品、股票型权益产品等。

总结：因为政策的要求，信托公司的业务进行大规模转型。转型的过程可能会带来一些风险项目集中爆发，甚至影响信托公司的流动性。信托公司将从原来的全行业“非标为王”转变为非标、标准化等全面业务以及投行、家族信托的服务信托全面发展的业务模式。信托公司的分层将逐渐扩大，大信托公司才有能力全面发展业务，而小信托公司则只能在某些领域（尤其是服务信托领域）有所收获。信托产品本是家族资产配置中，固定收益产品配置很重要的一个配置项目，主要原因是在于其依靠非标操作方式（如抵押和“上征信”等手段），以及资金池等流动性支持等安排，给予客户“刚性兑付”的保障。但现如今，家族资产配置信托产品时，应充分识别产品属性和风险，摒弃原先信托公司“刚性兑付”的印象。尤其对于底

① 华宝证券：《财富管理新时代——2020中国金融产品年度报告》2020年4月28日。

层投资标的不明的 FOF 或混合类产品,应注意鉴别资金投向和回报的安全性,避免成为其他产品的“接盘侠”。

(三)保险资产管理公司及保险资管产品

保险资产管理公司是保险公司发起的专门从事资产管理业务的子公司。目前保险资产管理公司暂未充分开展“对私”业务,即个人财富管理业务,但政策已经给开了口子。

2019 年保险资金运用收益累计实现收益 8824. 13 亿元,同比增加 29. 08%;投资收益率 4. 94%,较 2018 年上升 0. 61 个百分点。从收益结构上看,配置占比 34. 56% 的债券投资仍为保险资金运用收益的第一大贡献资产,收益贡献达 30. 25%,其次为占比 15. 87% 的贷款,收益贡献占整个资金运用收益的比例为 15. 81%,银行存款贡献占比 10. 08%,而投资占比仅 8. 06% 的股票投资对整体收益的贡献达 14. 86%。

2019 年全年,29 家保险资产管理机构注册债权投资计划和股权投资计划共 255 只,合计注册规模 4636. 65 亿元。其中,基础设施债权投资计划 154 只,注册规模 3358. 44 亿元;不动产债权投资计划 97 只,注册规模 1225. 81 亿元;股权投资计划 4 只,注册规模 52. 40 亿元。同期,5 家保险私募基金管理机构共注册 5 只保险私募基金,合计注册规模 1050. 00 亿元。①

保险资产管理公司的产品分为两类:一类是投行型产品,包括债权投资计划(基础设施、不动产)、股权投资计划(限制明股实债,转私募),主要面向保险资金。另一类是基金型产品,包括组合类产品。这类产品是面向保险资金等合格投资者募集资金。

当前保险资管产品主要是以第一类产品为主,其中又以债权计划等固收型产品为主。后续将制定各类产品管理的细则,如投行类产品注册制、基金类产品在保险资产管理系统的登记或注册等。

总结:虽然政策已经允许保险资产管理公司可以发行基金类产品,并

① 华宝证券:《财富管理新时代——2020 中国金融产品年度报告》2020 年 4 月 28 日。

面向个人进行募集。但保险资产管理公司的基金类产品的募集和投资是否能像信托产品一样市场化运作？家族资产配置是否可以从保险资管公司的基金类产品中找到符合家族投资策略的好产品？还需要经历市场检验。

（四）证券、期货资管公司及其产品

证券、期货资管公司包括证券公司（资管部）、证券公司子公司（资产管理公司）、期货公司、期货公司的子公司（一般名称里也有“资产管理”字样）、公募基金管理公司、公募基金管理公司的子公司（一般名称里也有“资产管理”字样）等。这些公司均由证监会监管。而上文中银行理财子公司、信托公司、保险资管公司等均由银保监会监管。

公募基金管理公司可以公开发行基金产品，一般没有投资门槛，产品也分为固定收益类、权益类、混合类等产品类型。其他公司发行产品一般都是私募产品，以债券型、货币型、股票型产品为主。

截至 2019 年年底，券商资管共发行了 6475 只集合理财产品，环比下降 13%；发行份额为 1309 亿份，环比下降 41%。2019 年债券型产品发行仍占主导地位，其次是货币市场型产品。股票型产品 2019 年发行份额仅有 29.93 亿。截至 2019 年 12 月 31 日，公布收益率且成立满一年的集合理财产品在 2019 年的平均收益率为 12.57%。[①] 债券型、货币型、股票型产品为主，很少的券商资管和公募子公司也发行非标产品，但需要满足产品的单一投资不超过 25% 的限制（即一个产品至少要投资四个项目，每个项目的投资额不得超过该产品总额的 25%，这几个项目的期限、收益、标的都差不多）。

除发行产品之外，由于券商较强的投研能力和系统输出能力，券商可以为理财子公司提供母基金（FOF）/管理人基金（MOM）或投顾形式的委外服务；为理财子公司提供产品设计及投研服务。获取公募牌照的证券公司，还有助于券商将投研实力延伸到普惠金融领域，掘金大众财富管理

① 华宝证券：《财富管理新时代——2020 中国金融产品年度报告》2020 年 4 月 28 日。

市场。

总结：得益于强大的投研能力和长期的实践，证券、期货资管公司债券型、货币型、股票型产品方面有领先优势。很多银行理财子公司、信托公司的产品都投资于这些公司研发的产品或由这些公司作为投资顾问。但这些公司的研究能力和业务能力也是千差万别。因此，家族资产在进行券型、货币型、股票型产品配置时，在同等条件下，可以优先选择大型机构，或研发能力强、管理规范的机构。

（五）私募基金管理机构及其产品

除银行理财子公司及公募基金管理公司发行的公募产品之外，上述各类资产管理产品都是私募产品。除上述私募产品外，有些私募基金管理公司并不属于金融机构，而只是在基金业协会登记的私募基金管理人。有些类金融机构，如期货子公司、公募基金子公司等也会登记为私募基金管理人，有些信托公司还会将一些信托产品在基金业协会备案。这类产品都统称为私募基金产品。

截至2019年末，已登记的私募基金管理人24,471个，存续已备案基金81,739只，存续基金规模13.74万亿元，员工总人数17.65万人。截至2019年末，管理规模在20亿~50亿元的管理人有726家；管理规模在50亿~100亿元的有290家；管理规模大于100亿元的有262家。截至2019年末，已备案私募证券投资基金管理人8857家，已备案私募证券投资基金41,399只，管理基金规模24,503亿元。[①]

因为其不同于金融机构，因此私募基金产品的投资范围受到严格的限制，尤其是不能开展贷款类业务，这些限制也适用于信托公司、保险资产管理公司、券商资管公司、期货资管公司、金融投资公司（见下文）等设立的私募基金。具体限制有：

（1）变相从事金融机构信（存）贷业务的，或直接投向金融机构信贷资产；

（2）从事经常性、经营性民间借贷活动，包括但不限于通过委托贷款、

① 华宝证券：《财富管理新时代——2020中国金融产品年度报告》2020年4月28日。

信托贷款等方式从事上述活动；

(3)私募基金通过设置无条件刚性回购安排变相从事借(存)贷活动，基金收益不与投资标的的经营业绩或收益挂钩；

(4)投向保理资产、融资租赁资产、典当资产等《私募基金登记备案相关问题解答(七)》所提及的与私募投资基金相冲突业务的资产、股权或其收(受)益权；

(5)通过投资合伙企业、公司、资产管理产品(含私募投资基金)等方式间接或变相从事上述活动。

私募股权类基金和资产配置类基金必须封闭运作，不允许“先备后募”(投资人增加投资不超过原备案认缴额3倍)。私募基金不得内置投资单元，管理人不得在私募投资基金内部设立由不同投资者参与并投向不同资产的投资单元/子份额，规避备案义务，不公平对待投资者。私募股权投资基金和私募资产配置基金约定的存续期不得少于5年(但可以根据实际开展的投资期限提前结束)。

私募基金业务经过多年的清理整顿，目前已经逐步完善，市场同时培养了很多优秀的私募基金管理人。尤其在创业投资(Venture Capital，VC)私募股权投资(Private Equity，PE)领域、证券私募基金领域以及资产配置基金母基金(Fund of Funds，FOF)领域。[①] 有些管理人也已经像证券公司一样，进入银行“白名单“，为理财子公司提供母基金/管理人基金(MOM)或投顾形式的委外服务，或为理财子公司提供产品设计及投研等服务。

但私募基金管理人的道德风险问题一直是家族资产配置时不得不评估的因素。毕竟中国私募爆雷的情况不在少数。笔者的建议如下：

第一，优先投资标的为标准化证券资产的私募产品。对于这类产品，私募管理人一般无法挪用资金，基本上都是在托管银行账户和证券账户之间往来，私募管理人只负责发指令。而且由于私募基金管理人的主要利润

① 私募资产配置基金，主要采用基金中基金的投资方式，80%以上的已投基金资产应当投资于依法设立或备案的资产管理产品。

来自私募基金超额分成部分(不像很多公募基金的收入主要来源于规模对应的管理费),且私募管理人的信誉直接决定了募集成立的可能性,私募基金管理人一般还是对基金的管理更为负责,因为前述分成来源以及管理规模不大等限制,"老鼠仓"等败坏职业道德的情况也会尽量避免。但挑选私募证券类产品,还需要考虑其他因素,如合法经营情况、之前的业绩及风险回撤情况、投资策略是否符合家族投资策略等。

第二,如果银行理财子公司、信托公司或证券公司主动管理的产品,只有一家私募管理人做单一投顾(或只对应一个私募产品),可以考虑直接选配这个私募产品而省去不必要的佣金和手续费损失。但如果银行理财子公司、信托公司或证券公司采取了一些新的策略(如母基金)增加了产品的安全系数或收益,则可以优先选择银行理财子公司、信托公司或证券公司管理的产品。

第三,对于VC、PE等创投及股权投资基金,应优先选择规模较大、口碑较好的私募基金管理人发行的产品。原因很简单,这些机构往往可以拿到较好的投资标的、也拥有一定的资源整合和金融配套能力,帮助所投标的实现上市,或通过其他方式完成退出。[①]

第四,对于以私募股权基金名义开展的类固定收益项目要谨慎投资。虽然有上文提及的各种限制,在房地产等行业,仍存在一些"明股实债"为房地产企业提供资金的情况。这类私募产品比信托公司等金融机构发行的产品收益高1%~3%,但实际上让步了一些风控条件,更多地是依靠融资企业的信用。其次,这类产品仍存在资金被挪用的风险。

总结:目前私募基金产品已经进入成熟的市场发展阶段。私募基金产品管理人也出现了明显的分层。应优先挑选优秀的管理人合作,充分识别投资标的和投资策略。

---

① 通过私募产品进行股权投资还是直接进行股权投资,需要具体分析。私募产品可以分散投资、有专业性、有品牌效应、有投行等服务资源;直接投资可以获得董事席位,便于管理投资;可以嫁接自己的产业或资产市场相互协同。就资产变现角度而言,私募产品一般需要管理人统一安排转让和退出,直接投资可以自行考虑出售、被并购、谋求上市等。

（六）金融资产投资公司及其产品

对于家族投资而言，还有一种可以选择的投资标的就是不良资产。在基金业协会备案的很多私募基金管理人以股权类私募或其他类私募已开始了相关的投资，但由于资金规模的限制以及投资人对于长期投资的不认可，不良资产基金的发展并不充分，不良资产的投资标的还主要停留在房地产领域。有些保险资产管理公司和信托公司也都参与了不良资产的处理，但很少有产品向大众供应。为了帮助暂时困难的企业[①]摆脱困境，实现重生，国家制定了相关的政策，鼓励商业银行发起设立金融资产投资公司，作为非银行类金融机构，专门开展市场化债转股资产，包括市场化债转股为目的的债权、可转换债券、债转股专项债券、普通股、优先股、债转优先股等。运作方式包括："先收债、后转股"，市场价格转让、清洁转让、真实出售（不回购）、风险隔离等。投资是以参股标的公司为主，控股标的公司的，需明确过渡期，过渡期后及时转让控股权。

此类投资所需资金可以由金融投资公司以发行产品的形式募集，也可以靠同业拆借、发金融债、债券回购、理财资金投资、保险资金投资、国有资本运营公司投资等筹资。

对外发行的产品应为封闭式产品（固定期限），产品类型包括权益型和混合型两类。所募集资金中用于债转股的投资不低于60%，其他资金可以以投资理财等方式提供债转股项目所需流动性。

投资人有门槛要求，自然人投资人要求具有4年以上投资经历+家庭金融净资产500万元（或家庭总资产800万元）或3年内本人平均年收入60万元。公司等法人要求最近1年末净资产不低于2000万元。单笔投资金额300万元起。

---

① 投资的企业主要是因为行业周期或负债过高而出现暂时困难的企业，这些企业应当是来自鼓励类行业，技术先进，企业产品有市场，符合环保要求，信用良好。这些企业不能是属于"僵尸企业"、恶意逃债企业、债务关系复杂企业、过剩产能及库存企业。有些涉及国家安全的企业也需要挽救。投资的标的以银行发放的企业贷款为主，适当考虑其他债权，不得以银行不良债权为投资标的。

总结:金融资产投资公司为家族投资提供了另一种选择,即以债转股的方式参与不良资产。但目前该类产品尚处于起步阶段,投资标的、投资收益及投资期限以及投资策略等还有待进一步明确。但由于金融资产投资公司是金融机构,并且由商业银行发起,对于其规范行及资金融通能力应当有一定的保障。家族资产在参与这类投资时,应充分研究投资标的的价值和转股后退出的期限和可能性,避免成为商业银行甩掉不良资产的“接盘侠”。

第六节　家族企业的治理

家族企业主要是那些实际控制权在家族成员手中的企业。拥有家族企业的高净值家族,其主要财富也来源于家族企业。

根据 Raphael Amit(The Wharton School,University of Pennsylvania)、Heinrich Liechtenstein1 (IESE Business School, University of Navarra Spain)、M. Julia Prats(IESE Business School,University of Navarra Spain)以及 Todd Millay & Laird P. Pendleton(CCC Alliance,LLC)联合发布的《Single Family Offices: Private Wealth Management in the Family Context》报告,经过对美国和欧洲等多国富豪家族的调查,显示:参与企业经营的富豪家族中,77.5% 是控股家族企业的,12.5% 是只参股企业但仍对企业拥有控制权,只有 5% 的家族是只参股企业但没有控制权的。而拥有家族企业的家族中,78% 的企业是有家族成员参与经营的,只有 15% 是没有家族成员参与企业经营的。因此,对于拥有家族企业的高净值家族而言,与其他物质财富相比,家族企业的股权才是家族物质财富的核心,而家族成员也大多会参与企业经营,同时对它的“打理”也最为复杂,这涉及的是家族企业的治理过程。

对比非家族企业,家族企业在企业发展中更容易获得成功,尤其在销售额、利润等经济指标方面,如本书提及的“真功夫”案例。而且家族企业在经济下行期更容易生存下来。主要原因在于家族成员之间相互信任（“兄弟齐心、其利断金”），并且基于共同的家族文化和愿景，家族成员对经营企业的投入是持续的、“全神贯注”等。但当家族企业发展到一定程度，需要传承时，家族企业的优势就会变为劣势（“成也萧何、败也萧何”），因为家庭成员的“恩怨情仇”会渗透到企业治理中，最终造成企业“分崩离析”，家族财富传承失败。“家族企业的治理”就是解决家族企业劣势的核心手段。

企业的治理通常由股东会、董事会和高级管理人员分担，而家族企业的治理不仅包括企业的治理，还包括家族的治理，以及两类治理之间的衔接。

同时，家族企业的治理与传承是相互融合、一脉相承的行为。家族企业治理制度的建立和实施必须体现“传承”的意志。

一、家族企业发展的三个阶段

在世界银行成员国际金融公司（International Finance Corporation，IFC）制作的一份《家族企业治理手册》中，将家族企业的发展分为三个阶段（而每个阶段家族企业治理也有不同的侧重点）：

阶段一：创始人阶段。这是家族企业发展的初级阶段。公司的控股权和决策权主要掌握在创始人一人或几个创始人手中。这一阶段，家族问题对公司控股权的负面影响不大，但创始人也要考虑其“退休”后的继任问题，尽早进行接班人培养。

阶段二：兄弟姐妹合伙阶段。在这一阶段，公司创始人已退出，继任者是直系的兄弟姐妹。这一阶段如果没有很多的公司治理安排，兄弟姐妹之间的矛盾就会对公司经营造成负面影响（如本书提及的李锦记案例）。这一阶段公司治理方面重点关注的工作有：家庭成员之间的沟通和冲突解决机制；公司商业流程规范化；以及关键岗位的继任问题。

阶段三：大家族治理阶段。这一阶段，虽然公司已经更加规范化，但介入公司治理的家族成员已经延伸到孙子女、堂兄妹子女、嫡亲等多层次家庭成员。家庭成员之间沟通和冲突解决问题更为严峻。这一阶段公司治理方面需要关注的问题将有所变化，主要有：家族文化及愿景（形成家族宪法等）；家庭成员的雇佣及在公司的关键岗位；公司股权的分配、分红及物质财富的分配；家族冲突的解决等。

虽然这三个阶段家族企业治理有不同的侧重，但这三个阶段公司治理并不是分割开来的，而是相互传接的。例如，在阶段一如果很好地打造了家庭文化氛围，就会很好地解决阶段二及之后的家庭和睦问题；而在阶段二如果能有效建立兄妹之间的冲突机制，在阶段三及以后也会更轻松地解决大家庭成员冲突问题。

正是由于家族企业的家庭和企业双重治理特性，家族企业的治理必须有一套更为适当地把握战略方向和控制家族及公司的一套制度和机制。这个机制主要是用来处理股东、董事会、高管以及家庭成员之间的关系，具体而言，分为“家族治理”及“企业治理”两个相互衔接和影响的内容。

二、家族治理的三个层面

虽然家族企业发展的不同阶段家族治理的内容有所侧重，但整体而言，家族治理的主要包括如下三个方面如图 9－3 所示：

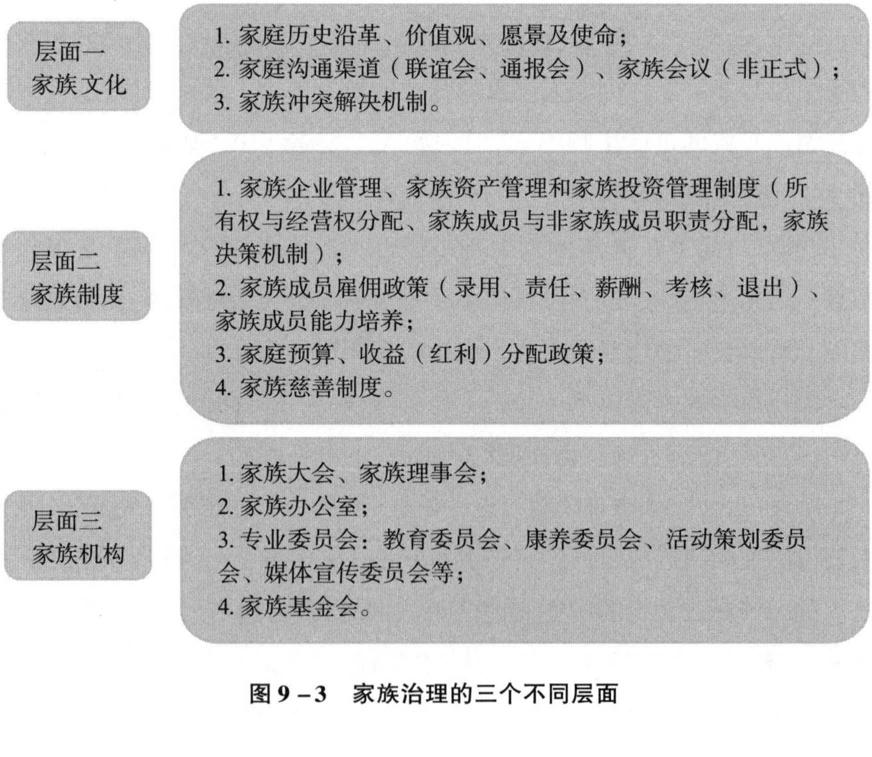

图 9－3　家族治理的三个不同层面

就第二个层面而言，将这些制度整合在一起就可以作为一部“家族宪法”，由家族成员遵守。

就第三个层面家族机构而言，处于不同发展阶段的家族企业，所采取的家族会议的层次也会有所不同。家族会议（或家庭会议）相对来说属于非正式会议，在各个阶段都可以适用；但家族大会和家族理事会主要面向家族企业成熟和传承阶段，其中家族大会和家族理事会从讨论事项、参与人员、召开频次等方面又有所差别，相当于权力大会及其常设机构的差别，如表9－1所示。

表9－1　家族会议的三个层次

项目	家族会议	家族大会	家族理事会
功能定位	家族成员沟通渠道，非正式	家族权力机构	家族权力机构的常设机构
参与人员	全体成员，人多可分组	全体成员，人多可分组	一般5～9名
召开频次	定期和临时，多次	每年1～2次，可临时召开	每年2～6次，可临时召开
核心讨论内容	全部家庭事务和家族企业事务	批准家庭制度及程序； 批准重大家族决策（包括涉及家族企业的部分），如设立家族办公室； 选举家族理事会和其他委员会成员； 家庭重大冲突的解决。	制定家庭制度及程序； 制定需要提请家族大会批准的重大事项报告（如家族办公室及各委员会的事宜）； 解决家庭日常工作，如成员冲突、子女教育； 处理家族与家族企业管理层关系及相关公司事务。

三、家族治理与家族企业治理的衔接

家族企业的治理主要由股东会、董事会和管理层来实施。由于家族企业的“家族”特征，家族企业的治理与家族的治理是相互衔接的。

一般而言，为了家族企业控制权的稳固，家族企业的控股股东、董事会成员及首席执行官、首席财务官等高级管理人员均可由家庭成员担任，但应要求家族成员在担任这些关键职务之前，符合“家族宪法”项下的家族成员雇佣政策，并依据家庭会议作出的决策或原则开展工作，如图9－4所示。

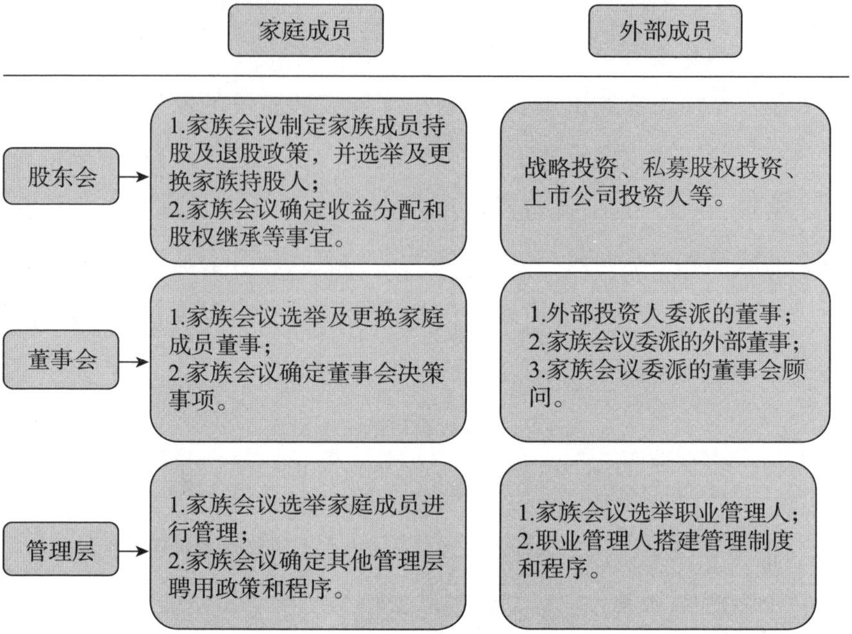

图 9-4　家族内部治理规制

四、家族宪法主要内容

讨论家族宪法的主要内容，不得不研究华人家族企业治理的教材典范——李锦记家族的家族治理。

成立于1888年的香港李锦记集团，经历了两次家庭内乱。第一次发生在1972年左右。创始人李锦棠去世后，将股份分给了三个儿子（老大李兆荣、老二李兆登、老三李兆南）。后来，老三李兆南的儿子李文达建议改变公司策略，做一些低价产品，以扩大香港及其他中低端市场的销量，这一策略遭到了大伯二伯和堂兄弟们的反对。双方意见不和，矛盾日益激化。双方争执不下之时，大伯二伯决定放弃并移民离开香港。最终李文达协助父亲李兆南最终以460万港元收购了其他人的股份，并由李文达接任了公司第三代掌门人。第二次是发生在1986年左右。李文达的弟弟因病长期不参与公司管理，而弟弟一家人又担心李文达会侵占其应有股份，随即要求李文达以高价收购自己持有的公司股份，甚至闹到了法庭。最终李文达以8000万港元的对价收购了弟弟的全部股权,公司一度陷入资金紧张状态。[①]

为了从根本上解决随时可能发生的家族内乱,李文达及其子女开始在欧洲、日本等地寻求家族治理的“良方妙药”,最终形成了李锦记家族自己的家族治理结构以及家族宪法,并一直不断地对它们进行完善,如图9-5所示。

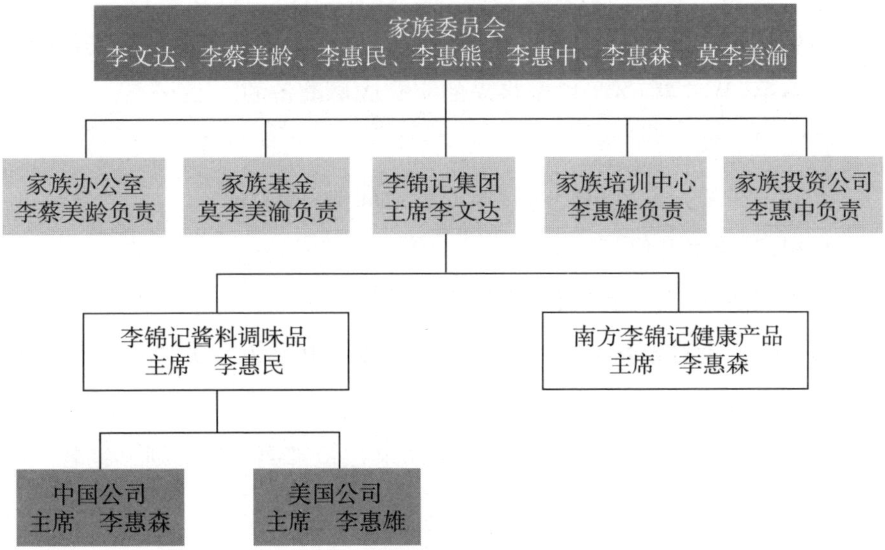

图9-5　李锦记家族自治结构

李锦记家族的家族宪法的核心内容如下:[②]

(一)家族宪法的总则

1.家族理念与价值观

李锦记家族的目标愿景和核心价值观是“家族永续”,以及“我们 > 我”。他们认为,“公司只是家族的一部分,没有家族的永续和谐发展,家

---

① 佚名:《李锦记家族:百年老店的传承秘籍》,载搜狐网,https://www.sohu.com/a/425674249_120172170,2021年3月21日访问。

② 参见龚乐凡:《私人财富管理与传承——破解基业长青的财商、法商与情商密码》,中信出版集团2016年版;以及根据国际金融公司(IFC)《家族企业治理手册》(https://www.ifc.org/wps/wcm/connect/region__ext_content/ifc_external_corporate_site/east+asia+and+the+pacific/resources/ifc+family+business+governance+handbook-chinese)整理。

族企业的长久发展就无从谈起”。李锦记家族倡导,个人利益让位于家庭利益,使家庭成员达成目标一致的行动,从而实现整个家族势力的增强和壮大。

公司的事,绝不在日常生活和家庭会议上讨论,只在董事会上讨论;而家族事宜,也绝不在董事会上谈,只在家族会议上讨论。

2. 目标

制定家族宪法是为了保障家族的延续,现在制定和考虑中的宪法条文是为家族第四代、第五代,以至将来的家族成员准备的。

3. 适用对象

家族宪法是家族成员必须遵循的行为准则。

4. 制定、监督和修订

家族宪法由家族最高权力机构家族委员会制定和通过。

通过新的宪法条款或修订已有条款,必须由家族委员会超过75%的成员投票通过。

目前每次确定新的准则后,家族委员会成员都要在该准则上签名。

(二)家族治理机构

1. 家族委员会

家族委员会是关注家族事务的家族核心成员的沟通平台,同时也是家族最高决策机构。

(1)家族委员会的组成。委员会目前由李氏第三代李文达夫妇及第四代五兄妹共七人组成。每个家族机构的负责人任期两年,到期后由家族委员会决定下一任的人选。

(2)家族委员会的功能。主要负责“家族宪法”的制定与修订,关注家族价值观的传承与强化,以及全部家族成员的学习与培训。挑选、委任董事会的成员,通过董事会主席的任命及挑选、委任家族委员会下属各机构的负责人。

(3)家族委员会会议组织。家族委员会每3个月开一次会,每次会议持续四天。家族委员会会议主席由7位家庭成员每次轮换,主席要按照公司现行状况选择议题，安排日程。

(4)家族委员会的议事规则。可接受的一些行为：我们大于我，坦诚表达，建设性反馈，畅所欲言，积极争论，对事不对人。不可接受的行为：负面情绪，一言堂，“我就是这样”，言行不一致，人身攻击。

(5)家族委员会的决策。一般的决策半数以上就可通过，涉及修改家族宪法等重大问题需要超过75%。遇到票数均等的僵持局面，以摇骰盅的方式做出最后决策。

2. 家族议会

家族议会从属于家族委员会，是全体家族成员(包括配偶)的沟通平台。

(1)家族议会会议的召开。家族议会根据需要不定期举行会议，[①]讨论需要所有成员共同参与的家族内部事务，由家族成员提议，并获得一名家族委员会成员支持，经家族委员会批准召开。

(2)家族议会决议的效力。家族议会的决定须经家族委员会讨论通过方能生效。

3. 其他相关机构[②]

(1)超级妈妈小组。妈妈们的沟通渠道，所有的妈妈都参加，便于妈妈们交流后代培养的经验。

(2)家族学习与发展中心。负责所有家族成员的学习和培训，对成长中的一代规划培养方案，尤其关注家族价值观的传播。

(3)家族慈善基金。主要负责家族层面的慈善事务。

(4)家族投资。负责管理家族在业务之外的其他投资。

(5)家族办公室。家族事务的常设性支持机构。

---

① 也可以与家族委员会会议同期召开，例如前三天开家族委员会，由核心人员参加，讨论重大问题；最后一天全体家族成员召开家族议会，并最后进行家族活动。

② 李锦记家族目前由第三代创业家李文达先生担任着集团董事会主席，董事会成员还包括第四代家族成员和两位外部聘请的非执行董事。目前，第四代家族成员李惠雄先生出任酱料业务的董事会主席，李惠森先生担任健康产品业务的董事会主席。李惠民先生担任“家族投资”主席，李惠中先生担任“家族慈善基金”和“家族学习和发展中心”主席，而女儿莫李美渝担任“家族办公室”主席。第五代家族成员14人，都还处在修学或成长阶段，目前还未参与业务和家族的管理与治理。

（三）家族企业治理[1]

1. 董事会

董事会成员由家族委员会在对业务有兴趣的家族精英中选择出任，可聘请外部非执行董事。

董事会主席由家族成员出任，家族委员会每两年召开一次会议选定董事会及各个项目的主席，主席可以连任。

2. 管理层

家族企业的首席执行官可以由家族优秀的成员担任，亦可从社会上聘请优秀的职业经理人担任。

3. 家族委员会、董事会与管理层的角色分工[2]

家族委员会主要关注家族价值观的强化、家族宪法的制定，协调家族关系和所有权问题，以及决定董事会的结构。

董事会的主要职责是制定战略，挑选企业高管，监督企业的业绩，处理企业与社会的关系。

管理层则负责企业战略的实行，企业的日常运营，员工的考核与聘用，以及确定企业文化与员工准则。

4. 股权的继承与转让

股东须具有李锦记家族的血缘，但不限男女。

5. 家族成员的雇用

家族欢迎家族成员加入家族企业，但必须本科以上学历，在家族外的公司工作3～5年，才能进入家族企业。

应聘的程序和入职后的考核必须和非家族成员相同，从基层做起。

如果家族员工无法胜任公司，可以给一次机会，若仍不能胜任，将被解

① 李锦记家族减持家族控股，主要表现在以下几个方面：第一，股权应分配给有血缘关系的家族成员手中，有血缘关系，不论男女，都有股份继承权；第二，酱料和保健品两大核心业务的主席必须是家族成员；第三，集团董事长必须是家族成员。但董事会可以引入非家族成员的独立董事，管理层也可以引入职业经理人。

② 李锦记家族对家族委员会、董事会与管理层的功能做了细致区分，避免家族对企业的不适当干扰。几个主要角色之间职责虽在某些方面有交叉，但承担主要职责的主体非常明确。

雇。如果家族成员在外独立创业，家族需要时，可以将家庭成员召回为家族企业服务。

家族成员因个人原因可以退出董事会或从公司离职，也可以将股份卖给公司，但仍应作为家族成员参与家族议会。

家族员工不得晚结婚、不得离婚以及不得有婚外情，否则自动退出董事会。

家族员工年满65岁可退休。

结合李锦记家族的案例，笔者总结了家族宪法的主要大纲和内容如下：

（一）家族宪法的总则

1. 家族文化要旨（如家族财富来源及主要贡献者、积累的家族精神、家族期望与愿景等）

2. 制定家族宪法的目的（如对家族成员铺张浪费进行限制、保障家族财富顺利传承、保障家族公益活动等）

3. 家族宪法的适用主体范围

4. 家族宪法的定义、制定、修订及生效

5. 家族宪法履行由家族委员会等机构监督

（二）家族治理机构

1. 家族会议、家族大会或议会、家族理事会或委员会（根据家族治理需要选择一种或几种）

（1）组建会议的原因、功能及讨论事项；

（2）会议参与人员范围（有哪些家族成员参加）；

（3）会议召开的频次、议事规则及决策机制；

（4）是否设立家族会议秘书处，负责日常联络和安排工作。

2. 各专业委员会的情况

（1）家族资产管理机构、家族投资委员会或家族办公室（根据家族财富数量和需求选择）；

（2）家族教育委员会；

(3)家族慈善委员会或基金会(可以由长辈和晚辈共同参与);

(4)家族生活委员会;

(5)家族冲突解决委员会(可以由长辈主导)。

上述各类委员会为家族会议的常设机构,可以由家族成员组成,也可以聘请外部顾问,家族宪法中主要规定的内容包括:

(1)每个机构的组建;

(2)每个机构负责人的选举和罢免;

(3)每个机构议事规则与决策机制;

(4)每个机构负责的事项:如家族投资、家族理财、家族慈善、家族教育、家族康养、家族活动等。家族办公室可以负责一项或多项。

3. 家族企业治理

(1)家族企业股权的安排(详见下文);

(2)家族企业董事会及管理层;

(3)家族成员成为董事或管理层的条件;

(4)家族成员董事、管理层的选举和罢免;

(5)非家族成员董事、管理层的选举和罢免;

(6)家族委员会、董事会与管理层的职能分工。

(三)家族成员的雇佣政策

详见下文。

(四)家族活动

(1)活动的目的(家族成员沟通的渠道);

(2)活动的形式;

(3)活动的频次;

(4)活动的召集人、组织程序;

(5)活动经费来源。

五、家族成员持股政策

家族会议(包括家族大会、家族理事会等形式),应明确家族成员的持股政策,具体内容包括:

(1)家族成员持股人范围;除直系血亲之外,是否还包括旁系血亲、嫡亲等亲属;

(2)家族成员持股比例分配;

(3)家族成员持股与外部投资人持股比例上的安排及限制;引入外部投资人的条件和程序;

(4)家族成员持股部分是否存在代持以及代持的相关约定;

(5)家族成员股份质押及对外担保的约束与程序;

(6)家族成员股份变现及退出的约束与程序;是否搭建家族股份赎回基金,保证家族成员股份只能在家族成员间转让或由家族控制;

(7)多个家族企业间交叉持股、对外投资以及关联交易等相关问题;

(8)股份的分红(包括对特殊家族成员的补贴与照顾、分红的再分配等);

(9)家庭成员持股与家族成员雇佣政策的衔接(如何等情况下,家族成员将被从家族企业开除,并“上交”股份)。

六、家族成员的雇佣政策

家族企业的雇佣政策应充分体现“所有权”与“管理权”相分离的原则,家族成员可以根据家族安排充分享受家族企业的分红和权益,但家族企业的管理应当交给更适合的人(不论其是否为家族成员)。家族员工的雇佣必须秉承市场化原则,只有合格的家族成员才能进入公司,并应要求进入公司的家庭成员拥有一定的非家族企业的工作经验等。具体而言,家族企业的雇佣政策一般包括如下几个方面:

(一)雇佣政策的原则性规定

秉承市场化原则,不能成为“无能力”家庭成员的收容所,只有合格的家族成员才能进入公司;家族成员申请的职位必须是他/她能够胜任的且是公司正在招聘的空缺职位;不允许解雇非家族成员来为家族成员空出职位。

家族成员将与所有非家族成员享受同等待遇,同工同酬(家族福利及分红除外),家族成员不应仅因为是家族成员就一定被提升或任高管;家族员工是以雇员的身份接受薪酬和福利,而不是以所持的股份为依据(持股对应的是股份红利)。

家族员工不仅应满足基本要求,还应在敬业、业绩和品行方面做出表率。

(二)家族员工的入职及晋升条件

除申请的职位所要求的条件之外,家族成员还需额外符合如下几个条件:

(1)学历要求:何等大学、何等学历等。

(2)外部企业工作经验要求:大型跨国企业或金融机构的工作经历有利于拓展家族成员的视野,且最重要的也可以积累社会资源和人脉。家族员工入职家族企业必须具备一定的外部工作经验。

(3)上岗前培训及后续培训:家族员工入职前,应经过系统的家族企业文化、制度、行业及专业等方面的培训;后续为了顺利成为高管,也需要持续的培训甚至外部脱产学习。

(4)年龄限制:进入家族企业的家族员工,除需要满足特定职位的年龄要求之外,对于管理岗位有最低和最高的年龄限制要求。

(5)其他要求:如无重大违法行为、正常的婚姻关系及家庭成就等家族宪法中可能进行的约束。

(三)家族员工入职、晋升、考核及解聘的程序

与外部员工相比,家族员工的录用及晋升除需要遵守家族企业内部录用程序之外,家族员工的录用、晋升及解聘应由家族会议作出。在家族企业董事会主要有家族成员担任董事的情况下,也可以将这一决策下放至企业董事会层面。

家族员工的考核除符合家族企业考核要求之外,将由家族会议(或其下属的家族教育委员会)独立安排,为家族员工制定一份个人发展规划,其中包括培训、继续教育、指导、导师、特殊项目和任务、轮岗等。并对家族员工定期进行跟踪考评,家族员工也应定期提供书面报告。

家族员工经家族企业或家族会议(或其下属的家族教育委员会)考核

不合格，可以根据情况降级留用或解聘，并在符合条件后重新录用或晋升。

(四)家族员工的退休

主要规定家族员工的退休年龄及退休后的待遇。

七、中国家族企业治理的现状与特征

中山大学管理学院张书军和朱沆教授，曾在十余年前为世界银行成员组织国际金融公司(IFC)创作的《家族企业治理手册》，起草了其补充篇——中国家族企业治理。根据这部分内容的介绍，十余年前中国家族企业的治理有几个一般性特征：

第一，所有权上的"一股独大"可能是影响家族企业治理的基础性因素；家族企业创建初期，产权上的"家企合一""族企合一"是较为普遍的现象，很多家族企业未能对家族成员享有的所有权进行清晰界定。

第二，在对"家族"的治理方面，绝大多数中国家族企业未设立家族大会、家族委员会、家族理事会等正式机构，也未形成家族宪法等正式的家族事务管理制度。

第三，董事会在企业经营中的核心作用仍不令人满意，其应有的职能未能得到有效发挥，大部分决策仍受企业主个人的影响。董事长、总经理一肩挑的现象十分普遍。这种两权合一的治理模式，使董事会的监督职能受到很大限制。家族企业的决策机制主要表现为以老板为中心。

第四，企业主与职业经理人之间的互信机制亦不乐观。此外，由于我国职业经理人市场尚未发育完全，对职业经理人的评估与监控机制仍未健全，家族企业在引入高端职业经理人这一问题上普遍显得谨慎，即便引入之后，企业主的"垂帘听政"时有发生。

第五，在继任人选择上，家族企业很少考虑外部人继任，基本上选择自己的孩子接班，但受计划生育政策的影响，可供选择的家族内部继任人有限，限制了家族企业管理能力的提升；在经营控制权交班上，88.6%的企业主把接班人的品德、能力作为移交的标准；但在股权分配问题上，仅45.3%的企业主把子女能力作为标准，说明在一定程度上仍受到传统"诸子均分"思想的影响。

经过十多年的发展，随着资本市场的成熟与进步、PE 业务在中国的迅速发展等因素，现代企业管理制度在中国得以普及及应用，家族企业在公司的治理方面逐渐完善，职业经理人行业也逐渐成熟。但截至目前，中国家族企业的治理仍呈现了如下几个特征（很多特征实际上体现了对中国传统文化的继承）：

第一，“子承父业”理念下家族企业的传承。中华文化强调血脉延续、诸子均分等。对于事业成功的父辈通常希望自己的子女可以“子承父业”，所以才出现了医生世家、律师世家等。父辈也希望借此将自己多年打造的事业江山以及社会资源传承给孩子。但很多“富二代”都接触过海外教育、有的甚至在国外长大，现代社会可选择的职业类型又层出不穷，就出现了孩子愿不愿意“接班”的问题。巴菲特曾说过，如果家族企业一定要让自己的孩子来接班，就像奥运会冠军非要将冠军传给自己的孩子一样荒谬。“子承父业”一是要看孩子本身的能力和特点（孩子缺乏管理能力，还仍希望其像父亲一样管理好企业，企业可能因此“败”在孩子身上）；二是要看父亲的这份“业”适不适合继承。

第二，“创一代”充分自信。中国“创一代”在借助改革的浪潮获取巨额财富的同时，也建立了充分的自信心。在这种自信心的驱使下，父辈更愿意安排子女的“接班”问题。这种安排体现在两个层面：第一，父辈在教育、职业规划等方面为孩子“接班”做安排；第二，孩子进入家族企业后，父辈又总“信不过”孩子，父辈很难真正“退休”放权，在具体事项上也要干涉。

第三，“创一代”和“富二代”之间理念偏差比较大。因为很多“富二代”都长时间接触了海外教育，在其开始参与家族企业管理时，他们更喜欢对企业进行现代化和规范化管理，缺乏对企业原有文化的理解与尊重，与“创一代”和公司老员工冲突不断。传承本身是两代人之间相互磨合的过程。

第四，独生子女政策带来的传承难题。很多目前正准备传承的中国家族都面临着独生子女或子女少的传承困惑，这种选择的“单一性”给传承造成了两方面的问题:第一,因为直系子女少,不得不将旁系亲属引入家族企业,参与家族企业管理,这就直接将家族企业带入上文提及的家族企业发展的第二阶段甚至第三阶段,需要家族尽早制定家族宪法等治理文件;第二,秉承“子承父业”的传统,纵使孩子能力再差,父母也希望孩子能够接班掌管企业,但这种“妥协”可能造成家族财富的“败退”。

第五,家族价值观的传承以及家族治理推广在中国还有待提升。由于中国企业家多是“创一代”,其更关注物质财富安全的传承,有时就忽视了家族价值观及家族企业文化的传承,忽视了建立科学的家族企业治理结构。如上文所述,家族物质财富的传承离不开家族文化和价值观的传承;而家族治理机制的建立才会有效消除传承中的家族冲突,解决家族内乱,保证传承顺利完成。

如下茅氏家族企业治理与传承的做法有一定借鉴意义。

宁波方太厨具有限公司成立之初,茅理翔任董事长,其妻张招娣任监事会主席,儿子茅忠群任总经理。除此之外,高层中没有一个家族成员,女儿茅雪飞虽然拥有方太14%的股权,但不参与任何经营。目前,茅忠群已成功继任方太董事长、总裁。

茅理翔认为,继任过程是父子两代人相互“较量”的过程,在这个过程中,父亲要学习一步一步慢慢退出管理,也要学习接受年轻人的观点,以他们的优点作为企业未来的发展动力;子女辈也必须学着去接近长辈,理解他们的想法和担忧。循着“带三年、帮三年、看三年”的交班策略,整个继任过程持续了九年。在交班的第一个三年,茅理翔把新产品开发权交与茅忠群打理;在第二个三年,茅理翔把营销权交给茅忠群,在第三个三年,茅理翔彻底把管理权交予茅忠群。这种分阶段、渐进式的继任,一方面有助于继任者的管理能力得到更有厚度的积累与培养,另一方面被继任者的逐步淡出也有助于企业运营的稳定,有效避免了继任中存在的潜在风险。

茅理翔认为,交班人的交班意愿与角色调整是保证继任效率的另外一个关键因素。迟迟不交或交而不放,一会伤害继任人的积极性与威信,二会形成两个权威中心,令下属无所适从,因此在交班过程中要做到“大胆交,坚决交,彻底交”。茅理翔认为,这样的交班、放权原则增加了继任人茅忠群的压力,同时也提供了发展的动力:如茅忠群独立地组建了年轻的管理团队,使公司的战略理念与管理能力有着质的提升。当然,对于交班者而言,如何做到“大胆交,坚决交,彻底交”确属不易。茅理翔在交班初期也曾痛苦过,在心理上也存在恋恋不舍。他的方法是积极发展“业余”爱好,在继任交班过程中,他对自己的工作时间进行了三个三分之一(三分之一的时间到外面访问、讲学,三分之一的时间看书、写书,三分之一的时间接待客人)的规划设计,随着写书、办教育和讲课慢慢成为他生活的主营业务后,“坚决交、彻底交”就成了自然的结果。

此外,给继任者茅忠群提供必要的帮助也是茅理翔作为交班人要考虑的另外一项重要工作。如帮助茅忠群建立自己的团队,在这个过程中,茅理翔可以推荐人选,但不将个人意志强加给茅忠群。茅理翔也在适当的时机安排家族成员和创业元老退出,以给茅忠群留有更大的管理空间。[①]

① 茅理翔:《方太集团传承之道:带三年 帮三年 看三年》,载新浪网,http://finance.sina.com.cn/money/cfgs/20140731/092319872561.shtml,2021 年 2 月 15 日访问。

第三部分

家族办公室

我们知道了家族财富传承中面临着这么多的风险，也对家族财富传承的目的和需要传承的各类标的进行了梳理和规划。我们需要一个“管家”去控制这些风险、去实施家族财富管理和传承的方案，这个“管家”就是家族办公室。

清华大学五道口金融学院全球家族企业研究中心主任高皓认为，家族办公室的一项重要功能，就是根据客户需求量身定制所需的专业服务，家族办公室是对超高净值家族一张资产负债表进行全面管理和治理的机构。

笔者认为，家族办公室就是利用金融、法律、税务等各方面的专业知识，以家族财富为管理标的，按照家族的需求和目标制定策略，将家族内部和外部人力资源和服务进行整合，剪裁(tailor)出适合家族的服务架构和组织结构。家族办公室由家族或家族成员予以控制。家族办公室的服务人员，不论是专职还是兼职，应将自己定义为家族的“受托人”(Trustee)，其应与家族利益保持一致，不能存在利益冲突。

第十章

每一个高净值家族都应有一个家族办公室

第一节 家族办公室存在于每个家族

提到“家族办公室”，很多人联想到的是富豪家族的“管家式”服务团队，似乎拥有超高技能的各类顾问主要服务这类群体。美国是最早从法律角度界定和管理家族办公室的国家之一。根据美国证券交易委员会1940年通过的《投资顾问法案》及《多德—弗兰克法案》，家族办公室是由家族客户全资拥有，并由其中一名或多名家族成员和/或家族实体完全控制，不以投资顾问身份为公众提供服务，而只向家族成员提供服务的组织。这个家族成员包括拥有同一祖先的10代以内的直系亲属及他们的配偶。按照美国证券交易委员会2011年提出的标准，设立单一家族办公室，家族可投资资产规模通常要达到至少1亿美元。而选择联合家族办公室[①]的家族，可投资资产规

① 为了避免单一家族承担太高的经营成本，这些家族通常会决定为其他家族提供他们的家族办公室服务。这时，单一家族办公室就变成了联合家族办公室。

模可降至 3000 万美元到 1 亿美元。

而家族办公室实际上并不是富豪家族的专属名词。家族办公室存在于每一个家庭,哪怕是三口之家。家族办公室最原始的“Head”就是爸爸和妈妈,他们决定了家庭的愿景和观念、决定了家庭的发展路径和孩子的教育,决定了财富的成长路径和传承的安排。但随着家族成员的增加和家族财富的积累和财富形式多样化,家族需要借助外部力量来协助家族事务和资产管理事务。例如,家族会聘请律师处理法律事务、聘请会计师处理个人和公司财税事务,聘请投资顾问帮着做资产配置、聘请房产中介帮着购买和处置房产等。这些都是家族办公室的服务。如果这些聘请的顾问成为这个家庭长期可信任的顾问(trusted advisors),则这些服务的集合体就是实体家族办公室的雏形。

实际上,家族成员存在于每一个家族办公室之中,并且家族成员才是家族办公室的核心。根据 Raphael Amit(The Wharton School,University of Pennsylvania)、Heinrich Liechtenstein1(IESE Business School,University of Navarra Spain)、M. Julia Prats(IESE Business School,University of Navarra Spain)以及 Todd Millay & Laird P. Pendleton(CCC Alliance,LLC)联合发布的《Single Family Offices: Private Wealth Management in the Family Context》报告,对美洲和欧洲等多国富豪家族的调查显示:一半以上的家族办公室负责人都是家族成员,这些成员大多对家族业务很了解,他们在家族办公室的职责主要是组织管理,具体的投资业务参与不多。拥有家族企业的家族中,78% 的企业是有家族成员参与经营的,只有 15% 是没有家族成员参与企业经营的。

第二节　家族办公室存在的必然性

家族办公室可以是设立的一个实体,也可以是一些服务的集合(没有实体存在);具体工作可以是家庭成员亲历亲为的,也可以委托他人提供服务。由于高净值家族无论从家族结构，还是财富类型和数量等方面，都具有一定的复杂性，所以一般需要外部资源的支持，进而发展成为实体的家族办公室。

高净值家族设立家族办公室必然性主要体现在如下方面：

第一，家庭成员能力所限。上文也提到，一个家庭的人力资源能力应当跟他拥有的财富相匹配，否则“守财”和传承就难上加难。但单靠家庭成员本身是很难支撑“家大业大”的财富体的。因此，需要通过选任外部顾问给予支持。

第二，培养子女。尤其是拥有家族企业的高净值家庭，需要提前做好“接班人”培养。家族办公室的设立和运作就是一个很好的培养孩子的方式，如王健林家族为儿子王思聪设立的普思投资。

第三，专心于企业运营。家族财富传承的相关事务很大程度上是家事的管理，企业家一般都希望能专注于家族企业的经营，将“家事”中专业的工作交给专业的人打理更为有效。

第四，财产的不可分割性。很多家族财产如公司控股权、“老宅子”、“传家宝”等是不能被分割的，或者分割后其财产价值就会减损，或者分割后原来的家族信仰就会被打破，因此，需要通过家族信托等工具统一进行管理。

第五，对法律工具的运用。很多法律工具，如家族信托，是在家族传承中必不可少的。这类法律工具的运用需要专门的人和专业的人代表家族予以使用和管理。家族成员不可能成为这些“操作工”。

第三节　家族办公室是根据家族情况量身定制的

现代家族办公室起始于19世纪中期，这时期私人银行和信托公司也蓬勃发展起来。但超高净值家族更希望选择设立自己的家族办公室，主要原因在于，同私人银行和信托公司等外部机构提供的服务相比，家族办公室具有为家族服务的排他性(exclusivity,与家族利益一致)、私密性(privacy)以及家族服务的定制化(customization)。

每一个家族办公室都是某一个家族“量身订造”的,因为它的设立需要充分考虑这个家族自身的因素:

第一个因素:家族可投资资产及其规模。这是一个设立家族办公室的决定性因素,也是家族办公室的核心职能所在。是否成立家族办公室?成立什么类型的家族办公室?首先要看家族投资规模和资产规模。但这个规模不是家族所有的资产规模,而是指可投资的资产规模(the investable assets)。例如,按照欧美国家家族办公室的门槛标准,开设单一家族办公室的家族一般可投资资产规模在1亿美元以上,开设联合家族办公室一般可投资资产规模在3000万美元以上。对于家族可投资资产在3000万美元以下家族,其实也可以开设自己的家族办公室的,比如美国Family Wealth Alliance提出的虚拟家族办公室(virtual family offices)。

家族可投资资产规模直接影响家族是否可以承受家族办公室的高额开支。家族办公室每年合理开支一般不应超过所管理资产规模的0.75%。[①] 在该预算范围内,可根据家族财富传承意愿、管理资产规模及类型等因素做出如下选择:

是设立单一家族办公室,还是加入其他联合家族办公室。单一家族办公室每年的开支在150万~200万英镑。

雇佣多少专职人员、聘请多少外部顾问。雇佣专职人员需要承担一定的固定费用(尤其相关专业人员费用均不低),但更为专注,并因受到劳动关系的制约,因此更有责任心。但考虑到预算,或有些服务无法匹配专职人员的情况下,可以选聘一些固定的外部顾问,按照事先约定和管理效果支付顾问费。

很多富豪家庭设立家族办公室是源于一个“现金事件”(cash event),

① Barbara R. Hauser ed., *Family offices: The STEP Handbook for Advisors* (2nd ed.), Globe Law and Business Ltd., p. 107.

即家族出售了家族企业全部或部分股权,或者家族在其他投资方面通过变现资产获取了一大笔现金。这种情况下,这个家族就要考虑设立一个家族办公室,或至少是私人投资办公室(private investment office)①,原因在于:第一,巨额的现金财富与家族成员(或家族企业内部员工)财富管理能力不相匹配,必须聘请专业人士与家族成员一起解决;第二,因为利益冲突的原因(本书其他章节有述),这些财富的打理不能单纯依靠私人银行、信托公司等外部机构,必须有人代表就在利益与他们协作;第三,如果巨额现金的获取是因为出售了家族企业(控股权),原来劳作于家族企业的家族成员将丧失身份和存在感,成立家族办公室并交由他们打理就是一个不错的转换身份的选择。

第二个因素:家族投资的理念。家族成员对于现有财富的管理意愿是什么?寻求财富的快速增长?还是财富的保值和平稳的传承?这些因素直接决定了家族办公室的投资策略。另外一个间接的影响,就是家族办公室在何地设立。例如,如果家族寻求财富的快速增值,就要考虑将家族办公室设在国内甚至全球的金融中心,因为在那可以借助顶级投资专家为家族投资获利,但相应的也会加大家族财富面临的市场风险。但如果家族只是寻求财富的保值和平稳的传承,可以将家族办公室设在家族成员聚集处或"税收洼地"。

第三个因素:家族所处的发展阶段。如本书其他章节所述,在家族发展的第一到第三个阶段,家族传承的核心是获取财富以及传承财富;而从第四个阶段之后,家族传承就更重视家族文化和子女教育等。这就直接决定了家族办公室重点招募的专业人士以及他们的职责。比如,如果家族更重视财富的获取,家族办公室的投资可能会更激进或主要围绕家族企业布局。

第四个因素:家族文化的影响。如果家族将慈善也视为一种传承,家

① 这种情况下,如果涉及家族多个成员变现或者企业的多个股东变现,可以在变现至个人账户前,预先就家族办公室的创设和投资策略进行规划,防止个人后续不合理的配置或挥霍。

族办公室可能就会围绕家族慈善做更多的工作。如果家族更重视家族和睦和传承,可能遗产规划工作就会成为家族办公室的重要工作。再如,家族成员出自政治世家、律师世家、金融世家、会计世家等,这些家族职业背景也会对家族办公室主要职能产生重大的影响。

当然,除家族自身的因素之外,设立家族办公室还有很多外部因素,比如政策法律等。

第十一章

选择适合自己的家族办公室

家族办公室是家族财富管理的顶层设计,不能“边设计边施工”。标的家族应当在企业资本与家族财富分离的早期阶段开始,结合本家族的情况进行系统的规划。

每个国家和地区的家族办公室,都有自己的特点,这跟家族办公室所处区域的文化、市场及法律规定等密切相关。例如,欧美家族办公室一般独立于家族企业,更专注于家族财产的打理,而我国所在的东亚地区的家族办公室更崇尚“子承父业”以及家族对企业的管理。即便在家族投资这一个方面,欧美之间也有所差别:美洲家族办公室更多的选择权益投资标的,而欧洲家族办公室更多的选择本金投资(principal investment)和房地产投资。此外,还有很多细节上的差异,比如与美洲家族办公室相比,欧洲家族办公室开设更多的专业委员会,并且投资汇报更频繁、汇报的信息也更详尽等。

为方便区分及选择适合自身情况的家族办公室组织类型,笔者将家族办公室分为外置式家族办公室、内置式家族办公室以及虚拟家族办公室三大类。

第一节　外置式家族办公室

外置式家族办公室，与内置式家族办公室（embedded family office）相比较，实际上就是独立于家族企业之外的家族办公室；与虚拟家族办公室（virtual family office）相比较，就是注册为公司等实体企业的家族办公室。

外置家族办公室根据家族办公室服务的家族是一个还是多个，又分为单一家族办公室（single family office）和联合家族办公室（multi-family office）。

一、单一家族办公室

单一家族办公室是由一个单一家族出资设立，并只服务于这一个家族的家族办公室。这类家族办公室私密性最高，但对于一个家族而言，其承担的成本也最高。一般一个家族办公室每年的开支在150万～200万英镑。单一家族办公室目前在全球约有10,000余家，[①]按照欧美国家家族办公室的门槛标准，开设单一家族办公室的家族一般可投资资产规模在1亿美元以上。在国内单一家族办公室的门槛较国际惯例而言适度放宽，一般要求客户家族资产净值达到3亿～5亿元人民币。单一家族办公室固定雇员的规模在10人左右。

单一家族办公室的设立地对家族办公室的工作的开展影响很大，直接决定了家族办公室的有效运行和成本，因此在选择注册地时应做好规划。规划家族办公室的注册地时，首先应结合如下因素准备一份家族办公室可能的设立地的清单：

（1）家族成员住所地、生活习惯、语言及文化。单一家族办公室主要由家族成员决策且服务于家族成员，因此家族成员的住所、生活习惯、语言及文化对家族办公室设立地的选择影响很大。如果家族成员比较多，分布

① 资料来源：《安永家族办公室指南》（EY Family Office Guide）。

在很多国家，应当优先考虑家族成员掌舵人或家族成员核心成员住所地，但也要规划后期可能变更管辖地的问题。另一个与家族成员住所地相关的考虑因素是“时差”。单一家族办公室其中一个优势就是服务的“及时性”，所谓“全天候”服务，但如果家族成员之间或家族成员与雇员或服务人员之间有时差，这个服务的及时性就大打折扣，因此，也是需要考虑的因素。

（2）家族企业所在地。如果家族办公室的主要职能是家族企业的治理和家族投资，就要更多考虑家族企业所在地。家族企业或企业的业务分布在全世界各地的，需要优先考虑家族核心管理组织所在地。这个管理组织所在地也直接与家族企业税务管辖地相关联。

（3）家族资产所在地。除了家族企业之外，还要考虑家族房产、家族金融资产等所在地。家族房产主要考虑房产事务的管辖一般都是房屋所在地，事务也比较多，包括房屋维护、交易、住所的安保等；家族金融资产较多，就要考虑是否处于金融中心、①是否有足够的金融资产及服务提供、金融账户的开立及维护是否便捷和安全、《统一报告标准》等信息交换国际规则在当地的适用等。但考虑到家族财产可能相对分散，家族办公室也可以根据各地财产的情况另行聘用雇员或顾问在当地提供服务。

（4）税费及成本考虑。单一家族办公室并不是一个“利润中心”，而是一个“成本中心”，因此，成本管理更为重要。影响家族办公室成本的因素包括办公租金、人员薪酬、企业所得税、增值税等。如上文所述，虽然家族办公室应尽量设立在金融中心，但也要平衡相关的办公成本和人员成本。一般发达城市员工薪酬、福利以及法律的保护要求更高。此外，在税务方面，考虑到家族办公室是“成本中心”，所得税影响可能不大，但由于很多服务需要“外采”，需要考虑高额的顾问费及随即发生的增值税等因素。

（5）数据及家族信息保密。数据及家族信息保护直接关系到家族财产的安全（黑客攻击）、家族人身安全（绑架犯罪等）以及家族可能面临的

① 全球知名的金融中心所在国家或地区如美国、英国、新加坡、瑞士、中国香港等。

税务等责任。因此,家族办公室应设立在数据和个人信息法律保护相对完善的国家和地区。如欧盟国家和地区制定并实施了《通用数据保护条例》。在欧盟,数据保护是一项个人权利。侵犯个人权利的公司或机构将受到严重的罚款等处罚。

(6)雇员的招募和管理。家族办公室服务能力的体现主要从所招募的员工或嫁接的外部顾问的能力中体现,尤其对于主要职能是家族投资的家族办公室而言,家族办公室的人才引进更为重要。家族办公室服务的最大的优势就是其家族定制化和服务及时性,因此,家族办公室的设立地也要考虑招收雇员所需。一般家族办公室的专业人才都聚集在金融中心,这些人才也不会轻易离开这里,因此家族办公室应优先选择金融中心所在地设立。尤其是家族办公室的核心管理人员,如首席执行官、首席财务官等,一定要与家族在同一个居住地。

(7)持牌经营等监管要求。单一家族办公室一般不需要持牌经营,但有些国家如阿拉伯联合酋长国的"迪拜国际金融中心"就鼓励家族去申请一个家族办公室执照。中国国内也有海南、青岛等地金融局等部门负责家族办公室类工商企业的备案。但家族办公室具体开展的业务可能需要根据当地法律获得牌照,即使这类业务只面向家族本身。例如,在中国只有持牌金融机构才可以从事的贷款等业务。此外,对于向家族提供服务的顾问也需要根据法律获得投资顾问或律师等执照才能提供服务。前述监管要求将直接关系到家族办公室运营的时间和管理成本,也是需要在设立家族办公室时予以考虑。

(8)政治和法律保障。稳定的政治环境、透明的法律环境和保障既是家族资产安全的需要,也是家族人身安全的需要。同时,也将有利于家族跨境资产流动。需要说明的是,这里强调的是政治和法律环境的"稳定性",这对家族财富的传承是至关重要的,可以说是影响家族财富的传承成功与否最关键的外部因素(区别于家族内部因素)。但在稳定的政治和法律环境中,有些具体的政策或法律,或在某些具体时点上,对家族财富的创造或传承可能是不利的,比如美国严苛的税务处罚条例,或者像中国内地很多与家族信托相关的法律尚不健全等，但家族办公室在选择设立地时，应从长远角度考量，而不能只考虑一时的环境优劣，且应优先选择“稳定性”，而不是图一时的政策优越。

(9)基础设施和通讯。包括航线、高铁等交通网络的完善，安保、信息保密、互联网、会议系统等系统的完善。

家族办公室设立地的选择要综合考虑上述各种因素，但目前世界上大多数单一家族办公室都设立在世界金融中心，如亚洲的新加坡及中国香港；欧洲的卢森堡、瑞士或英国；美洲的美国，以及中东的阿拉伯联合酋长国等。中国国内富豪很多都在香港和新加坡设立单一家族办公室，但也有一些“形似”的家族办公室开始在北京、上海等内地城市设立。因此，简单的方式是综合上述因素选一个就近的金融中心作为单一家族办公室的设立地。

二、联合家族办公室

现在越来越多的家族办公室开始同时向多个家族提供服务，即联合家族办公室，对资产规模的要求也相应降低。与单一家族办公室不同，联合家族办公室服务的家族不止一个。美国家族办公室服务机构——家族理财联盟(Family Wealth Alliance，FWA)曾为联合家族办公室设定了标准：可投资资产在100万～1500万美元之间的家族就可以考虑雇用联合家族办公室。联合家族办公室团队规模约30人左右，团队一般最多服务5～7个家族。但也有像洛克菲勒家族这种大型的联合家族办公室，员工人数接近200人。目前，国内大部分高净值家族可投资资产在500万～1亿元人民币之间，因此联合家族办公室对这些家族来说是首选。

根据其创设或服务的背景，联合家族办公室又分为三类：

第一类：单一家族办公室衍生出来的联合家族办公室。一些家族办公室刚开始由一个家族设立为单一家族办公室，其运营一段时间后，由于其良好的投资效果和完善的服务体系，或者为了减少单一家族的维护成本，予以开始向其他家族提供服务。典型的如洛克菲勒家族办公室，其一开始仅是洛克菲勒家族自己的家族办公室，后来发展成联合家族办公室。这个家族办公室下设了一个独立的营业信托公司为多家族提供投资等方面的服务，同时又下设了独立的公司帮这些家族开展慈善活动。

洛克菲勒家族办公室设在纽约洛克菲勒30号广场（30 Rockefeller Plaza）56楼，为全球第一家现代意义的家族办公室，创立于1882年。目前洛克菲勒家族办公室已经演变成一个联合家族办公室（MFO），借助其品牌及资产管理经验，为多位富豪家族提供家族办公室服务。洛克菲勒家族办公室又得益于这种“富豪联盟”规模效应，实现成本效益的大大改善。

这个家族办公室一共聘请了约200为职业经理人，整个服务的架构，如图11－1所示。

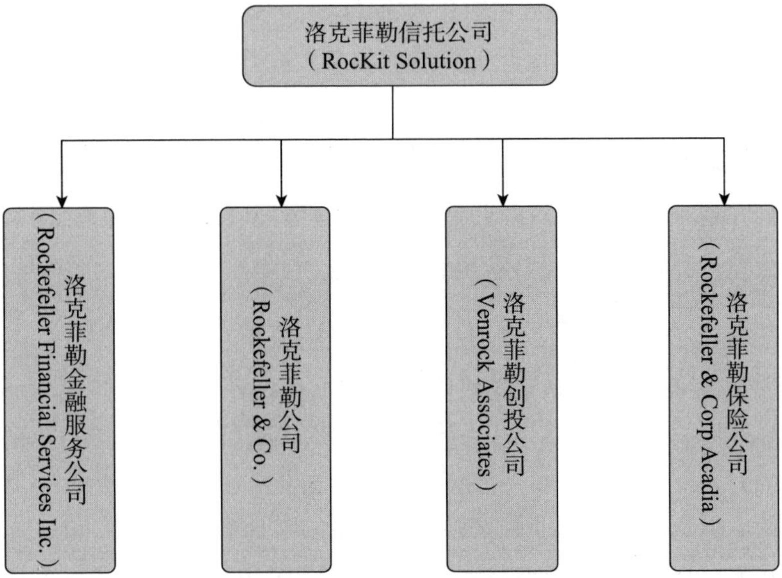

图11－1　洛克菲勒家族办公室服务架构

其中，洛克菲勒金融服务公司（Rockefeller Financial Services Inc.），为家族资产管理机构；洛克菲勒保险公司（Rockefeller & Corp Acadia）为家族成员提供风险管理服务、保险经纪服务。[①]

第二类：多个家族新设的家族办公室。这种联合家族办公室是由多个

① 吕旭明主编：《跨境财富传承与家族信托筹划实务》，法律出版社2019年版。

家族,他们可能是商业合作伙伴或很好的朋友,联合发起设立,每个家族都拥有一定的股份和表决权,并雇用一部分固定员工。后期可能还会加入更多的家族,招募更多的员工。比较知名的如 Iconiq Capital。

Iconiq 的创始人是 Divesh Makan,他与脸书(Facebook)的创始人兼首席执行官马克·扎克伯格有着密切关系。脸书大获成功后,扎克伯格以及他的许多"小伙伴"都成了 Iconiq 的客户,比如脸书的联合创始人达斯汀·莫斯科维茨和首席运营官雪莉·桑德伯格、Twitter 的联合创始人杰克·多西以及社交网络领英 LinkedIn 的联合创始人里德·霍夫曼等。

Iconiq 的运营模式是"家族办公室 + 风险投资公司",因为其高度保密性,其具体的投资信息不予公开。只有 Iconiq 的客户才能登录其官网,并且只有登录才能看到信息。据美国媒体披露,Iconiq 为客户提供全方位服务,称"除了去洗衣房收衣服"外,"从和遗产规划律师会面,到购买订婚戒指",事无巨细,无所不包。在投资方面,Iconiq 会按照资产的百分比收取费用,对股票、债券和交易所交易基金投资的收费比例最多可达 1.5%;对风险投资交易,它还会额外收取 20% ~30% 的业绩提成;另外,Iconiq 自己也会和客户一起进行投资。①

第三类:机构性家族办公室或称商业化家族办公室。机构性家族办公室主要指像银行私人银行、信托公司、第三方财富公司等为了营销客户,提供的"家族办公室"服务。有些机构会专门设立一个公司为高净值客户提供家族办公室服务,这实际上就是联合家族办公室。如果只是在常规业务过程中,并未专门设立一个实体提供家族办公室服务的情况,顶多只能算是一种给原有家族办公室提供支持的外部服务机构,而不是家族办公室本身,且这种服务本身在保密性、避免与家族的利益冲突等方面存在严重的缺陷。

中国国内目前蓬勃发展的是第三类机构性家族办公室或称商业化家

① 资管小生袁吉伟:《一文看懂家族办公室!》,载知乎网,https://zhuanlan.zhihu.com/p/88185038,2021 年 3 月 21 日访问。

族办公室。主要原因在于高净值客户本来就是这些机构的客户，而随着日益增长的家族办公室服务需求，他们“快马加鞭”成立相应的专业团体，目的是财富转型和保住自己的客户。

第二节　内置式家族办公室

欧美家族往往倾向于企业资产与家族财富分离，所有权与经营权分离，因此其家族办公室一般独立于家族企业，称为“外置家族办公室”。这样的家族办公室主要负责投资及相关事务，家族企业治理一般不属于家族办公室的主要职责。而受儒家文化影响较深的东亚地区家族，像中国富豪家族①和韩国富豪家族②更倾向于“子承父业”的家族继承模式，由家族成员掌握企业经营权，进而以在家族企业内部设立“部门”的方式来同时治理企业和家族。这些“部门”虽然没有直接冠以“家族办公室”，但从成立之始就一直担负着家族办公室的职能，在管理企业及处理企业投资、金融、财务、法律、税务等工作的同时，也同时协助管理着家族的财富传承以及衣食住行。此即所谓的“内置式家族办公室”。内置式家族办公室实际上是单一家族办公室的一种形式。

内置式家族办公室有两个特点：第一，高度集权。不论是家族企业的事还是家的事都有这个“部门”及其下属的各个板块来管理。第二，家企合一。家族的财产和企业的财产发生混同，家族成员的开支与企业的费用发生混同，两边的财务和税务的处理都由同一群人处理。韩国三星集团的

① 在清华大学五道口金融学院家族办公室课题组调研中，调研人员通过与多位企业家探讨家族办公室的战略规划和实施方案发现：很多中国单一家族办公室发展的早期形态是控股家族在集团公司（控股公司）或者旗舰企业中设置的战略投资部（或战略发展部等其他名称），或者在集团之下设立投资公司，用以进行公司非主营业务领域的投资（股权投资、房地产投资，或者以私人银行、信托公司等金融机构为交易对手的金融资产投资），由首席财务官或财务团队、董事长信赖的助理或者家族二代来领衔。

② 例如，三星集团、乐金（LG）、现代、SK 等韩国家族企业都采用内置式家族办公室模式。

家族办公室就是典型的内置式家族办公室。

总部位于首尔的三星集团是一家家族企业，于1938年创办，目前的实际控制人是创始人的三子李健熙的独子李在镕。三星集团除了超越苹果成为手机产业霸主之外，其旗下子公司业务涉及各个领域，无论是电子、机械、化工、军事，又或是纺织、金融、服务等行业。

三星集团秘书室自20世纪50年代建立起来，经过多次重组和更名，职能也经过从最初参谋组织，到权力无限放大，再到适当收缩的过程。目前三星集团秘书室更名为“战略企划室”，李健熙曾定位其为：“由室掌权，子公司掌财”，即意味着秘书室掌控人事任免实权，子公司掌控财务和投资决策。秘书室同时担任着李氏家族大管家的角色，帮助家族凝聚权力，并集中管理分布在世界各地的子公司，并协调企业和家族之间的利益。无家族办公室之名、行家族办公室之实的三星集团秘书室，对集团的集权管理和家族治理发挥了决定性作用。

三星集团秘书室的主要职能包括两大类：

第一类：企业管理与治理

负责整个三星集团的情报收集与企划、金融资源分配、决策管理、人事安排和经营诊断，具体包括：

（1）情报收集与分析。世界各地的三星职员收集情报，通过集团内网汇总到秘书室，经分析处理后向室长、会长及相关子公司汇报。

（2）金融财务资源分配。三星集团的所有投资，一般由会长提出战略方向，但具体资源分配、流向各部门和子公司的额度则由财务组决定。财务组也对集团内部资金流进行调度。外部资金募集也由秘书室统一安排。

（3）统一决策管理。三星集团子公司的总经理决策都在“室”的指导下进行。“室”为子公司拟定称为“管理基准”的严格损益基准，子公司必须严格实施。

（4）法务与游说。秘书室时刻注意着政治、媒体和检查单位的动向和人员变动。法务组除日常法务工作之外，负责对司法机构等进行游说。

（5）人力资源分配。秘书室在人力资源上有着双重功能。对内，人事组掌控着集团内部所有子公司部长级(M2)的人事任免、薪资奖金,另外成立人事档案。对外,人事组广泛招聘社会精英,科长以上的岗位招聘均由秘书室和会长决定。

第二类:家族的治理与服务

(1)礼宾护卫。“室”的秘书组对会长提供基本的秘书功能,包括礼宾和警卫。

(2)通信交通。“室”的通讯小组和交通小组随时待命。

(3)住宅、健康、艺术品管理。负责管理家族住所、成立家族健康组织以及艺术品和藏品管理等。

(4)家族传承与税务筹划。秘书室的财务组和法务组的主要任务就是在传承的过程中,通过交叉持股的方法强化家族对企业的所有权,以及对遗产、赠与等行为进行税收筹划。

与欧美家族办公室清晰的定位不同,三星集团未实现家族资产和企业资产的完全分离,三星秘书室也并不直接管理李氏家族的私人资产,其关注的是三星集团与李氏家族整体的发展。

秘书室由于其高度集权和家企合一的特点,在 1997 年金融危机后李氏家族股权被稀释的情况下,李氏家族通过秘书室的强大权力治理企业,在业绩不佳的情况下力挽狂澜,果断进行投资。秘书室也能有效维护李氏家族的形象。同样,在亚洲金融危机后,李健熙在秘书室下设的财务组的辅助下主导了三星的改革。此外,秘书室创造有利于李氏子女继承家业的统一治理环境。

但掌握强权的三星秘书室也有诸多弊端。在企业治理上,权力的过度集中对三星集团的子公司施加了无形的压力。在没有第三方监察的状况下,经营管理缺乏透明性。过度集权的后果就是官僚主义盛行,削弱子公司的决策能力,不利于激发其主动性。更为麻烦的是,秘书室的权力过于集中,可能带来非常严重的委托代理问题,秘书室作威作福、狐假虎威。此外,公私不分,加剧家族与企业的利益冲突。身兼多职的秘书室在面临家族和企业之间的利益抉择时,更会偏向家族,从而可能不利于企业的长远发展。而由于秘书室的定位模糊，囿于有限的资源和人力，三星秘书室将主要精力都配置于企业治理，从而在实施上疏忽了家族治理，缺乏清晰的家族治理规划①。

内置式家族办公室有一定的优势，如集权主义带来的效率提高；家企合一带来给传承和“交接”带来的便利性。但正因其集权主义的特点，消减了雇员的积极性，助长了“形式主义”和经营管理的不透明性。最为关键的是，其“家企合一”的劣势给家族财富造成巨大的风险敞口，甚至成为家族成员遭受牢狱之灾的祸源。三星集团李健熙、SK 集团崔泰源及现代集团郑梦九等皆曾因类似问题被判刑。

在三星集团 27 年的掌舵生涯中，李健熙先后遭遇两次判刑，又两次被豁免。1996 年，李健熙曾因行贿被判 2 年缓刑，次年被豁免；2008 年 7 月 16 日，李健熙因涉嫌非法转让经营权和逃税而被起诉。2008 年 8 月 22 日，李健熙宣布辞职，离开自己一手打造的“三星王国”，并就集团经济丑闻对韩国国民带来的困扰道歉。次年 8 月 14 日，李健熙被首尔高等法院宣布判处有期徒刑 3 年、缓刑 5 年，另处罚金 1 亿美元。李健熙这次同样得到了特赦，在 2009 年的最后一天，李健熙获得了韩国总统李某博的特赦，名义是“以助力韩国申办 2018 年冬季奥运会”。

此外，李健熙还曾被控逃税和侵吞公司资产总价值超过 118 亿韩元（约合 1050 万美元）。其中包括以三星高管的名义将其股权资产隐藏在超过 480 个经济账户中，逃避 85 亿韩元的资本利得税；还包括在 2009～2014 年间，挪用约 33 亿韩元三星物产公司（Samsung C & T Corp.）的资金翻新其在首尔的豪宅。2019 年 12 月 27 日，韩国检方宣布暂停起诉李健熙，主要原因是其健康状况不佳。②

家族成员占用公司资金以及利用公司资产为家族使用等情况，或者家

---

① 高皓、刘中兴、叶嘉伟：《重权在握的三星集团秘书室：内置式家族办公室典范》，载新浪网，http://finance.sina.com.cn/leadership/mroll/20140227/155718355024.shtml，2020 年 12 月 10 日访问。

② 佚名：《突发！三星会长李健熙去世，终年 78 岁，身家达 1156 亿，一文看懂传奇人生》，载凤凰网，https://finance.ifeng.com/c/80qxDscI1x3，2020 年 12 月 10 日访问。

族控股企业内多个关联企业之间进行不正当的关联交易等情况,这种行为实际上属于公司人格混同行为。公司人格独立是其作为法人独立承担责任的前提。如果公司在人格上丧失独立性,成为家族成员逃避债务或逃避税务责任的掩体和工具,则法律将否认其独立的法人格,责令股东为其债务或者税务责任承担连带责任。

所谓的公司法人人格混同,是指在形式上具有法人资格的公司与股东之间,或公司与公司之间,在财产、业务、人员等方面出现混同,导致公司法人丧失独立承担民事责任资格的情形。其主要表现为公司完全由其背后的股东或者公司所控制,且该种控制达到了使公司丧失独立性的程度。公司之所以具有独立的人格,是以其财产和责任上独立于其出资人为前提条件和实质内容的,并因而具有了自己独立的组织机构、名称、住所、所营事业等。因此,公司法人人格混同最为常见的表征是财产混同、组织机构混同和业务混同。①

财产混同是指公司的财产不能与该公司的股东及其他公司的财产作清楚的区分。财产混同潜伏着公司财产被隐匿、非法转移或被私吞、挪用的重大隐患,严重影响公司对外清偿债务的能力。通常情况下,财产混同表现为以下几个方面:公司营业场所、主要设备与其股东的或其他公司的办公设施完全同一。公司没有独立的账簿及盈亏状况无记录或者记录不实。公司的盈利与股东的收益之间没有区别,公司的盈利可以随意转化为公司股东的个人财产,或者转化为另一个公司的财产,而公司的负债则为股东的债务等。

组织机构混同是指公司的股东、董事、经理、负责人与其他公司的同类人员相混同。公司作为拟制的法律主体,其意志是通过公司的股东、董事、经理表达出来的,如果公司的上述人员与其他公司的同类人员完全相同,则很难保证公司能形成独立的完全基于本公司利益而产生的意志,独立承

① 徐寒军:《试述强制执行中关联公司财产混同的认定与执行》,载中国法院网,https://www.chinacourt.org/article/detail/2013/12/id/1160318.shtml,2021年3月1日访问。

担责任的基础也就不复存在。组织机构的混同主要表现在:公司之间董事相互兼任,经理及公司高级管理人员统一调配和任命。公司与股东或两个不同实体的董事、经理完全一致,甚至雇员也完全一致,即通常所说的"一套人马,两块牌子"。

业务混同是指公司与股东或者其他公司之间的经营业务、经营行为、交易方式等持续混同。业务混同主要表现在:公司与股东或不同公司之间从事相同的业务活动,公司所从事的具体交易行为不单独进行,而是受同一控制股东或同一董事会指挥、支配。股东或其他公司任意干预公司的具体活动,将自己的意志说成是公司的意志,使公司失去了经营自主权和独立人格。

根据中国相关法律规定,上述公司人格混同的情况,将造成如下严重的法律风险:(1)遭到其他股东、债权人、银行、员工等第三方追诉的风险。上述公司人格混同行为,侵害了其他股东等第三方利益。即违反了《公司法》等相关法律规定①,也违反了家族企业股东之间的协议、与银行及其他债权人的协议等。因此,很容易遭受利益受损方的追诉。(2)遭到税务等机关的处罚。将家族开支列入企业的费用进行税前扣除或者企业之间通过不公允的关联交易节省税费等行为,属于偷逃税行为,需要依法承担行政责任和民事责任。

第三节 虚拟家族办公室

虚拟家族办公室(VFOs)实际上是由家族成员(及其雇用的一小部分固定员工),为了管理家族金融业务和非金融业务,通过统一规划、设立并

① 《公司法》第20条规定,公司股东应当遵守法律、行政法规和公司章程,依法行使股东权利,不得滥用股东权利损害公司或者其他股东的利益;不得滥用公司法人独立地位和股东有限责任损害公司债权人的利益。公司股东滥用股东权利给公司或者其他股东造成损失的,应当依法承担赔偿责任。公司股东滥用公司法人独立地位和股东有限责任,逃避债务,严重损害公司债权人利益的,应当对公司债务承担连带责任。

管理的多个家族控制的公司或合伙企业等（而不是单一的实体家族办公室），牵头组织并外聘相关领域的独立服务专业人士提供服务，而形成的一种家族办公室服务模式。这类的家族成员（及其雇用的一小部分固定员工）相当于是家族办公室的核心管理层和家族代表（针对外聘服务而言）。虚拟家族办公室实际上是介于联合家族办公室和单一家族办公室之间的一种家族办公室模式。其通过"家族代表"和家族控制企业的统一协调和部署，填补了联合家族办公室松散的服务之间的"缝隙"，为家族"裁剪"出符合家族的定制化服务，消除了联合家族办公室可能带来家族利益冲突；同时又通过由"家族代表"为外部独立服务专家"套上马具"为其专属服务的方式，让家族在未承担太高成本的情况下，获得了类似于单一家族办公室才会享有的"无限"和顶级的专业服务①以及统一的协同效应。

实际上，这种家族办公室已经有25年的历史，但近年来获得很多高净值家族青睐，主要原因还是在于虚拟家族办公室自身的优势。实际上，虚拟家族办公室是在联合家族办公室基础上的"改良版"，是介于联合家族办公室和单一家族办公室之间的一种"办公室"，其即保留了联合家族办公室低成本、外部资源充足等方面的优势，又借鉴了单一家族办公室定制化、私密化以及避免利益冲突等机制（这些也是联合家族办公室的劣势所在）。具体而言，虚拟家族办公室的优势体现在四个方面。

一、成本控制

如上文所述，实体家族办公室也需要考虑办公场地、员工工资、税收等多重问题。海外单一家族办公室的年均成本在150万～200万英镑。伴随着通胀等因素，这个成本还在逐年上升。但很多国家家族财富的增长速度已经落后于成本的增长速度。得益于中国改革开放后的强劲发展势头，中国高净值家族财富增长速度为全世界所惊叹，但目前财富增长速度也慢了下来，家族财富管理重点也从"创造财富"变为"守住财富"。因此，如其他国家高净值家族一样，在成本控制这一因素的考虑下，很多家族也开始考

① 实际上很多单一家族办公室同样需要"外采"很多独立的服务。

虑以虚拟家族办公室代替单一家族办公室。典型的做法，如开始与外部家族办公室合作，或开始将自己家族单一家族办公室转化为“盈利组织”，向其他家族提供服务等。

二、利益冲突考虑

单一家族办公室固然没有利益冲突的问题，因为家族办公室只向一个家族提供服务。但联合家族办公室，尤其是上文中第三类“机构性家族办公室或称商业化家族办公室”，在其以私人银行、信托公司、财富管理公司等名义提供服务时，都绕不开与家族利益冲突的弊端。不仅如此，这些联合家族办公室，在收费也不低的情况下，也很难为家族提供真正意义上的定制化的服务。这种情况下，就需要对这些弊端进行改良和升级。

三、全球税务透明化趋势的考虑

如本书第一部分所述，在《统一报告标准》带来的全球税务透明化的大背景下，原来单纯依靠设立离岸家族信托或离岸家族办公室等方式进行节税或对家族信息进行保密的做法，也需要进行改良。而且，税务信息的共享又可能给家族企业或家族成员招致反洗钱等方面的法律责任，需要通过各种工具进行风险隔离。最有效的方式，就是在家族办公室统一规划和领导的情况下，将家族资产进行合理分布和配置，在各地制定“因地制宜”的落地方案。这就需要利用虚拟家族办公室将各地的人才和需要考虑的问题进行集中、分析并统一策划。

四、税务筹划方面的考虑

除上述《统一报告标准》大背景下对家族办公室设立的影响之外，也需要考虑每一个管理实体可能给家族税务问题带来的影响和风险。虚拟家族办公室，可以有效利用其人才网络，帮助在税务管辖当地，对税务事宜进行筹划。比如，在中国，很多企业可以利用“税收洼地”的政策进行规划，并避免“秋后算账”。在美国，有些“非贸易和经营成本”（如顾问费、投资成本等）不能作为税前扣除事项，需要将一些财务公司通过“营利性”和“商业实质”等内容的包装，改良为可以税前扣除的成本。例如，很多跨国公司经常使用的“转移定价”策略，需要子公司或分支机构所在地的税务专家给予一定筹划，避免被追缴税款，甚至承担逃税法律责任。

另一方面，即使在税务管辖方面，利用虚拟家族办公室的“人才关系网”也可以很好地对其进行规划。虚拟家族办公室可以使用离岸结构，如在海外设立离岸公司等。但按照税务方面的国际公约或国与国之间的双边条约，税务管辖的认定一般以“管理机构”所在地来认定。也就是说，虽然离岸公司设在海外，但如果其实际管理机构是在国内，也需要在国内纳税，国内有税务管辖权。因此，很多时候，需要在离岸地建立一个实质的管理机构，而从实体上弱化家族办公室的统一管理。

第四节　中国家族办公室现状

据瑞银与康普顿财富公司的《2019 全球家族办公室报告》显示，全球范围内，当前有 80% 的家族办公室为单一家族办公室，其中大部分与家族业务独立；剩余 20% 为联合家族办公室。但中国情况则不然。国内目前单一家族办公室数量屈指可数（很多单一家办也都在香港、新加坡等地设立，如马云家族的蓝池资本），但联合家族办公室却百花齐放，甚至开始“野蛮生长”。

一、国内三类家族办公室

在中国，尚没有相关的法律法规对家族办公室进行明确的界定和监管。从发起人的角度看，目前服务于中国富裕家庭的家族办公室主要有如下三个形态：

第一类：富豪家族发起的家族办公室。中国富豪家族不断崛起，很多中国富豪家族开始注重家族投资活动以及未来的传承。如上文所述，很多家族也建立了“内置式家族办公室”，主要在家族企业内部设置相应的部门，统管企业及家族事务。也有设立单一家族办公室的情况，但目前主要以投资为主。而鉴于国内相关法律实践贫瘠，很多富豪家族首选临近的香港和新加坡等地设立家族办公室，比较知名的如马云、蔡崇信的家族办公室，其主要职能是对外投资。

蔡崇信于 2014 年阿里巴巴上市后，在香港与马云联合成立了蓝池资本（Blue Pool Capital），主要打理其阿里巴巴首次公开招股所带来的数十亿美元的财富。Blue Pool Capital 的管理团队人才济济，除了蔡崇信之外，还包括负责分析全球经济和市场趋势的管理合伙人 Oliver Weisberg，首席投资官 Alexander West，以及高级资产经理 Matt Starick。

可能是因为蔡崇信毕业于耶鲁大学，Blue Pool Capital 投资方式主要参考了美国的耶鲁大学基金模式运作，致力于长期投资，主要投资方向为对冲基金、医疗健康、人工智能、大数据云计算等领域。马云从 2011 年就开始在医疗健康行业进行布局，在推出阿里健康之后，对于医药 O2O 平台、健康保险、云医院平台、远程医疗平台、医学影像平台、药品零售等方向进行了全面的整合与布局。因此，Blue Pool Capital 对医疗健康行业尤为看重，截至 2018 年底所投资的所有 8 家公司中，医疗健康行业的公司就有 5 家，占比高达 62.5%。这也体现了家族办公室与家族企业的联动优势。[①]

马云家族的家族办公室的投资策略和投资方式更多的是效仿西方家族办公室或投资基金，但很多国内的富豪家族则更倾向于国内产业或资本市场，比如吴亚军家族的双湖资本、王健林家族的普思投资、何享健家族的盈峰投资以及杨国强家族的碧桂园创投等。

同国外家族办公室一样，中国富豪家族单一家族办公室的核心职能仍然是投资。并且，目前国内富豪家族还处于家族发展的第一代到第三代，仍以创造财富和打理财富为重点，从第四代开始才会更重视家族文化传承。

第二类：金融机构发起的家族办公室。如商业银行的私人银行、信托的家族信托、券商及保险公司的家族办公室等。如本书上文所述，这类家族办公室又可以分为两类：一类是“冠以”家族办公室的名义，但实际上是

① 佚名：《蓝池资本：马云巨额财富背后的“神秘大管家”》，载可来网，http://www.guba.com/column/84006.html，2020 年 12 月 13 日访问。

"私人银行"业务的升级版,并不能完全为家族提供定制化的服务,且无法消除利益冲突及保密性等问题。另一类是由金融机构(或其股东)发起的联合家族办公室,如中航信托发起设立鲲鹏家族办公室财富管理(珠海)有限公司,即鲲鹏家族办公室。

金融机构发起的家族办公室,也是目前国内家族办公室领域最为活跃的家族办公室类型。这类的家族办公室更多的还是处于营销客户的考量,是财富管理行业发展到一定阶段后必然选择。但由于受金融机构的监管、人员的归属与考核、产品的属性等方面的影响,这些联合家族办公室尚不能真正意义上摆脱"卖方利益"的冲突以及去化产品的冲动。有的机构因为缺乏基本的职业素养,甚至连基本的客户保密都做不到。另一方面,由于金融机构内部缺乏专业人才,也很难给高净值提供考虑周全的方案和服务。中航信托发起的鲲鹏家族办公室是一个不错的尝试,但其真正价值还需要经过实践的检验。

第三类:独立的私募管理机构、财富管理机构、律师事务所、会计师事务所等发起的家族办公室。这类家族办公室都属于联合家族办公室,由于这些家族办公室都是从这个平台原来业务和优势的基础上演变而来,因此带有很强的背景色彩。比如,证券私募基金发起的家族办公室更侧重帮客户做证券投资、证券股权投资基金发起的家族办公室更侧重帮客户做 PE 投资、三方财富管理公司发起的家族办公室更侧重帮客户做理财配置,而事务所发起的家族办公室更侧重为客户提供专业的法律、税务等咨询服务。有的机构也专门帮着家族"培育"家族自己的家族办公室,类似于虚拟家族办公室顾问的角色。

二、国内家族办公室急需完善的三个方面

如果将 2013 年称为国内家族办公室发展的元年,国内家族办公室目前只经历了个位数的历史发展年份。在这么短的时间内,得以为国内富裕家族提供目前水平的服务,已经实属不易。家族办公室业务本来就不是一个标准答案,全球范围的家族办公室的服务也是日新月异。但纵观国内家族办公室的服务现状,笔者认为,有三个方面需要继续完善和调整:

第一个方面:“买方顾问”盈利模式的建成。区别于美国及中国香港等地成熟的投资顾问市场,很多中国境内的家族办公室脱胎于长期以产品佣金为盈利点的“卖方机构”或财富管理公司。这类家族办公室基于自身业绩压力和产品去化要求,可能存在与客户利益冲突的情况;同时这些机构既要以“买方顾问”思维取得家族客户的信任,又要兼顾产品销售或者获取更多的服务费,导致家族办公室的服务“不伦不类”。而来源于“卖方机构”的客户在转化为“买方顾问”的家族办公室客户的过程中,也暂时接受不了单独支付“顾问费”的这一情况。这一转变还需要磨合。考虑到我国“营业信托”发展底蕴以及长期以来客户对于“牌照”的认可,监管机构是否也可以考虑从现有机构或牌照科目里重组改制一类类似于美国证券交易委员会颁发的“买方顾问牌照”,来加快这一市场的转化和认可?尚不得而知。

第二个方面:隐私和信息保护意识的加强。高净值家族十分注重隐私保护。而家族办公室的业务本身就是为每个高净值家族定制的服务内容,因此对高净值家族的个人信息了解得更为全面。虽然根据《统一报告标准》等规则的要求,作为金融机构和相应的服务机构在一定情况下需要向税务部门披露一些客户信息,但这种披露是“被动”和受保护的。但现实情况中,很多机构由于没有设立“业务隔离”,客户信息很容易被非相关主体获得,有的信息被用于作为营销筹码,这是严重背离家族办公室服务的初衷的。对于客户信息的保护意识和措施还需要进一步加强。

第三个方面:家族办公室的服务水平尚待提高和完善。目前国内大多数所谓的家族办公室都类似于一个一个的“私房菜馆”,都有几个自己的拿手菜,但成不了酒席。民间的家族办公室很多发源于原来的私募基金或资产管理机构,因此,在股权投资或资产管理等特定事务上有他的优势,但其他服务相对薄弱,当然也有人才短缺等原因的限制。而金融机构发起的家族办公室由于受限于监管及业务范围的限制(试想监管不可能让信托公司开办“移民”收费项目),以及刚起步的发展阶段,服务上也存在一定的欠缺。现有的家族办公室能给高净值家族提供“一站式”服务的寥寥无几,能提供跨境传承服务的专业人才也很稀缺。

第五节　选择适合自己的家族办公室

每个高净值家族都应当有一个自己的家族办公室作为“管家”。

根据福布斯中国与平安银行私人银行于2020年12月发布的《2020中国家族办公室白皮书》公布的调查结果,参与者对家族传承和家族管理的需求痛点集中在家族继承人、家族企业与家族财产权利界限、家族内部矛盾以及法律税务四大方面。

对于内置式家族办公室,例如,很多中国家族在集团公司(控股公司)或者旗舰企业中设置的战略投资部(或战略发展部等其他名称),或者在集团之下设立投资公司,用以进行公司非主营业务领域的投资(股权投资、房地产投资,或者以私人银行、信托公司等金融机构为交易对手的金融资产投资),由首席财务官或财务团队、董事长信赖的助理或者家族二代来领衔,这些实际上是单一家族办公室的早期版本。其在功能上和所适用阶段上还有别于其他类型的家族办公室。其更适合家族企业发展的前期和中期阶段,且主要职能实际上是利用家族的治理为企业服务,以及让企业分担家族成员的开支等职能。且如上文所述,其存在法人人格混同带来的巨大风险,因此,高净值家族应谨慎选择这一类型的家族办公室。

上文中,提及了设立单一家族办公室所需考虑的因素。对于高净值家族而言,无论你考虑设立单一家族办公室、联合家族办公室还是虚拟家族办公室,可能都不得不考虑这些因素,包括:(1)家族成员住所地、生活习惯、语言及文化;(2)家族企业所在地;(3)家族资产所在地;(4)税费及成本考虑;(5)数据及家族信息保密;(6)家族办公室雇员的招募和管理;(7)家族办公室持牌经营等监管要求;(8)家族办公室所在地的政治和法律保障以及基础设施和通信等。

但对于很多中国高净值家族来说,还需要重点注意如下两个因素:

一、家族成员海外身份

有的高净值家族“动身份不动财”，但有一些高净值家族则“既动身份又动财”。很多国内的专家都建议这类的高净值客户可以根据财产所在地来分别设立不同的家族信托或家族基金，但在做这些事情之前，都应事先打造好一个家族办公室，并由家族办公室做好统一的规划，否则这个跨境传承的“接力赛”都无法上演，“不要指望四个不同的风格的选手完成接力赛”。此外，如本书第一部分所述，如果没有事先完备的规划，还会导致家族成员可能面临税务责任、财产灭失等跨境传承的风险。

二、家族资产类型

CCCL 联盟创始人及顶峰公司的管理合伙人斯蒂芬 · 马里洛斯曾说过，所有超高净值人群都在尝试确保三件事：第一，财富在有限的波动中长期增值；第二，持续可预期的现金流收入（如分红、利息、租金、版税、资本利得等）；第三，最低的税收、费用及损失。财富所有者应当理清他们拥有什么、应该做什么及如何做，也就是要有一份自己家族财富的战略规划、资产负债表及利润表。

根据建信信托与胡润百富联合发布的《2019 中国家族财富可持续发展报告》，中国拥有亿元资产以上的超高净值家庭，其中 80% 是企业主、15% 是炒房者，还有 5% 是职业炒股人士。而有些企业主，尤其是上市公司以及地产公司的老板，将股票或房产出售后，获得了大量的现金（上文提及的“cash event”）。国内高净值家族的资产情况大致上分为三类：

第一类，有企业、有资产。高净值家族既拥有自己的家族企业，又拥有需要打理的资产。像何享健家族，其既拥有美的集团这样庞大家族企业，又拥有盈峰投资这样的投资型公司。虽然，何享健家族并没有公开设立家族办公室，但考虑到其即有企业又有资产，且资产规模巨大，最优的方案是在盈峰投资的基础上发展为单一家族办公室。

第二类，有企业、无太多资产。即高净值家族几乎所有的资产都体现在家族企业中，无过多需要打理的其他资产。这种家族企业一般还处于发展过程中，是典型的“创一代”时期。因此，在这一阶段设立的家族办公室应更多地考虑家族企业的治理以及家族企业的发展，可以选择具有很强专业能力的联合家族办公室重点提供公司治理、融资、投行、税务筹划等服务。

第三类，无企业、有资产。这种主要面向上面所提及的，发生“cash event”事件后的高净值家族，或者其收入来源主要是炒房或炒股等。这种高净值家族可以根据资产规模选择单一家族办公室或联合家族办公室，来完成资产打理的核心功能。

考虑到上述因素，国内大多数高净值家族都首选在国内或邻近国家或地区所处的金融中心，设立家族办公室或接受家族办公室的服务。如北京、上海、深圳、中国香港以及新加坡等。这是一个讨巧的选择。但家族办公室设立地或接受服务地确定后，还需要结合上述因素，以及依据家族资产规模核算的可以承受的成本区间，选择适合自己的家族办公室。

但家族办公室的构架也并不是一成不变的，需要根据家族资产情况、家族传承目标、文化与价值观等内在因素，以及家族企业所处产业、家族结构、代际演化、监管环境与社会思潮等外部因素，不时地进行相应的调整。

第十二章

家族办公室的运营与管理

第一节 家族办公室的职能

概括而言,家族办公室有三类功能:第一类与财富管理相关的工作,包括投资与资产配置、(外部)投资经理或顾问选择与监督、风险管理和遗产规划;第二类与运营管理相关的工作,包括财务管理与报告、法律合规、税务等;第三类与家族事务相关工作,包括家族教育、资询顾问、家族治理等。

但家族办公室的核心职责还是投资及资产管理,很多家族将家族办公室视为私人投资办公室。其他“软职责”像家族教育、管家服务以及慈善组织等都是次要职责。根据 Raphael Amit(The Wharton School,University of Pennsylvania)、Heinrich Liechtenstein1(IESE Business School, University of Navarra Spain)、M. Julia Prats(IESE Business School, University of Navarra Spain)以及 Todd Millay & Laird P. Pendleton(CCC Alliance, LLC)联合发布的《Single Family Offices: Private Wealth Management in the Family Context》报告发布的调研结果显示,全世界范围内的超高净值家族,均将财富管理视为家

族办公室核心业务，如图 12－1 所示。

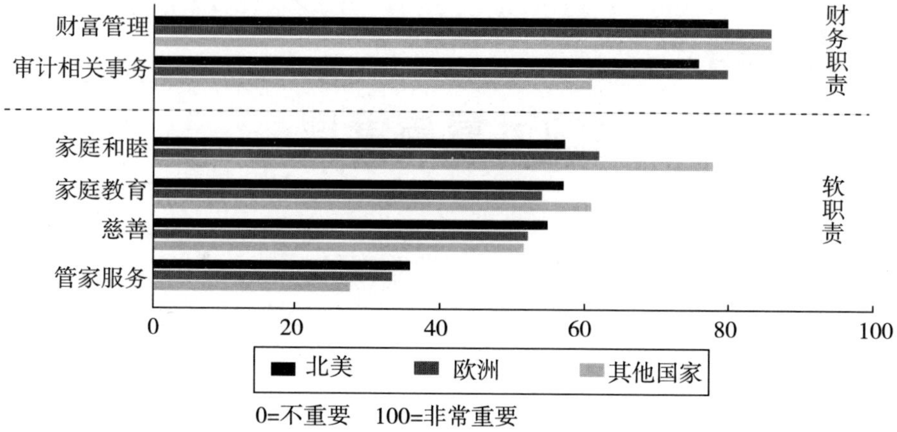

图 12－1 单一家族办公室最重要的目标

资料来源：单一家族办公室研究项目数据库 2007。

而就中国境内的高净值家族而言，根据福布斯中国与平安银行私人银行于 2020 年 12 月发布的《2020 中国家族办公室白皮书》公布的调查结果，除了专业的资产配置、财富保障、财富传承等金融类服务之外，因为疫情等影响，中国高净值家族对子女的教育规划（留学）、身份规划（移民）、健康管理（医疗）、出行规划（航空票务）等服务日益在他们心中起到雪中送炭、锦上添花的重要作用。

可以列入家族办公室服务的事项包括：

（一）投资及资产配置方面

（1）确定并列明投资目的和策略；

（2）选择适当的资产类别和投资品种；

（3）投资工具的选择（信托、基金等，考虑税筹和保密安排）；

（4）投资、追加投资、调整等决策流程；

（5）基金经理和理财顾问的选择、更换及定期评估；

（6）过程监管和报告。

（二）风险管理

（1）投资和金融风险管理；

(2)家族企业控股权和公司治理;
(3)家族成员安保;
(4)家族财产安保;
(5)家族成员和财产保险规划;
(6)家族及家族企业信誉和声誉保护;
(7)网络安全;
(8)合规及政策风险审查。

(三)家族治理

(1)家族愿景和价值,如家族宪章;
(2)家族议会机制,包括家族会议形式;
(3)家族冲突解决机制;
(4)家族日常事务处理与沟通机制。

(四)财税事宜

(1)家族成员养老计划;
(2)家族遗产规划;
(3)家族成员及企业对外融资;
(4)财税规划和退税;
(5)家族及企业现金流控制;
(6)财税政策指导。

(五)家族信托

(1)遗嘱信托及生前信托安排;
(2)特殊目的信托安排;
(3)受托人的选择;
(4)受托事项确定;
(5)信托收益分配策略(包括日常开支和教育金等特殊用途);
(6)私人信托公司的设立与维护(海外);
(7)信托事项的监管(监察人、保护人)。

(六)家族教育

(1)子女教育课程及体系设置;

(2)子女职业规划及监测;

(3)家族文化教育;

(4)子女领导力教育。

(七)家族健康

(1)家族健康体系与监测;

(2)家族起居及饮食安排;

(3)家族运动规划;

(4)家族心理咨询。

(八)慈善

(1)慈善目标;

(2)慈善形式及筹集;

(3)善款受托人选择及监督;

(4)家族成员如何参与慈善。

(九)家族生活

(1)身份规划及移民;

(2)家族房地产规划;

(3)家族生活预算与结算;

(4)家族管家及劳务;

(5)家族住所维护与管理;

(6)家族出行安排;

(7)家族账单管理;

(8)家族汽车及奢侈品管理;

(9)家族收藏及艺术品投资活动。

(十)家族企业事务

(1)公司控制权和公司治理筹划及监督;

(2)公司日常会议委托与参与;

(3)公司上市、发债、再融资、重组等投行业务参与;

(4)公司知识产权管理;

(5)公司劳动人事制度与纠纷处理;

(6)员工持股计划及激励计划;

(7)股票减持及股份转让;

(8)公司财税制度审查与监督;

(9)公司业务方面的支持。

(十一)定期工作总结与汇报

(1)日常报告及资料的整理;

(2)家庭收入与开支分析;

(3)管理预算与结果的对比以及改进方式;

(4)特别提示的风险事项及建议等。

第二节　家族办公室的治理

一、家族办公室的治理结构

如本书第二部分所述,高净值家族为了实现家族治理,一般应建立家族治理机构,包括家族大会(或家族会议)、家族理事会,作为家族权力机构。家族理事会也可以下设一些专业委员会。家族办公室则直接向这些家族权力机构或其指定其他委员会负责。家族办公室一般会建立董事会和管理层两层治理。董事会的成员除了家族成员、家族办公室的管理层之外,还可以任命一下外部独立董事,帮助家族办公室做出决策。董事会也可以下设一些专业委员会,如图 12 - 2 所示。

家族成员应当尽心参加家族办公室的决策,而一半以上的家族办公室的首席执行官也由家族成员来担任。家族成员在家族办公室的运营中,会逐渐成为更为优秀的家族财富持有人和风险管理人。

二、家族办公室雇员的雇佣

家族办公室运营都是靠家族成员和家族办公室雇员共同协作完成的。在很多时候这些雇员都代表了家族成员。例如,挑选对外投资时挑选基金管理人,或就税务问题与当地税务局沟通等。因此,虽然家族办公室员工与家族成员之间表面看是老板和雇员的关系,但其更多的是一种“信任托付”关系。因此,成为家族办公室的核心雇员,除了专业和能力之外,家族成员的信任更为关键。

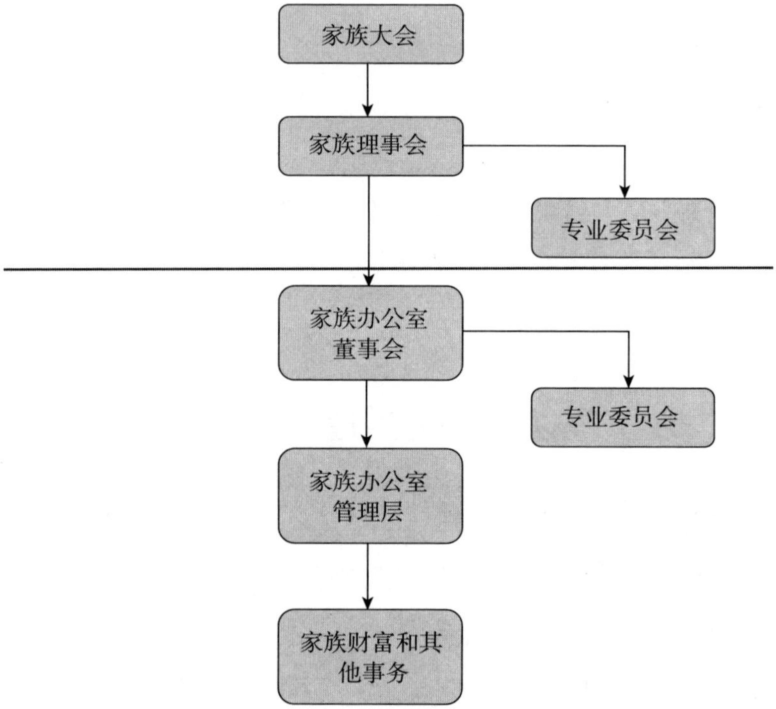

图 12-2　家族办公室架构

根据《Single Family Offices: Private Wealth Management in the Family Context》报告的调研结果,单一家族办公室一般拥有固定的雇员 10 人左右,其中负责人 1 名、投资管理专家 2 人左右,财税事宜专家 2 人左右、法律专家 1 人左右,其他家族事务服务人员 3～4 名。如果家族办公室的形式是联合家族办公室或虚拟家族办公室,选择 2～5 人的固定雇员即可。

家族办公室雇员候选人首先需要具备很强的专业经验,但并不是专业的家族办公室顾问就适合这个家族。家族成员与家族办公室雇员契合度是雇佣关系形成的最重要的一个步骤。这个契合度的测试,主要靠家族成员的“一页纸”家族办公室计划。

在考察家族办公室雇员时,负责筹备家族办公室的家族成员应事先准备好一份家族办公室的计划,一页纸足以。大致内容包含四个部分,如表12－1所示。

表12－1　家族办公室工作计划

项目	内　容
愿景	描述一下你期望的家族办公室在未来3～10年内是什么样的?比如你认为的家族办公室的实质、家族心愿以及托付内容等。
目标	列一下你希望家族办公室实现的目标。最好不要超过10个。
原则和策略	你认为家族办公室在运营中有哪些原则和策略需要遵守?最好也不要超过10个。
具体需求	眼前你认为家族办公室需要帮助解决的具体工作有哪些?比如投资事宜、融资事宜、税务事宜、子女教育、家族争议、法律诉讼等。

对家族办公室雇员的评估可以设定多个维度,比如:资产增值额、资本保值策略、与家族成员的顺畅沟通、家族事业发展、家族慈善目标达成、促进家族和睦等。

除了对家族办公室雇员的选拔和要求之外,家族成员也应了解家族办公室雇员的关切,从而保证团队的稳定性。家族办公室的员工最注重的,是良好的工作环境和稳定的工作状态。但由于家族办公室情况多变,很多时候家族办公室的工作并不是那么稳定。这些需要家族成员给予一定的保障。

此外,如本书其他章节所述,对于资产在外地又需要专人管理的,比如房地产,可以在当地雇佣相应的雇员。但需要对当地的劳工制度、员工保险与福利,以及个人所得税等有所考量。

第十三章

家族办公室常用的工具

家族办公室通常是以"办公室"形式存在,需要运用很多金融工具、法律工具以及商业实体的组合与安排,在各国员工和顾问联合工作下,完成一整套的服务。家族办公室就像是一个操作室,选择并驾驭这些工具。

但家族办公室并不只是驾驭这些工具,也不是仅靠若干法律文件约束这些机构或服务人员,而是需要在家族成员、家族办公室、家族信托等工具、信托公司等机构以及律师等顾问之间建立一种超越法律关系(责任和义务关系)之外的人际交往关系(interpersonal relationships),并通过这种关系"管道"将家族治理意愿灌输到每一个终端任务中。工具就是工具。这些工具是否好用、是否能达到预期,还是靠使用这些工具的这些人。

根据福布斯中国与平安银行私人银行于2020年12月发布的《2020中国家族办公室白皮书》公布的调查结果,中国高净值家族目前会优先使用的家族财富传承工具是家族信托(53.7%)、保险计划(47.8%)和保险金信托(32.8%)。可以看出,这三类工具均为目前国内家族办公室财富传承服务的有效落地执行工具。

为了形象地介绍家族办公室可以使用的一些财富管理及

传承工具,这里先举一个例子:

郭先生(化名)家族是典型的"创一代"和"富二代"家族。郭先生早年靠煤炭生意赚了不少钱,在北京买了十余套住宅,后来价值一个多亿。郭先生趁着房价高,处理了五套,回收了几千万元人民币现金。此外,郭先生还有数千万元的金融资产。

郭先生45岁时,原配太太不幸去世,待郭先生花甲之年,与同样中年丧偶的戴女士坠入爱河。郭先生有一女,已嫁人并为郭先生生了外孙。戴女士有一子,也已经大学毕业,但尚未婚嫁。

郭先生和戴女士眼看就要走入婚姻殿堂,郭先生的女儿,也是郭先生再婚前的唯一继承人,恐郭先生婚后造成家产外流,于是张罗郭先生尽早对家产有所安排。郭先生对自己的家产分配有个一个大致想法:第一,大部分财产要留给女儿和外孙,但不想让女婿参与分配;第二,有一部分财产留给新老伴及其儿子;第三,在其在世阶段先不进行分配,但可以每月给大家一些钱作为生活开支和子女教育金。

如果郭先生想实现上述传承的目的,需要使用哪些工具呢?

涉及生前财产分配,是否可以使用婚前协议、赠与协议、家族信托、保险计划?

涉及遗产分配是否可以使用遗嘱、遗嘱信托?

涉及传承安排是否可以使用家族宪章、家族慈善信托、家族慈善基金会?

相信读完这一章的内容,您会清楚地回答这些问题。

第一节　家族信托

本节所称的"家族信托"并不是法律概念上的家族信托,只是为了突出家族对该信托的运用的一个简称。有关家族信托的详细介绍详见本书第四部分。

一、信托制度的演变

信托作为“托付”的制度在西方已经有千年以上的历史。最远可以追溯到中世纪的针对地中海东岸的战争。当时罗马天主教教皇发动了宗教战争,要求封建教主和骑士对异教徒进行抵抗,他们需要远征,生死未知,就将财产托付给教会或朋友来管理,并照料家人。而在中国,据传在南北朝战乱时期,佛教寺庙成为躲避战火的庇护所,很多富人也是将财物交给僧人保管。而唐朝鼎盛时期,还出现了“僦柜”,类似于帮人保管贵重物品的机构。也就是说,信托本身就是基于一种“托付”制度产生的,是一种民事法律关系,而不是金融产品。

近代信托制度发源于英国的土地用益物权,既英国人为了规避严苛的土地处分带来的税赋和限制,创造出一个独立于原来所有权之外的“为他人利益管理财产所需的所有权”。很多英属或周边离岸地(像英属维京群岛、泽西岛、根西岛等)也开始效仿建立信托制度。

基于英国的信托原理,美国一开始主要是通过律师等个人承办高净值家族的遗嘱等事务。后来在 1822 年,开始准许保险公司经营信托业务,直至 1853 年开立了首家信托公司,并在 2004 年开始逐步制定成文信托法律,形成《综艺信托法典》。美国这种商业信托的管理以及法典化的立法,也逐渐被亚洲国家所借鉴,相继传入日本、韩国、新加坡、中国香港、中国台北等地。其在民事、商事以及公益等社会经济多个领域发挥作用。信托已经成为一种国际通行的财富管理制度,像具有区际效力的《欧洲信托法原则》,以及具有国际效力的《关于信托的法律适用及其承认的公约》等。

近代中国信托的发展,起源于清末民初上海租界的土地信托制度。到了 1920 年左右,信托公司开始纷纷设立,但主要办理交易所股票的买卖以及质押。后来,银行也开始设立信托部,但其业务主要是代理买卖证券和房地产。在新中国成立之前,信托业仍然游离于信托本原业务之外。新中国成立初期,信托业曾经尝试过“专营”和“兼营”并行的模式,但在当时的计划经济体制下逐渐收缩并停办。1978 年底,中共十一届三中全会开启了改革开放的序幕,次年“信托公司”以政策工具亮相并肩负着融资和引资重任。直至1996年,国家才将信托法的起草提上日程,并于2001年通过了《信托法》,开启了营业信托发展的新篇章。但中国的信托自始至终都是国家金融政策调整或实施工具,正如《信托法》起草组组长王连洲王老所言,“每当国家经济发展过冷、需要刺激加温的时候,信托投资机构往往受到关顾,从而享受到比较宽松的生存环境;每当国家经济发展过热、需要调整降温的时候,信托业就往往首当其冲,受到清理整治,其生存环境就变得十分严峻”。这也就是为什么中国的信托更多是金融属性,而其民事信托的工具作用和家族信托的传承作用并没有发挥。直至2013年开始,以大型商业银行和信托公司为首的金融机构才开始涉足家族信托等业务。而直至2018年银保监会以部门监管令的形式发布了《关于加强规范资产管理业务过渡期内信托监管工作的通知》(信托函〔2018〕37号,以下简称《信托监管通知》,业界简称为“37号文”),对家族信托的业务进行了明确规定:“家族信托是指信托公司接受单一个人或者家庭的委托,以家庭财富的保护、传承和管理为主要信托目的,提供财产规划、风险隔离、资产配置、子女教育、家族治理、公益(慈善)事业等定制化事务管理和金融服务的信托业务。”自此,业内才真正开始区分民事信托和商事信托,区分资金信托和服务信托。中国信托在民事和公益方面的作用将越来越明显。

二、信托在家族财富管理中的应用

(一)商事信托和民事信托

要明确信托这一工具在家族财富管理中的应用,首先需要弄清楚信托的分类和概念。根据受托人是否为持有金融牌照的营利性信托公司,信托首先分为民事信托和商事信托。在海外很多地方可以设立私人信托公司(详见本书第四部分),私人信托公司(一般没有金融牌照)所服务的信托一般也为民事信托。但中国境内不能设立私人信托公司,全国只有68家持有金融牌照的信托公司,因此,简单而言,作为金融机构的信托公司提供的信托服务就是商事信托,不是信托公司提供的都是民事信托。

(二)资金信托和服务信托

根据信托设立的目的,信托又可以分为资金信托和服务信托。资金信托主要是利用高净值客户委托的资金进行投资和融资;而服务信托主要是帮助高净值客户完成特定的目的所设立的信托,如实现家族财富传承所设立的家族信托、开展慈善活动所设立的慈善信托等。之前高净值家族接触最多的商事信托是集合资金信托,这类信托的设立主要是为了向符合条件的投资人募集资金,开展投融资活动,即通常所称的"信托产品"。对于高净值家族而言,集合资金信托是近十余年来固定收益领域必不可少的"理财"产品。但近两年来,有很多信托公司开展了"资产配置型资金信托",有的信托公司将其称之为基金中的信托(Trust of Funds,TOF)产品(类似于基金中的基金)或家族基金化产品,其本质是从资产配置的角度出发,将高净值客户委托的资金投向多个金融产品(但实践中很多信托公司都优先投资自己的产品)。

虽然法律没有明确禁止个人接受资金委托的信托,但中国内地实践中很少有个人接受资金委托的案例,能查到公开案例如山东烟台法院裁决的"案号为(2013)烟民申字第235号"的案例。主要原因在于,个人接受资金委托很可能被认定是一种商事信托行为,或者个人在接受委托后所从事的投资活动需要取得相应的资质或牌照。但以家族财富传承为目的,接受高净值家族的委托担任"受托人"的服务信托是已经被法律认可的,如遗嘱信托。相信之后以律师等专业人士,或家族亲戚朋友为"受托人"的以家族传承为目的的服务信托将会在中国社会中得到广泛应用。

(三)几类常用的信托工具

除上文提及的作为"理财"用途的资金信托之外,目前高净值家族财富管理和传承中主要利用的信托包括:

1.家族信托

结合上文提及的《信托监管通知》:家族信托一般指受托人(包括信托公司、其他机构或组织,以及个人)接受单一个人或者家庭的委托,以家庭财富的保护、传承和管理为主要信托目的,提供财产规划、风险隔离、资产配置、子女教育、家族治理、公益(慈善)事业等定制化事务管理和金融服务的信托服务。家族信托按照财产何时转移给"受托人"又分为生前信托和遗嘱信托。生前信托顾名思义就是高净值家族成员在其生前就将财产转移给信托,信托有效设立并运作;而遗嘱信托,类似于遗嘱,财产需要在人离世后才进行财产的转移,如高净值家族主要利用信托"立遗嘱",则属于遗嘱信托。

2. 遗嘱信托

遗嘱信托是指立遗嘱人于遗嘱中载明将其全部或一部分财产,在身故后,信托于受托人,使受托人依信托本旨,为遗嘱中所定受益人或其他特定目的,管理及处分信托财产。与传统的遗嘱相比,遗嘱信托具有按照委托人意愿管理和运用遗产、加强家族财产规划、避税、提供后代生活保障等优势,进而减少不必要的遗产纠纷,能够更有效地贯彻委托人的意愿和目的。遗嘱信托是一种典型的身后信托,我国《民法典》和《信托法》也承认遗嘱信托作为信托设立的方式之一。

3. 特殊目的信托

除上述两类家族信托之外,为了实现高净值家族或家族企业的特殊目的,可以设立慈善信托、保险金信托、员工福利信托、股权信托、房地产信托、税务筹划信托、离岸信托等。这些信托对于信托公司而言,都属于"服务信托",信托公司主要提供的是资产流转、资金结算、财产监督、保障、传承、分配等受托服务,为了实现家族的特定目的。而传统的资金信托主要给家族提供的是资产管理服务,包括项目筛选、资产配置以及投后跟踪管理等,主要目的是帮助家族实现资产的保值增值,获取投资收益。本部分介绍一下员工福利信托,有关家族信托及其他特殊目的信托的具体应用详见下面章节及本书第四部分。

员工福利信托主要指家族企业为了增强企业凝聚力和管理层的稳定性,以家族企业为委托人,以现金、股权为信托财产,以企业管理层和核心员工为受益人,所设定的目的信托。员工福利信托又可以分为员工持股信托和一般员工福利信托。员工持股计划强调的是其稳定性和标准性,它一般面向大部分员工,将员工的利益与公司的利益绑定,是上市公司市值管理的重要手段,对于员工而言,更像是一种"投资";而一般员工福利信托有两个特征:一个是激励性。因为这部分“福利”一般都是无常或低价给予员工的,是与员工的业绩挂钩的,因此,将让员工更多关注自己的表现。另一个是与员工薪酬体系和劳动人事相关,对于员工而言,更像是一种“奖金”。

(1)员工持股信托

员工持股信托是国内外员工持股平台的重要方式。对于上市公司或拟上市公司而言,员工持股信托应用更为普遍,而对于其他非上市公司,员工持股计划可以通过信托,也可以通过设立“有限合伙企业”等方式进行。

信托财产标的员工股权激励的方式有很多,如授予期权(可先预留股权)、给予限售股、给予流通股以及授予股权权益(虚拟股权)等。但由于信托财产必须为确定的财产,一般虚拟股权不能作为信托财产。信托财产的转移可以直接将股份转移给信托,也可以先向员工“集合”资金的方式获得资金,然后再向公司购买股权或股份的方式或者在符合一定条件情况下购买(期权行权)。

股票来源可以是家族成员或家族企业转让(或大宗交易)、公司定向增发、二级市场购买等。购买资金可以来源于公司借款、员工工资、员工自筹、融资融券等多种途径。员工持股计划资金来源方面,上市公司或家族企业有时会给予增信以方便融资。员工持股计划项下信托公司对外直接持股,但该股份对应的表决权一般由家族成员或上市公司管理人员控制的“委员会”持有。员工对于股份的“申购”和“赎回”,实际上也是通过按照“员工持股管理办法”规定的价格和程序所进行的信托受益权的“流转”来实现的。

如果境内公司拟以“红筹架构”在海外上市,则员工持股信托一般在上市前通过海外的信托公司设立(“离岸信托”),信托项下可以设立一个保护人或顾问委员会,负责确定受益人范围(行权条件)、信托财产的管理与分配等。为了符合海外上市规则,信托可能不直接持有拟上市公司或上市公司的股权、期权或股票,而是先在信托项下先设立一个特殊目的公司(Specal - Purpose - Vehicle, SPV),再进行持股。如果员工持股计划的参与员工属于境内居民，则需要按照法律规定办理返程投资的外汇登记。一般由境内主体统一办理。但有的家族企业则在海外设立员工持股计划后，先通过海外融资解决员工持股资金问题，等企业上市后再以其他方式办理补登记。

上述在股权转让给信托、信托出售股份以及信托向员工分配收益等环节可能涉及所得税、契税和增值税等，应当在信托项下进行合理的税收规划。

(2)一般员工福利信托

一般员工福利信托主要针对信托财产为非股权的情况。这类信托实际上是家族企业通过信托设立了一个“奖金池”，对符合一定业绩要求的员工进行补贴。信托通过对信托财产的管理，以及税务上的筹划，使“奖金池”得以存续得更久。信托公司主要提供的服务包括账户管理、税务筹划、资产配置等。

第二节　家族契约

在家族财富管理和传承的过程中，家族成员会在律师等专业人士的指导下起草一些法律文件，包括家族宪章、遗嘱、婚姻协议、赠与协议等，作为家族治理、财产分割、继承等事项的依据。在可以由家族成员设立民事信托的国家，信托本身也是这样的法律文件。虽然有些法律文件是单方的，但为方便介绍，笔者统一将这些文件称为“家族契约”。

家族宪章是一个家族的宪法，其记录了家族成员需要遵守的基本规则以及违反情况下可能遭受的处罚或责任。为了彰显家族宪章对家族成员的约束力，很多家族宪章都需要家族成员签字或者向家族成员宣示。家族宪章详见本书第二部分的讲解。本节主要介绍遗嘱（包括遗嘱信托）、婚姻协议以及赠与协议。

一、遗嘱和遗嘱信托

(一)什么样的遗嘱才有效?

遗嘱是立遗嘱人生前在法律允许的范围内,按照法律规定的方式对其遗产或其他事务所作的个人处分,并于遗嘱人死亡时发生效力的法律文件。家族长辈往往希望通过遗嘱对身后事的处分来避免继承纠纷。遗嘱具有四个特征:

第一,遗嘱是单方法律行为,遗嘱人自己签字就可以设立。也正因如此,遗嘱可以由遗嘱人在生前随时自己修改。这充分体现了法律对遗嘱人个人意愿的尊重。但遗嘱人也不能完全随意处分遗产,法律规定了两个限制:其一,对于“缺乏劳动能力”又“没有生活来源”的法定继承人,[①]应当保留一定的遗产。这种法定的强制性保留,优先适用于第一顺序继承人。没有第一顺序继承人的,才适用第二顺序继承人。其二,遗产需要先承担遗嘱人的债务、税务等才能被继承。

第二,遗嘱必须体现遗嘱人自己的真实意愿,不能全权委托他人。就如同不能让别人代替你去办理结婚手续一样,但可以由他人“代书”。但“代书”的情况下,必须有人做见证(详见下文)。

第三,遗嘱是遗嘱人身故后才能生效的法律文件。遗嘱人可以生前设立遗嘱,但设立后不能立马生效,需要等身故后才能生效,在生效前,遗嘱人可以根据自己意愿更改遗嘱,哪怕是公证了的遗嘱。[②] 但并不是说遗嘱在遗嘱人身故后就立马生效。如果遗嘱人在遗嘱中规定了“延后”的生效

---

① 法律规定了两个具有先后顺序的法定继承人范围:第一顺序是配偶、子女和父母;第二顺序是兄弟姐妹、祖父母和外祖父母。子女包括婚生子女、非婚生子女、养子女、有抚养关系的继子女等;父母包括生父母、养父母以及由抚养关系的继父母;兄弟姐妹包括亲生的,同父异母、同母异父的,以及养兄弟姐妹和有抚养关系的继兄弟姐妹等。被继承人的子女先于被继承人死亡的(“白发人送黑发人”),遗嘱人的孙子女、外孙子女可以代位继承,成为第一顺序继承人。被继承人的兄弟姐妹先于被继承人死亡的,遗嘱人的侄子、侄女、外甥、外甥女可以代位继承,成为第二顺序继承人。丧偶妻子对公婆、丧偶女婿对岳父母尽到主要赡养义务的,也是第一顺序继承人。

② 原来法律规定公证遗嘱不能由遗嘱人自行更改,也就是说,如果有份公证遗嘱,其他遗嘱很难取代其效力,除非去再次办理公证。但如果遗嘱人想更改,但已经不能或不方便去公证处办理公证了怎么办(如遗嘱被子女藏起来了或自己生病了)?所以,《民法典》从尊重遗嘱人个人意愿为原则,取消了公证遗嘱的优先效力。遗嘱人生前可以自己另行制定遗嘱,取代公证遗嘱。

条件或时间，也要遵从。实际上遗嘱信托就是一种"延后"处分遗产的方式。

第四，遗嘱必须符合法律规定的"形式要件"。以中国为例，根据中国《民法典》，被法律认可的六种遗嘱形式包括：自书遗嘱、公证遗嘱、代书遗嘱、打印遗嘱、录音录像遗嘱以及口头遗嘱。代书遗嘱、打印遗嘱、录音录像遗嘱，均需要两名以上的"无利害关系"见证人[①]在场，并需要见证人在代书遗嘱、打印遗嘱上签名，注明年、月、日[②]；在录音录像中，记录姓名或者肖像以及年、月、日。口头遗嘱只适用于"危机情况下"，且也需要两名"无利害关系"见证人见证（凭记忆记录），待危机情况消除后，立马采用别的遗嘱形式取代口头遗嘱。

除上述条件之外，根据《民法典》的规定，在中国起草一份遗嘱还需要满足如下条件：

1.遗嘱人必须具有完全民事行为能力

立遗嘱的人必须具备完全民事行为能力，限制行为能力人和无民事行为能力人不具有立遗嘱能力，不能设立遗嘱。这是为了确保遗嘱内容确实是立遗嘱人的真实意思表示，而不是利益相关人假借立遗嘱人之手做出对自己有利的遗产处分。在现实生活中，很多老年人随着年龄的增大，特别是患有老年痴呆等疾病的时候，会出现智力减退的情况。实践中，如果确有明确的医疗诊断结果，证明老年人在立遗嘱时已经患有相应的病症，不具备正常的辨识力，不是完全民事行为能力人，那么法院对于这种遗嘱的效力是不能认定的。因此，老年人在订立遗嘱前一定要事先做好能力认证，或者取得全部利益相关人的认可，以避免将来可能出现的纠纷。另外，还有一些遗嘱人可能存在精神疾病，对于间歇性的精神疾病，如果医院诊断证明可以证实其立遗嘱时具有完全民事行为能力，则遗嘱有效，否则，遗

① 代书遗嘱、打印遗嘱、录音录像遗嘱以及口头遗嘱都需要两名以上的见证人见证，且这些见证人不能是继承人（或受赠人）或与继承人（或受赠人）有利害关系的人。当然，也不能是没有相应行为能力的人，如未成年、弱智、精神疾病或者聋哑人等。

② 遗嘱人立有数份遗嘱，内容相抵触的，以最后的遗嘱为准。这也是为什么要求遗嘱人订立遗嘱时，要写明年、月、日的原因。

嘱的效力也很难认定。如果遗嘱人没有相应的民事能力，即便立了遗嘱，可能最后也是按照法定继承办理。

2020 年加拿大安大略高等法院做出一个有关“自杀前遗嘱”效力的判决，[①]被继承人 Joseph Philip Joy(Jody)于 2019 年 7 月自杀前起草的一份遗嘱，试图取代其在 2016 年起草的一份遗嘱。2016 年起草遗嘱被继承人有三个人包括 Jody 的继子 Michael Jr.(来自第一任妻子 Michael)、Jody 的股东合作方 Dexter，以及其第二任妻子 Joanne。而 2019 年起草的遗嘱被继承人只有第一人妻子 Michael。根据以前的判例经验，法官要求 Michael 举证证实 Jody 在起草新遗嘱时有“遗嘱能力”(testamentary capacity)，但 Michael 提供的证据不足以让精神科专家做出 Jody 在自杀前及订立遗嘱时有这个能力。最后法官判决新的遗嘱不能有效取代原来的遗嘱。法官强调“自杀”本身不应作为遗嘱无效的理由，主要看自杀前订立遗嘱时被继承人的“遗嘱能力”(testamentary capacity)，考虑到自杀人 Jody 长时间酗酒和吸食毒品，且在立遗嘱时也酗酒和吸食毒品，因此无法判定其具有这个订立遗嘱的能力。

2. 遗嘱所处分财产(遗产)的范围必须符合法律要求

根据《民法典》第 1122 条规定：“遗产是自然人死亡时遗留的个人合法财产。根据法律规定或根据其性质不得继承的遗产，不能继承。”也就是说，第一，遗产是遗嘱人个人财产，类似于夫妻的共同财产只能处分其自己那一份；第二，遗产是合法财产，非法财产将会被追索，即使已经由继承人或受赠人持有；第三，遗产必须是法律允许继承的财产，如国家保护的文物，可能会被有偿或无偿的方式收归国有。可以作为遗产的财产类型不限，包括担保权、财产权、受益权等。

3. 符合继承人的范围

遗嘱选定的继承人应当为法定继承人，但无需像法定继承那样按照第一顺序和第二顺序排序。如果遗嘱选定的继承人不是法定继承人，将被视

① 详见 *McGrath v. Joy*(2020 ONSC 7454)案。

为是一种“遗赠”,即通过遗嘱形式将身故后的部分财产赠与给非继承人。遗赠的受赠人可以是个人,也可以是企业、单位及其他组织。

(二)避免不专业的文字表述“摧毁”遗嘱人的意愿

如上文所述,遗嘱的有效就要遵循这么多的条件,但更可怕的是,很多人认为立遗嘱只要把自己的意思表达清楚就好。但是,这个“表达”是否能被法院认可就是另一种情况了。

仍以上面郭先生的案件为例。如果郭先生打算将其现在的房子作为婚房,供其与戴女士婚后居住。但其立遗嘱时,对此房产做了如下分配:“该房产由女儿继承,由戴女士居住。”看似非常清晰的表达,将可能引发很多的纠纷:第一,是否在郭先生去世后,女儿就可以先把房产过户给自己?如果是,女儿如果之后出卖房产,如何保障戴女士的正常居住?第二,如果女儿先于戴女士去世,房产又被再继承,谁来保障戴女士的居住权;第三,如果郭先生与戴女士婚后又离婚,或者在郭先生去世后,戴女士又改嫁,这个居住权是否还给予?第四,如果戴女士之后并未实际居住,女儿可否提前撤销居住权?第五,如果该房产由戴女士和其儿子共同居住,将来戴女士去世后,其儿子不腾房怎么办?第六,如果房产过户给女儿,女儿因为债务问题被执行了房产,如何保障戴女士的居住权?等等一些问题。

因此,仅靠一段文字表述恐难真实表达遗嘱人的意愿。需要专业人士的辅助,甚至添加信托等工具同时配合使用。

(三)谨慎选择遗产管理人

遗嘱人去世后,将由遗产管理人清产核资,并向继承人进行分配。遗产管理人的职责包括:清理遗产并制作遗产清单;向继承人报告遗产情况;采取必要措施防止遗产毁损、灭失;处理被继承人的债权债务;按照遗嘱或者依照法律规定分割遗产;实施与管理遗产有关的其他必要行为等。这些内容既是遗产管理人的权利,又是遗产管理人的义务。如果遗产管理人因为故意或重大过失没有完成上述职责,导致继承人或其他利益相关方(如债权人)利益受损,遗产管理人还要承担损失赔偿责任。

虽然遗产管理人有可能由遗嘱人或继承人选定,但遗产管理人的权利是一种法定权利，受法律保护。因此，高净值客户应当选择且应当谨慎选择遗嘱管理人。根据《民法典》的规定，具体分如下几种情况：

情况一：高净值家族成员设立了遗嘱信托，则信托受托人为信托项下遗产的遗产管理人，按照遗嘱、信托文件及上述法律规定履行职责。但如果有一些财产未装入信托，则需要就未装入信托的遗产部分，另行指定遗产管理人或将财产追加至信托。

情况二：高净值家族成员在遗嘱中指定了一名或多名遗嘱执行人，则其身故后，该主体直接转变为遗产管理人。

情况三：高净值家族成员未设立遗嘱信托，也未在遗嘱中指定遗嘱执行人的，则继承人可以推选一名或多名主体为遗产管理人。

情况四：高净值家族成员未设立遗嘱信托，也未在遗嘱中指定遗嘱执行人的，继承人未推选或不愿意推选遗产管理人的，继承人都是遗产管理人，共同履行上述职责。

情况五：高净值家族成员未设立遗嘱信托，也未在遗嘱中指定遗嘱执行人的，没有继承人或继承人放弃继承的，则由遗嘱人生前所在地民政部门或村委会担任遗产管理人。这是具有中国特色的规定，其他国家在这种情况下，一般需要法院指定。

情况六：对于遗产管理人的确有争议的，相关利害关系人可以向法院申请指定遗产管理人。“确有争议”一般包括：利害关系人不认可遗嘱中选定的遗嘱执行人的真实性和有效性；对继承人的范围有争议，导致无法推选继承管理人；继承人不认可共同担任遗产管理人等。[①]

在国内外遗嘱执行实践中，无论是遗嘱人指定遗嘱执行人、继承人推选遗产管理人，还是法院指定遗产管理人，具有相应工作经验的律师都应当是首选。

中国国内在《民法典》确定遗产管理人制度之前，聘请律师处理遗产

---

① 最高人民法院民法典贯彻实施工作领导小组主编：《中华人民共和国民法典婚姻家庭编继承编理解与适用》，人民法院出版社2020年版，第624页。

继承事宜的情况并不少见。没有独立的遗产管理人资质前,很多律师都是依据法律赋予的律师权利开展相关工作。但律师在履职过程中,无论是到银行、房管局等调查被继承人名下财产,还是到司法部门调查被继承人债权债务情况,每一项都需由继承人进行授权委托,相关部门还要对继承人身份进行认定,程序很复杂,最终还有可能不认可对律师的授权。

2021 年初,深圳市律师协会率先组织数百名律师,进行培训和考核,并建立"遗产管理人"律师库。深圳公证处也公布了一批律师事务所推荐名录,即业内所谓的"遗产管理人资质"。有了这个资质后,是否相关部门能认可遗产管理人的法定权限还不得而知。

(四)遗嘱信托

遗嘱信托就是立遗嘱人在生前立有遗嘱,并选定一个受托人,由受托人在立遗嘱人身故后将遗产转移至信托,受托人根据立遗嘱人(也是委托人)的意愿管理财产并向受益人分配收益的行为。

1. 遗嘱和遗嘱信托有何区别?

遗嘱信托实际上是发挥了"遗嘱"和"信托"的双重法律工具的功能,让遗嘱人既能按照其意愿设立遗嘱(远离法定继承带来的对其意愿的违背),并能借助信托工具的优势,实现对遗产的合理管理、投资、分配以及传承。

遗嘱信托是家族信托的一种类型,在西方被称为"坟墓里伸出来的手",信托的委托人可以通过遗嘱信托的方式在其去世后仍然按照其生前意愿操控其财产。设立有效的遗嘱信托,既要遵守遗嘱方面的法律规定,也要遵守信托方面的法律规定。在遗嘱信托中,除了应当记载法律对于遗嘱内容要求的事项外,还必须记载信托法规定的法定事项。如果信托财产不予明确的指定,或者受益人不确定或不清楚等,都会导致信托无效。

在遗嘱信托中,存在三方当事人:一是委托人,也就是立遗嘱人(被继承人);二是受托人,也就是遗嘱执行人;三是受益人,可以是法定继承人中的一人、数人或者全部,也可以为法定继承人以外的人。

遗嘱信托应采用书面形式,因此,上述代书遗嘱、录音录像遗嘱、打印遗嘱以及口头遗嘱等不适用于遗嘱信托。

与一般遗嘱相比较，遗嘱信托有着如下几个优势：(1)实现财产的隔离功能。信托财产独立于委托人、受托人和受益人，因此，起到与本人其他财富隔离的作用。(2)实现财富增值与传承。信托财产可以交由专业的信托公司或资产管理机构打理。信托方式也避免了一次性分配等带来的"子女挥霍"等传承问题。(3)实现节税目标。对于开征遗产税的国家，遗嘱信托可以对遗产税进行一定的规避。遗嘱信托生效后，经过一定的认证甚至缴纳遗产税的程序，遗产变为信托财产，后代将可以以受益人身份分配信托财产和收益，而不用再去缴纳遗产税。但为了更好地规避遗产税，可以将遗嘱信托转变为生前信托。

上文提及的郭先生的案例，如果其设立了一份遗嘱，将自己名下的现金、金融资产及房产等按照一定比例分配给了自己的女儿。则除非遗嘱明确约定，财产分配过后，这些财产就成为女儿和女婿的共同财产，就不能实现其不愿让女婿参与分配的意愿，也可能不能实现其将部分财产分配给其外孙的愿望。即使遗嘱明确约定了财产分配给女儿和外孙，但如果后期因为房屋买卖等行为导致财产混同，同样财产有可能落入女婿家族。另外，如果其通过遗嘱将部分财产分配给了其继子，但继子可能认为这是"天上掉下的馅饼"，然后不加珍惜、肆意挥霍，则不能实现郭先生保其母子生活无忧的愿望。这种情况下，郭先生可以考虑设立一份遗嘱信托，将遗产交由受托人管理，遗产转移给受托人之后，则如本书其他章节所述，有风险隔离等功能，此外也避免了前述违背郭先生意愿的情况。

如郭先生设立一份遗嘱信托，就可以通过信托的约定"直接将手伸向"财产的分配，如分配给外孙以及不分配给女婿或者只让继子享有保障其生活的信托受益权，进而弥补上述单纯靠遗嘱带来的弊端。

2. 遗嘱信托受托人去世或不能履行职责时，谁来替代？

受托人可以是信托公司等机构，也可以是个人。但应具有完全民事行为能力。受托人不能履行职务时，需要重新选任的，优先适用遗嘱中的规定，也就是说优先遵循遗嘱人的意愿。但如果遗嘱人没有重新选任受托人进行规定的，则依据法律由受益人(或其监护人)选择。存在多个受益人的，利用“简单多数”原则投票决定。

二、婚姻协议

婚姻协议是基于婚姻关系而签订的夫妻间协议的统称。这类协议主要用于夫妻间财产的分配、关系的维系以及出现纠纷时的处理。

（一）婚姻的三个阶段、三类协议

婚姻协议又根据婚姻的不同阶段，分为：婚前协议，如同居协议或婚前财产分割协议；婚中协议，如忠诚协议或婚内财产分割协议；离婚协议，如离婚协议及离婚财产分割协议等。

婚前的协议，由于婚姻关系尚未建立，实践中将完全按照一般民事合同的处理原则，在不违背法律和公序良俗的情况下，主要依据双方的约定。但这里需要注意，婚前协议是对双方在“签署协议后直至结婚前”这段时间产生收入进行约定的。对于婚前一方已经获得的财产，如果不做约定（不签协议），谁的财产就是谁的。但如果是签订协议时已经是一方的收入，如果分给另一方，实际上是“赠与行为”。

在上述郭先生案例中，就郭先生和戴女士结婚时，郭先生已经获得的财产，无需签署婚前协议，但双方可以签约就“签署协议后直至结婚前”的收入进行约定。如果郭先生在婚前就想分配一部分财产给戴女士母子，也可以以赠与形式给予。

婚中协议，也是婚姻关系存续期间的协议。双方可以就婚姻存续期间财产的分割进行约定。对该等协议的认定与裁判，需要结合夫妻双方的约定以及婚姻家庭方面的约定来综合评价。例如，夫妻双方签署了“忠诚协议”，即一方情感背叛将“净身出户”等。如果没有对财产的分配进行明确约定（如房子归谁车归谁），只是一种情感约束，可能无法认定有效；而即使做了相关约定，如果“净身出户”确实责任过重，对“出轨方”显失公平，法院也会考虑进行调整。

离婚协议。协议离婚是婚姻终结的重要方式，在中国有超过50%以上的婚姻都是协议离婚。夫妻之间可以在离婚协议中约定离婚后财产的分割。中国《民法典》实施后，为了减少离婚率，让准备离婚的夫妻谨慎考虑离婚问题，法律给协议离婚增加了两个障碍：一个是增加了“离婚冷静期”；[①]另一个是正式离婚前，协议一方可以就离婚协议的内容“反悔”。因此，离婚阶段，仅靠签署一份离婚协议，可能留下隐患。如果夫妻双方对财产分割已无异议，可以效仿婚中协议，在签订离婚协议的同时，签署一份财产分割协议。最后即使离婚协议被终止，财产分割协议可以继续对双方有效。

（二）夫妻间财产分割的所有约定不一定有效

夫妻之间可以在离婚协议中约定离婚后财产的分割。即如果双方协商一致了，法律会尊重双方意愿，哪怕有一方可能“净身出户”。但夫妻之间在财产分割时，也需要考虑分割的“财产”是否还需要经过其他程序或涉及第三方的利益或同意，或者有法律上的“照顾”，尤其是涉及家族企业股权分割的。

情况一：股份或股票。股份有限公司或上市公司的股份或股票都有一定的限售期的要求。[②] 通常情况下，该等股票的过户需要去相关登记机关办理“非交易过户”手续。[③] 但如果夫妻一方对于所在公司或所在公司的

---

① 《民法典》第1077条规定：自婚姻登记机关收到离婚登记申请之日起30日内，任何一方不愿意离婚的，可以向婚姻登记机关撤回离婚登记申请。前款规定期间届满后30日内，双方应当亲自到婚姻登记机关申请发给离婚证；未申请的，视为撤回离婚登记申请。

② 《公司法》第141条规定，发起人持有的本公司股份，自公司成立之日起一年内不得转让。公司公开发行股份前已发行的股份，自公司股票在证券交易所上市交易之日起一年内不得转让。公司董事、监事、高级管理人员应当向公司申报所持有的本公司的股份及其变动情况，在任职期间每年转让的股份不得超过其所持有本公司股份总数的百分之二十五；所持本公司股份自公司股票上市交易之日起一年内不得转让。上述人员离职后半年内，不得转让其所持有的本公司股份。公司章程可以对公司董事、监事、高级管理人员转让其所持有的本公司股份作出其他限制性规定。而根据上海证券交易所、深圳证券交易所相关规定，发起人公开发行股票前已发行的股份，自发行人股票上市之日起1年内不得转让；上市公司控股股东、实际控制人自公司股票上市之日起36个月内，不得转让或者委托他人管理其直接和间接持有的首发前股份，也不得提议由上市公司回购该部分股份；科创板上市公司核心技术人员自公司股票上市之日起12个月内和离职后6个月内不得转让本公司首发前股份。

③ 根据《上市公司流通股协议转让业务办理暂行规则》的规定，在夫妻一方没有其他不转让股份承诺的情况下，上市公司股东在离婚中将其名下的属于夫妻共同财产的股票分给另一方是可行的，只是受让方在受让该股票后仍应遵守相关限售期的规定或承诺，且受让方一般会把自己持有的股权对应的表决权委托对方行使。中国证券登记结算有限责任公司发布的《证券非交易过户证券业务实施细则》规定，若因财产分割需要对登记在中国证券登记结算有限责任公司开立的证券账户中的A股股票（不含非流通股）、债券、基金（限于证券交易所场内登记的份额，下同）、权证等证券变更持有人的，目前只受理因离婚涉及的非交易过户登记申请。

投资人有特殊限售的承诺，则在夫妻财产分割时，还需要征得公司或投资人的同意。

情况二：有限责任公司的股权。当股权在夫妻一方名下，另一方不是公司股东时，即使双方协商一致分割股权，也需要获得其他股东至少过半数同意（公司章程有特殊规定的从其规定），且其他股东需要放弃优先购买权。其他股东不同意，或者不放弃并收购了股权的，则夫妻之间只能分配股权转让所得，或者由夫妻一方给予另一方一定的补偿。

情况三：合伙企业的份额。如果夫妻一方持有的是合伙企业份额，如PE投资项下的有限合伙份额或员工持股平台上的合伙份额，夫妻之间若分配合伙份额，需要按照合伙企业“合伙协议”的要求征得其他合伙人同意。其他合伙人不同意或予以购买的，夫妻之间的合伙份额处分的收益，或者由夫妻一方给予另一方一定的补偿。有些合伙人身份恐是很难转让的，如普通合伙人（General Partner，GP）。

情况四：房产。夫妻之间除了就房产分割需要达成一致之外，如果房产之上有债权或担保的，可能还需要获得债权人的同意。

情况五：抚养费。虽然双方在离婚协议中对子女的抚养以及抚养费有约定，但如果这些不足以支付子女成年前的花费，如大学的学费等，则作为子女的监护人的夫妻一方，仍有代替子女向另一方主张追加抚养费的权利。此外，如果离婚协议中约定了抚养费问题以及未如期支付情况下的违约金问题，但负有给付责任的一方没有及时履行，则另一方可以依据离婚协议主张这笔违约金。这也是法律少有的在家庭协议方面给予违约责任的支持。

（三）如何避开夫妻共同债务

上述婚姻协议中，关于财产份额的约定实际上是夫妻之间内部的约定，除上文提及的限制，以及有违法内容或需要法官调整的内容之外，对夫妻内部具有约束力（所谓的“对内效力”）。但夫妻一方或双方在生活、工作以及企业经营过程中，经常需要举债。在日本及我国台湾地区有夫妻财产登记制度，债权人可以有更多的渠道获知夫妻间财产的分割约定。但在中国没有这样的登记制度,通常情况下上述协议约定不会对债权人直接产生效力(所谓的"对外效力")。对"夫妻共同债务"的认定,需要区分不同情况:

第一,婚姻协议,债权人知道的,夫妻一方所负债务只以自己的财产清偿。债权人是否"知道"主要是主张不承担债务责任的夫妻一方去举证。债权人"知道"可能发生在两种情况下:一种情况是债权人本身就是夫妻的亲朋,甚至是夫妻间婚姻协议的"见证人";另一种情况是夫妻一方在举债时明确告知债权人这是个人债务,夫妻间有财产分割协议。

第二,婚姻协议,夫妻没有证据证实债权人知道的,视为债权人不知道,则夫妻应当以夫妻共同财产对夫妻共同债务承担责任,婚姻协议的财产分割不直接对第三方产生效力。

第三,夫妻财产已经分割的或者夫妻共同财产不足以清偿夫妻共同债务的,双方应在离婚协议中明确约定后续债务清偿份额。但如果这属于夫妻共同债务,这种约定不直接对债权人发生效力,夫妻之间仍需要对债权人承担连带责任。承担过多债务的夫妻一方,可以向另一方追偿。

对于上述第二项、第三项涉及的"夫妻共同债务"的认定问题,如本书第一部分所述,分为如下三种情况:

第一种情况:有共同意思表示,是共同债务。即夫妻一方的举债不管是用于什么用途(生活需要、企业经营需要甚至个人挥霍等),如果双方"共签"举债协议或者一方签署后另一方"追认",[①]则为夫妻共同债务。

第二种情况:共同日常生活所需,是共同债务。即虽然举债是一方进行的,但借来的钱用于夫妻共同日常生活所需,如购车、购房、孩子学费等,则可以直接认定为是夫妻共同债务,不需要债权人提供借据之外的其他证据。这里需要达到"共同"以及"日常生活"的标准,如果一方举债不是用于共同生活(而是个人挥霍或用于跟父母或其他人生活),或者很明显借

① 这种"追认"也需要债权人能够证实,追认的方式如签字、微信或电邮确认、录音等方式证实的口头确认等。

款不是用于"日常生活"而是非日常所需的单笔大额消费、赌博等,则不属于共同债务,除非债权人证明有上面的夫妻"共同意思表示"。

第三种情况:共同生产经营,是共同债务。这种情况因为是明显超过"共同日常生活所需",因此需要债权人能够证明夫妻双方都参与了家族企业的经营或者有上面"共同意思表示"。证明夫妻双方共同参与经营的核心在于:夫妻双方是否在家族企业持股、任职和工作,夫妻双方是否参与了家族企业重大事项决策等。

对于高净值家庭和家族企业而言,夫妻共同债务这一制度的关注点主要在于上述第三种情况,即不主管家族企业事务的夫妻一方,如何避免被认定为参与了"共同生产经营"而需要对另一方甚至整个家族企业的债务承担责任。

在本书第二部分提及的小马奔腾案例中,虽然李某的妻子之前在李某签署"对赌协议"时没有明确表示同意,但因为她在李某去世后一段时间掌控了公司并参与了一些决策,法院同样还是认定"对赌协议"项下债务为夫妻共同债务,可以看出对于高净值家庭,法院对于"共同生产经营"的举证要求并不是那么严格。这也给高净值家庭提了个醒,尽量做好夫妻共同债务的隔离。

(四)夫妻一方有海外身份如何处理?

考虑到婚姻双方可能拥有不同的国籍或身份,对于离婚协议,法律允许当事人可以协议选择一方经常居所地法律、国籍国法律,也就是说,上述《民法典》的有关规定,如果夫妻一方或双方不想予以遵守,可以靠双方自由选择的方式予以"绕开"。对于婚姻期间和离婚时的财产分割协议,除了可以选择一方经常居所地法律、国籍国法律之外,还可以选择者主要财产所在地法律。起诉离婚的,可以直接适用法院地法律。

三、赠与合同

家族财富管理过程中,有时候也涉及一些赠与行为,包括家族成员之间的赠与、家族成员向其他亲朋的赠与、家族成员对外捐赠和慈善活动等。赠与合同由于是一个单方义务合同,只有赠与人一方给付,看似操作应该很简单,但赠与行为和赠与合同本身还有很多需要关注的地方,否则可能不会如赠与人所愿。

(一)一般赠与与慈善捐赠不同

家族成员实施的赠与行为有四种情况:第一,直接赠与给受赠人。比如爸爸把房子过户给儿子;第二,组织个活动,比如疫情期间组织家族成员和亲朋捐款捐物;第三,直接把财产捐给社会慈善组织,如红十字会;第四,家族成员用捐赠财物设立慈善信托或慈善基金会对外进行捐赠。第一种赠与属于一般赠与,后面三种赠与属于慈善捐赠。

一般捐赠一般只有两个主体:赠与人和受赠人;但慈善捐赠一般涉及三个主体:捐赠人、受赠人以及受益人。受赠人就是一些慈善组织,受益人就是需要救助的人。

慈善捐赠不仅要遵守《合同法》有关赠与合同的规定,同时也要遵守《慈善法》的相关规定。按照《合同法》,一般赠与合同,在财产交付之前,赠与人可以撤销赠与。但如果是慈善捐赠,除非赠与人出现“生活困难”①的情况,许诺了捐赠后就不能撤销。尤其在下列情形下,延迟交付捐赠财物还会被法院强制执行:捐赠人通过广播、电视、报刊、互联网等媒体公开承诺捐赠的;扶贫、济困;扶老、救孤、恤病、助残、优抚;救助自然灾害、事故灾害和公共卫生事件等突发事件造成的损害。可以向法院申请的主体包括慈善组织、慈善信托的受托人以及其他接受捐赠的组织和个人。

(二)赠与不是想怎么赠就怎么赠的

赠与是一个单方义务合同,于是很多人就理解为:我自己的财物我想怎么赠与就怎么赠与。一般情况是这样的,但在设立赠与合同中,也要考虑如下几个因素:

第一,赠与的财产之上是否有其他人的权利。例如,是否他人也对财产有共有权、他人是否对赠与财产有担保权等。如果有,还需要先处理清

① 例如,家族企业出现危机,家族成员需要承担连带责任,生活拮据。但这种生活困难又不能是赠与人故意造成或伪装的。

楚才能赠与。

第二，赠与财产的行为是否侵害了他人权益。这种情况主要发生在赠与人对受赠人无偿转移财产、放弃债权、放弃担保权、恶意延长受赠人的履行义务的时限等情况。如果赠与人本身也欠他人钱财，而他又行使前述赠与行为，这明显损害了赠与人的债权人的利益，因此这些债权人可以主张撤销赠与。

第三，赠与行为是否违反公序良俗。中国司法实践中已经出现了多个"妻子起诉，要求小三返还丈夫赠与财物"的案例，其中不乏有名人家庭。这实际上都依据了赠与行为不得违反"公序良俗"这一规定。因此，在国内利用赠与协议这一种工具向已婚人士索取"青春补偿费"具有很大的法律风险。

(三)赠与不是想撤销就可以撤销的

由于赠与是单方义务行为，通常情况下，在财产未转移前，赠与人可以撤销赠与。这是法律赋予赠与人的任意撤销权。法律同时赋予了赠与法定撤销权，当出现如下情形时，即使赠与财产已经交付了，赠与人自知道或应当知道这些情况一年内可以向法院申请撤销赠与，要求受赠人返还财产：(1)受赠人严重侵害赠与人或其近亲属的合法权益；(2)对赠与人有抚养义务而不履行；(3)不履行赠与合同约定义务。

但上述任意解除权的行使，需要受到如下情况的限制：

第一，慈善捐赠。如上文所述，慈善捐赠行为不能随意撤销。

第二，经过公证的赠与合同。经过公证的赠与合同也不能随意撤销，除非重新公证。

第三，受赠人已经履行义务的赠与。赠与合同中可以要求受赠人完成一定的义务，例如，家族成员赠与家族企业员工股份，要求员工必须在公司工作满3年等。如果股份提前过户给了员工，而员工服务期没有满就离职，家族成员可以向其主张权利；但如果员工已经服务满3年，还没有过户给员工股份，家族成员想撤销这个赠与，员工是可以主张权利的。

(四)赠与人也可能承担赔偿责任

虽然赠与人是给予的一方,但他也有一定的法律责任,有时甚至要承担赔偿责任:

第一,赠与人通常情况下对赠与物的瑕疵不承担责任。但如果赠与人明知有瑕疵却不告知受赠人,或者赠与人保证赠与物没有瑕疵,在赠与物对受赠人或受益人造成损害情况下,赠与人应当承担赔偿责任。损失的范围包括财产本身的损失、受赠人支出的费用、受赠人的人身和财产损失等。这种情况尤其在赠与物公司家族企业生产出的"产品"方面予以注意,比如赠与的家电给救助主体带来的损害等。

第二,如果附带义务的赠与合同生效后,受赠人已经履行了赠与义务,而赠与人又不继续赠与的,需要赔偿受赠人因此所发生的费用和遭受的损失等。

第三节 家族保险

保险对于任何家庭都已经不是陌生的工具。保险按照保险标的的不同,分为人身保险和财产保险。根本上都是利用风险的转移实现风险的管理和损失的补偿。作为各个家庭的标准配置,保险可以保障家庭成员生病了有钱看病、老了有养老保障、意外身亡了有赔偿金。很多保险产品可以直接带给高净值客户增值服务,例如高端医疗产品提供的高端医疗服务、高端养老保险带来的养老社区和配套服务等。

一、大额保单

近年来,随着家族财富管理业务的不断完善,"大额保单"业务蓬勃发展起来,先是很多高净值家族去香港购买大额保单,之后内地"大额保单"业务也蓬勃发展起来。目前,相对于内地的大额保单,香港大额保单有一些优势:如保单保额更高、保费更低;"免责"条款更少;分红收益也更高;香港保单融资额度更高更便捷,同时利率也低;香港法律对于保单项下财产的追讨保护更全面等。但由于香港是国际金融中心,在汇率、利率、国际金融欺诈以及司法制度方面跟内地有很大的差别或会带来更多的风险,需要高净值家族充分考量。

人身保险分为人寿保险、意外伤害保险和健康保险三类。“大额保单”是在人寿保险的基础上,提高保费,使保费额超出件均保费一定金额,进而利用保险这一工具“税务筹划、债务隔离、传承”上的优势,形成的一种保单。与其他保单的保障功能相比,其投资功能、风险隔离功能及传承功能更为明显。

(一)大额保单与家族信托功能上的区别

既然大额保单也是风险管理、税务筹划和财富传承的工具,其与家族信托有何区别?如表13-1所示。

表13-1 大额保单与家族信托的区别

项目	家族信托	大额保单	备注
法律关系	委托人与受托人之间的信托关系,财产所有权转移给信托;委托人与受益人之间是亲属关系。	投保人和保险人之间的保险关系,保险现金价值属于投保人;投保人、被保险人和受益人之间是亲属关系。	家族信托受托资产可以是各种形式,而保险传承资产只有现金。
杠杆功能	家族信托不直接具有杠杆融资功能。	缴纳的保费和主张的保险金之间具有杠杆效益,保单本身也可以进行再融资。	家族信托所投标的资产可以进行融资。
财富传承	家族信托合同“定制化”更明显,家族控制自由灵活,可以传承各种财产,甚至家族精神,也可以实现隔代传承。	保单只能靠“补充条款”增加定制化内容,而且只能接受现金;只能传承给在世的人,不能隔代传承。	这方面信托制度和保险制度存在很大的区别。
财产类型	可以接受各种类型的财产。	只能接受现金。	信托接受的财产有些还需要办理转移手续。
投资方向	信托可以将资金投向多个方面,资产配置更丰富。	保险资金的投向受到很多限制,一般投资标的比较稳健,收益也会降低。	很多国外的保险投资方向也很宽泛,实际降低了保险的保障功能。

续表

项目	家族信托	大额保单	备注
债务隔离	信托能隔离主要是因为财产所有权已经转移给信托,信托受益人获得的收益分配无需对委托人债务承担责任(但需要对自己债务承担责任)。但过多的权利保留也可能招致隔离不成功(详见本书第四部分)。	保险隔离功能主要是依靠保险关系的成立,但由于投保人可以单方撤销保险,投保人所缴纳的保费带来的保险现金价值(在保险事故发生前)一般视为投保人的财产,可能被追讨。	大额保单的债务隔离功能并不完全,详见下文。
财产分割	通过信托合同对受益人份额的约定,给子女进行分割。	通过保险受益人安排进行分割。	保险赔偿金对于受益人而言更具有专属性,信托受益权通常会设定一些限制。
合法节税	信托收益暂不缴纳个人所得税;可以规避遗产税。	保险赔偿金、保单分红(暂时)不缴纳个税;可以规避遗产税。①	信托收益和保单分红只是暂时不缴纳个税;有些国家如美国对受益人从大额保单收取的保险金也需要征收遗产税。
保密	私密性是家族信托重要的功能之一。	保险同样具有私密性,一般保险公司给付赔偿金时只通知受益人。	国内家族信托目前私密性功能还有待提升。
运营成本	设计较负债、设立门槛高(最低1000万元)、运营成本高。	相对标准化,运营成本低,设立门槛低(最低100万元)。	投保人投资100万元将来受益人可能获得几百万元的保险金。

(二)大额保单的债务隔离功能

1. 保险不能隔离投保人的债务,但能隔离被保险人和受益人的债务

家族信托中信托对于委托人交付的资产具有独立的所有权。但保险制度没有类似于前述信托制度的一样的“所有权”法律属性,保单项下的

① 我国目前尚未开征遗产税和赠与税。但在美国,赠与税和遗产税已经有上百年的历史。对于美国税务居民,他们通常会巧妙地运用法律赋予的“免税额”来降低税费;但对于非美国税务居民,在赠与税和遗产税方面免税额很少,只有几万美元,因此,对于这些没有美国税务身份但在美国又有资产的人,购买美国人寿保险是简单和有效的传承方法。将子女设为保单受益人,未来保单所产生的理赔金,子女不需要向美国国家税务局(Internal Revenue Service,IRS)缴纳所得税。身故赔付金也不会被计入遗产税之中。但如果购买的是海外保险,是否能享受这种优惠就另当别论。美国国税局对每一份人寿保单都有 Life Insurance Definitional Testing 和 Modified Endowment Contract 等测试,测试通过的才能享受免税好处。

财产仍属于投保人、被保险人和受益人。具体而言：在保险事故或分红分配发生前，保险现金价值是投保人的财产；保险事故或分红分配发生后，给付的赔偿金和剩余现金价值是被保险人和受益人的财产。因此，从制度根本上而言，保险并不能完全隔离债务，所谓的债务隔离功能也是相对的，即对于投保人的债务而言，如果保险财产已转移给被保险人或受益人，则不会被投保人的债务人追讨。但这时有可能被被保险人或受益人的债务人追讨。

目前，国内各地的高级人民法院对“寿险保单”是否可以被“强制执行”有不同的意见。浙江省高级人民法院认为寿险保单下的财产就是投保人、被保险人以及受益人的财产，因此，可以强制解除保险合同，并由保险公司协助冻结和执行。保险公司不配合的，还要遭受处罚。[①] 而广东省高级人民法院则认为，保单现金价值虽然是投保人的财产，但以投保人解除合同为前提，法院不能强制投保人解除；指定受益人且受益人不是被执行人的，法院不能执行保险金。[②] 可以看出，浙江省高级人民法院的规定较

---

① 根据浙江省高级人民法院发布的《浙江省高级人民法院关于加强和规范对被执行人拥有的人身保险产品财产利益执行的通知》（浙高法执〔2015〕8 号）：投保人购买传统型、分红型、投资连接型、万能型人身保险产品、依保单约定可获得的生存保险金或以现金方式支付的保单红利、或退保后保单的现金价值，均属于投保人、被保险人或受益人的财产权。当投保人、被保险人或受益人作为被执行人时，该财产权属于责任财产，人民法院可以执行。保险机构负有协助法院查询、冻结、处置被执行人拥有的人身保险产品财产利益的义务。各级法院应加强对被执行人拥有人身保险产品的查控，保险机构对人身保险产品财产利益的协助冻结内容，既包括不允许被执行人提取该财产利益，也包括不允许将保单约定有权获得该财产利益的权利人变更为被执行人以外的第三人，或对保单约定的红利支付方式进行变更，执行法院应在协助冻结通知书中载明要求协助的具体内容。人民法院要求保险机构协助扣划保险产品退保后可得财产利益时，一般应提供投保人签署的退保申请书，但被执行人下落不明，或者拒绝签署退保申请书的，执行法院可以向保险机构发出执行裁定书、协助执行通知书要求协助扣划保险产品退保后可得财产利益，保险机构负有协助义务。保险机构没有正当理由拒绝履行协助执行义务的，执行法院可依据《中华人民共和国民事诉讼法》第 114 条的规定对相关保险机构采取民事制裁措施。

② 广东省高级人民法院《关于执行案件法律适用疑难问题的解答意见》（2016 年 3 月 3 日）问题十和问题十一的解答：被执行人的死亡赔偿金作为赔偿义务人对被执行人近亲属的物质性补偿，不属于被执行人的遗产，不能用来偿还被执行人生前所欠债务。首先，虽然人身保险产品的现金价值是被执行人的，但关系人的生命价值，如果被执行人同意退保，法院可以执行保单的现金价值，如果不同意退保，法院不能强制被执行人退保。其次，如果人身保险有指定受益人且受益人不是被执行人，依据《保险法》第 42 条的规定，保险金不作为被执行人的财产，人民法院不能执行。再次，如果人身保险没有指定受益人或者指定的受益人为被执行人，发生保险事故后理赔的保险金可以认定为被执行人的遗产，可以用来清偿债务。

为严厉,保险合同允许被强制解除,而广东省高级人民法院则相对宽松,不强制退保。目前,最高人民法院对此问题暂时没有统一的规范。

通过上述司法解释,我们可以得知:投保人用自有财产投保,在保险事故发生之前,对于投保人、被保险人和受益人而言,并不具备所谓的"避债"功能。保险财产此时仍属于投保人,如果投保人对其他人负有债务未清偿,则将面临强制解除保险合同,将保险现金价值用于清偿债务的风险。

但因为保险制度也是一种人身依附性很强的特殊制度,一旦保险合同有效设立,对于被保险人和受益人的债务而言,仍具有一定的债务隔离功能。如我国《保险法》第23条规定,任何单位和个人不得非法干预保险人履行赔偿或给付保险金的义务,也不得限制被保险人或受益人取得保险金的权利。

上述对被保险人和受益人债务的隔离,还体现在对抗债权人的代位求偿权上。我国《合同法》第73条第1款规定:因债务人怠于行使其到期债权,对债权人造成损害的,债权人可以向人民法院请求以自己的名义代位行使债务人的债权,但该债权专属于债务人自身的除外。而这里"专属于债务人自身的债权"就包括人寿保险的赔偿请求权。

2. 让大额保单具有债务隔离功能,需要满足几个条件

若想让大额保单充分发挥其债务隔离功能,也需要从如下几个方面入手:

(1)合理指定投保人

虽然大额保险不能隔离投保人的债务,但如果从家族成员中选择负债低的家族成员作为投保人,也是一种变相进行风险隔离的方法。这需要首先投保人将保费赠与另一个家族成员,再由这个家族成员来投保。但如果投保主要是为了起到保障功能而不是投资和传承功能,则投保人和被保险人最好还是要一致。

(2)合理指定受益人

首先,必须指定受益人,因为根据相关司法解释,如果未指定受益

人，被保险人身故后，保险赔偿金将作为其遗产[①]。其继承人如果想要继承这份遗产，也需要承担其生前的债务。其次，受益人的安排也应合理。

本书第二部分提及的小马奔腾案例中，如果李某生前购买了一份大额保单，被保险人是李某，受益人是其夫人。但由于李某去世后，由于“对赌协议”对赌失败，其夫人也要对其债务承担连带责任，则即使其夫人从保险公司获得一大笔赔偿金，也要以这笔赔偿金继续向投资机构偿还债务。这份保单就没有起到债务隔离的作用。但如果李某购买保单时，将受益人写成其父母或孩子，则保单下的赔偿金就无需偿还上述“夫妻共同债务”。

（3）选择合适的保险产品

根据上述法律规定可以发现，法律只允许有很强的人身依附性和生活保障性的产品才具有隔离功能。如果一份保单更多的是投资功能，投保人可以依据这份保单获得大额的分红收益，如投连险、万能险的投资账户或分红险的分红账户，都可能被法院强制执行。

（4）投保资金来源应合法、投保目的不是为了“逃债”

跟家族信托一样，如果大额保单的投保资金来源是非法收入，或者设立大额保单的目的是在已经出现债务或债务危机的情况下逃避债务、转移资产，这些都会导致保单被撤销、财产被执行。

二、保险金信托

上文对大额保单与家族信托这两个工具在财富管理和传承上的区别进行了列举，比如，保险缺乏“定制化”，保险金或保险赔偿金一般是一次性分配，不能起到防止子女挥霍等，而信托在这方面更为突出。因此，很多国家都适用一种将两者结合的工具，称为“保险金信托”。保险金信托主要还是针对有保险需求的客户，同时又希望发挥一部分信托的

① 《最高人民法院关于保险金能否作为被保险人遗产的批复》（1988 年 3 月 24 日）规定：人身保险金能否列入被保险人的遗产，取决于被保险人是否指定了受益人。指定了受益人的，被保险人死亡后，其人身保险金应付给受益人；未指定受益人的，被保险人死亡后，其人身保险金应作为遗产处理，可以用来清偿债务或者赔偿。

功能。

保险金信托,实际上是一种保险和信托两类金融服务结合的服务产品,它以保险公司支付的保险金为信托财产,由投保人(或其他委托人)与信托公司签订保险金信托合同,当触发理赔或其他给付保险金条件时,保险公司将保险赔款或保险金交付给信托公司,由信托公司按照信托合同约定管理、投资、运用、分配这些保险金。

(一)保险金信托的优势

具体而言,相比单纯地购买保险而言,保险金信托有如下优势:

(1)强化债务隔离功能。保险不能完全隔离债务,根本原因在于保险制度并没有类似于信托制度的“所有权转移”属性,将保险公司给付的保险金转移给信托,就是对债务进行了进一步的隔离。

(2)再分配功能。如果不利用保险金设立信托,保险公司将会按照保险合同将保险金直接分配给受益人。大额保单本来是为了在被保险人离世后给予受益人生活保障,但由于它的赔付是以被保险人身故为前提的,且事故发生的越早,越早能获得大额的赔付,因此,这里存在被保险人和受益人之间的某种利益冲突,存在道德风险。此外,大额的保险金对受益人而言也可能改变其金钱观念和生活态度。正因如此,如果保险事故发生后,保险金不直接分配给受益人,而是通过信托的安排逐步分配,就可以在一定程度上避免上述问题。

(3)进一步的税务筹划。虽然保险本身具有税务筹划的功能。但在有些国家(如美国),就受益人从保险公司获得赔偿金或保险金,在其身故后作为遗产处理的,也需要缴纳遗产税。将保险金划入信托,将保单的所有权、解除权、转让权和质押融资权利等转移给信托,成立不可撤销信托,可以合理规避遗产税。

(4)理财功能。从保险公司获得的保险金,进入信托账户后,信托公司可以通过其资产配置等方式进一步让保险金增值,进而给受益人带来更多和更长久的财富分配。

(5)定制化功能。投保人(或其指定的委托人)可以在信托合同中根据自己的意愿设置划入信托的保险金具体的使用,包括投资方式、分配条件和方式、受益人的范围、更换和撤销等。这样补充了原保单缺乏的定制化功能。

(6)降低信托服务门槛。一般而言,高净值客户拟享受信托公司提供的家族信托等服务信托的服务,必须达到一定的数额,比如家族信托投资资产需达到1000万元以上,且对资金来源、家庭和个人资产总额和收入等都要有一个详尽的调查。保险金信托起始保费100万元起,且可以分几年缴纳,但保额可以达到几百万元甚至上千万元,进而可以设立保险金信托。这样变相降低了信托的服务门槛。

(二)保险金信托的设立存在一些变数

投保人与保险公司签署了大额保单合同,也由自己或其指定的委托人与信托公司签署了保险金信托合同,保险金合同成立并生效。合同的成立并生效并不代表保险金信托这一"信托"关系的成立和生效,信托的成立必须有明确的财产且转移给信托后才能成立。因此,在"签约"后直至"保险金给付"前,这段时间保险金信托并未成立。而这段时间,如出现如下情况,将可能导致最终保险金信托不能成立:

第一,投保人违约导致保险合同终止。例如,投保人不按期缴纳保险费,或者投保人不按期归还保单融资的本金和利息等,或者保险合同的其他违约终止条款,如投保人未如实告知、真实年龄与申报年龄不符以及"骗保"等,都可能导致保险合同被提前终止。保险合同终止的,保险金信托自然不能成立。

第二,投保人自行解除保险合同。虽然投保人主动购买了大额保险,但他也有可能主动撤销这份保单。依据法律和合同,他也有权单方解除。这就给保险金信托的成立增加了更多的不确定性。

第三,在投保人和被保险人不是同一人的情况下,投保人先于被保险人去世的,保险合同的现金价值就会成为投保人的遗产,面临被分割的风险。

为了解决上述保险金信托成立的风险,国外很多保险金信托项下,保险公司的很多职能转移给信托公司，以防止投保人和被保险人违约或主动撤销带给保险金信托不能成立的风险，并尽量要求投保人和被保险人为同一人，或者将投保人更换为“信托公司”，防止赋予投保人过大的权利。同时，对于上述可能归于投保人遗产的情况，可以提前做好遗嘱信托的安排。

（三）保险金信托的设立流程

信托公司对于保险金的设立，一般遵循两个方案：一个方案是委托人先出资设立信托，由信托作为投保人和受益人去购买大额保单，后期也由信托代为支付保险费，保单项下的权益都转移给信托，投保人及其指定的受益人享受信托项下的权利和收益；另一个方案是投保人先配置大额保单，然后再与信托公司签订信托合同，将大额保单项下的受益人更换为信托公司，在出现保险事故或该支付保险金时由信托公司提出请求。我国主要采取第二种方案，合同一般由高净值客户与保险公司和信托公司分别签订，也可以签订三方合同。具体设立流程为：

第一步：高净值客户选择大额保单寿险公司；

第二步：保险公司和信托公司根据高净值客户情况确立保险金信托方案；

第三步：高净值客户与寿险公司签订保单，并指定受益人；

第四步：信托完成 KYC 相关工作；委托人已婚的，应提供配偶同意函；

第五步：签订保险金信托合同，并缴纳设立费①；多张保单投保人为同一人的，可以置入一个保险金信托；

第六步：变更保单受益人为信托公司。如果被保险人与信托委托人不一致的，受益人变更需要被保险人同意。

---

① 设立费根据保费数额大小确定，保费越高收费越高，一般 1 万～3 万元/件，受益人超过 3 人的，按人头增加几千元，总设立费不超过保费的 1%；除设立费之外，保险金进入信托账户后，信托公司将收取管理费，一般也是不超过管理金额的 1%。

第四节　家族慈善

在欧美财富家族的价值观里，慈善是财富家族的重要思维方式和行为习惯，是财富的最终归宿，是家族财富得以长远传承的法宝。慈善植根于西方国家的社会自治传统，乐善好施是普遍重视的品质。当代比较有影响力的慈善家族如比尔盖茨家族、巴菲特家族以及洛克菲勒家族等。以洛克菲勒家族为例，洛克菲勒基金会不仅致力于美国的教育与医疗改革，而且曾经帮助中国建立了协和医院、协和医科大学等。投资慈善事业也使这个家族在全球范围内获得更好的社会声誉及产生更大的社会影响力。随着中国高净值人群的不断庞大和财富的不断积累，很多中国慈善事业也蒸蒸日上，比较有代表性的如蒙牛集团创始人牛根生创立的老牛基金会，这个基金会的雏形来自洛克菲勒基金会。

一、为何要从事家族慈善？

（一）寻求“福报”和回馈社会

家族慈善源于“善”义，是高净值家族发展到一定程度回报于社会的表现形式。西方国家很多高净值都信奉天主教和基督教，大多数信仰者会遵守《圣经》的教训“施比受更为有福”，而中国文化中高净值家族也相信“福报”。

家族慈善在美国已经成为“根深蒂固”的富豪家族传承的必然选择。安德鲁·卡内基有句关于家族慈善的名言：“在巨富中死去，是一种耻辱。”很多美国富豪家族都形成了“我只是财富的保管者，而非拥有者”的金钱观。因此，出现了很多类似于比尔·盖茨基金会这种所谓的“裸捐”富豪家族。2015 年底，Facebook 创始人马克·扎克伯格和他的妻子普莉希拉·陈在写给刚刚出生女儿的一封信中承诺，他们将在有生之年捐出所持 99% 的 Facebook 公司股份（当时价值 450 亿美元），用于推动两项慈善事业——发挥人类的潜能与致力于人生平等。他希望自己的女儿能够生活在一个美好的世界，这是他给刚刚降临这个世界的女儿的第一份礼物。

2020年6月，美国施惠基金会（Giving USA Foundation）发布了《2020美国慈善捐赠报告》，根据这个报告，2019年，美国慈善捐赠总额约4496.4亿美元，约合人民币31,513.5亿元。报告显示，2019年美国十大捐款领域分别为：宗教1281.7亿美元，占比29%；教育641.1亿美元，占比14%；社会服务559.9亿美元，占比12%；基金会535.1亿美元，占比12%；医疗414.6亿美元，占比9%；公共福利371.6亿美元，占比8%；国际事务288.9亿美元，占比6%；文化艺术216.4亿美元，占比5%；环境和动物保护141.6亿美元，占比3%；个人101.1亿美元，占比2%。

当前中国的慈善捐赠额与美国仍存在较大差距。根据社科院杨团研究员主编的《中国慈善发展报告2019》，2018年中国捐赠总额预估为1128亿元，美国慈善捐赠总额约为中国的30倍。

中美两国对于慈善捐赠项目也存在一定的差异。在中国，社会捐赠最关注的三个领域通常是教育、医疗和扶贫，2019年这三个领域接收捐赠共计约1091.15亿元，占捐赠总量的72.75%。美国2019年社会捐赠排名前三的则分别是宗教、教育和人类服务三大领域，共2482.7亿美元，占捐赠总量的55%①。

（二）家族慈善是家族精神传承的重要方式

家族文化和家族精神也是家族传承的标的之一，其也直接决定了家族物质财富传承的顺利与持久。上文中提及的回馈社会、“福报”、“金钱观”实际也是家族精神的一种体现。其实，慈善本身也是为了实现家族传承的目的。如本书所述，家族传承的最终目标是家人的幸福，在高净值家族已经不再为生活和生计愁苦的时候，慈善能给家人带来快乐和成就感。另外，慈善本身是提升家族社会影响力的重要方式，家族社会影响力的提升

① 佚名：《美国社会慈善捐赠是中国的30倍，中美善款流向迥异》，载百度百家号，https://baijiahao.baidu.com/s?id=1671896635185379174&wfr=spider&for=pc，2021年1月3日访问。

对于家族传承和家族社会资本的积累具有重大意义。

老牛基金会初创之时,牛根生就有将其做成“千年老庙”的愿景,希望可以代际传承,所以,他将基金会命名为“老牛”。他曾对儿子牛犇说:“我起这个名字就是为你们考虑。爸爸现在是老牛,我离开这个世界后,你就是老牛,你离开这世界后,你的子女就是老牛。这是咱们代代相传的名字。”对于牛家转型慈善家族,牛根生有自己的考虑:“我家孩子没做过生意,我爹也没做过生意,(只有)我做了企业。而慈善,我爹也做过,我想把家风传承下去,对子女说,直接(做)慈善算了。”他说服子女,“做生意人太多,路太窄,不好做,你们做点轻松的,做慈善人也少,路也宽。”在牛根生的影响下,家族成员全部投身到慈善事业中来。2015 年,牛犇和牛琼发起成立北京老牛兄妹公益基金会。①

(三)慈善是解决子女教育问题的关键手段

在西方慈善领域还有一种观点,亿万富翁家的孩子出生时,嘴里含的“银汤匙”,可能是孩子长大后插在其后背的“银匕首”。而慈善也是解决子女教育问题、提升孩子能力的关键手段(详见本书第二部分)。

(四)慈善也是打造企业文化、提升家族企业凝聚力的重要手段

2008 年“5·12”汶川大地震时,也是京东还在生死边缘挣扎之际,刘强东带着十几辆车,从北京出发,赶去抗震救灾第一线,并捐出自己手上仅有的十几万元,刘强东出发前在邮件里对员工说:“如果中间出了什么事,我相信我的同事会把公司运作下去。”也是在那一年,公司定下了为国家社会捐献物资的终极目标。京东内部还制定了一个规则:任何地方发生灾难,临近库房的管理人员无需向任何人汇报,有权且必须捐出库房里面所有灾区需要的物资。此次之后,大大小小的救灾现场都有京东人的身影。在 2018 年度京东集团老员工授勋晚宴上,刘强东透露,下一个 10 年自己的梦想是带领京东、带领兄弟们,能够为国家、为社会、为这个时代去贡献

① 佚名:《牛根生:慈善可以改变世界》,载中国慈善联合会官网,http://www.charityalliance.org.cn/leadertalk/12385.jhtml,2021 年 1 月 3 日访问。

京东人的力量。①

京东所打造的企业文化是有社会奉献精神的文化，这个文化容易带动员工以奉献和热忱为国家、为社会和为企业做事。正是这一企业文化，让京东集团得以在互联网大潮中屹立不倒，得以搭建其他公司无法超越的物联网。老牛基金会牛根生也认为：企业的成长，家庭的幸福和所处的国家、时代密不可分。企业家之间的差别在于是否关心社会的事、国家的事、民族的事、百姓的事。

（五）慈善活动可以享受税收优惠，减轻家族慈善负担

很多慈善活动的经费可以视为家族企业或家族成员税务的抵扣，从而减轻家族慈善支出负担。以中国为例，我国《慈善法》规定，慈善组织以及其取得的收入，依法享受税收优惠；自然人、法人和其他组织捐赠财产用于慈善活动，依法享受税收优惠。具体而言，在中国慈善活动可以享受如下税收优惠：

1. 家族基金会所享受的优惠

家族慈善基金会所享受的有关的税收优惠政策主要涉及企业所得税、增值税、营业税、契税、房产税、进口关税、进口环节增值税等。但获得税收优惠的前提是获得免税资格。

家族慈善基金会取得免税资格后，接受其他单位或者个人捐赠的收入，符合条件的政府补助收入，按照省级以上民政、财政部门规定收取的会费，不征税收入和免税收入孳生的银行存款利息收入等收入，免征企业所得税；对家族慈善基金会提供的慈善服务有部分免征营业税的规定。与家族慈善基金会相关的税收优惠还有：自用的房产（办公用房、公务用房），可申请免征房产税；投资兴办的福利性、非营利性的老年服务机构，各类学校、托儿所、幼儿园，以及疾病控制机构和妇幼保健机构等卫生机构自用的

① 佚名：《回望刘强东的慈善之路，血液里流淌着社会责任的基因》，载搜狐网，https://www.sohu.com/a/244607496_100168056，2021年3月16日访问。

土地，免征城镇土地使用税；另外，还有免征车船使用税、契税、增值税等方面的规定。

2. 捐赠人所享受的优惠

家族慈善基金会的捐赠人一般是家族企业或家族成员个人。当然家族慈善基金会也可以接受外部捐赠。对于这些捐赠人，可以根据其是企业还是个人享受不同的税收优惠，但前提是需要取得家族慈善基金会出具的捐赠票据：①

捐赠人为企业的：捐赠财产可以在缴纳企业所得税时税前扣除，但税前扣除限额为年度利润总额的12%。超过年度利润总额12%的部分，准予结转以后三年内在计算应纳税额时扣除。企业将货币资金、实物等资产直接捐赠给个人或单位，不属于公益性捐赠的范围，应视为赞助支出，不能在税前扣除。

捐赠人为个人的：捐赠额未超过纳税义务人（捐赠人）申报的应纳税所得额30%的部分，可以从其应纳税所得额中扣除。即使是企业统一组织个人捐赠的，应尽量以个人名义收取捐赠收据。

此外，境外捐赠用于慈善活动的物资，依法减征或者免征进口关税和进口环节增值税。

二、家族慈善的三大发展方向

洛克菲勒家族曾提出"像商业一样经营管理慈善"。家族慈善要从零散式捐赠像科学化、专业化运作方向努力，要努力实现资金的长效机制，做到"智力慈善"，"授人以渔"而不是只给予，让家族慈善作为种子带动社会慈善效应。因此，"专业慈善"、"智力慈善"和"长久慈善"才是家族慈善的发展方向。

2004年，蒙牛集团创始人牛根生参考洛克菲勒基金会，在中国创立老

---

① 实践中，捐赠人可能与家族慈善基金会不在一个地方（所谓"异地捐赠"），在捐赠前最好到捐赠人当地税务部门确认一下异地票据是否可行；或者由于"公益性捐赠税前扣除资格"审查和公布具有滞后性，捐赠人捐赠财产时的年份与捐赠票据的年份不一致，捐赠前也需要提起与税务部门沟通确认。

牛基金会。牛根生做慈善家如做企业家一样有规划、有创造。老牛做慈善三个最大的特点是：第一，专业慈善，不懂就去学；第二，智力慈善，让慈善发光发热；第三，长久慈善，要做千年老店。

1. 专业慈善。老牛基金会是一个依托公益信托的家族基金会，公益信托、家族基金会，这两个模式在中国都是首创。捐出股权做慈善，在牛根生之前，并无先例。他在美国考察了洛克菲勒基金会、斯坦福基金会、耶鲁基金会、克林顿基金会等近20家个人和家族基金会。并得到瑞士信贷银行、瑞士嘉盛银行等专业机构人士的帮助，借鉴境外信托的经营模式委托专业资产管理机构管理。①

2. 智力慈善。牛根生认为，“因为光有财力慈善，没有智力慈善，不能很好地放大慈善的资源功能，而光有智力慈善，不出钱，那效果也不会好。一起做更好一点。”对于“智力慈善”，牛根生主要做两件事：第一件事是“做培养慈善家的慈善家”，即建议、推动、倡导或影响更多的人做慈善。例如，2015年，牛根生联合比尔·盖茨、瑞·达利欧、何巧女、叶庆均4位中美慈善家共同发起成立国际公益学院，旨在系统化地为中国公益行业培养骨干人才。这件事影响甚巨。他做的第二件事是“做生产企业家的慈善家”，因为“企业家是社会非常稀缺的财富和资源”。牛根生是非营利机构中国企业家俱乐部的发起人之一，并担任理事，在这个平台上倡导企业家精神。另外，他还以各种方式辅导了大大小小至少三四十家企业，这其中就包含被称为“蒙牛系”的部分企业——当年追随牛根生创业的不少蒙牛高管离开后选择创业，其成长或多或少都得益于他。②

3. 长久慈善。如上文所述，老牛基金会初创之时，牛根生就有将其做成“千年老庙”的愿景，希望可以代际传承，所以他将基金会命名为“老牛”，子子孙孙将前仆后继地成为他们那个年代的“老牛”。

---

① 佚名：《名人故事：淡出商界，跨进慈善界的“牛人”——牛根生》，载https://www.uuzuowen.com/xxsucai/mrgssucai/328322.html，2020年12月23日访问。

② 佚名：《牛根生：慈善可以改变世界》，载中国慈善联合会官网，http://www.charityalliance.org.cn/leadertalk/12385.jhtml，2020年11月29日访问。

三、家族慈善的三大工具

要做到“智力慈善”、“专业慈善”和“长久慈善”，就需要对家族慈善进行专业的规划，并利用专业工具。

上文中曾提及，家族慈善有三个工具：家族直接捐赠、家族慈善信托以及家族慈善基金会。一般赠与在上文中已经详细介绍，此处不再赘述。慈善信托和慈善基金会则是目前世界范围内使用更为频繁的家族慈善工具。以拥有近600亿美元资产的比尔及梅琳达·盖茨基金会为例，就是采取比尔及梅琳达·盖茨基金会信托与比尔及梅琳达·盖茨基金会的“双治理”模式。这是两个独立机构，前者负责“管钱赚钱”，后者负责“花钱”。

（一）家族慈善基金会

慈善基金会主要分为两类：一类是私人基金会，基金会的创立和实践体现了一个家族的意志和传承；另一类是政府管理或社会组织发起的公益基金会，其主要通过向社会募捐获取资金。在美国，私人基金会常常是最大和最著名的大型基金会，它一般以创始家族成员命名，像卡内基基金会、福特基金会、洛克菲勒基金会、比尔与梅林达·盖茨基金会等。

高净值家族可以设立一个非公募的家族慈善基金会（“私人基金会”）来开展慈善活动。这种慈善基金会是依据法律设立的非营利性组织，设立的目的就是开展家族慈善活动。但由于私人基金会是独立的法人组织，对于设立运营成本以及管理能力有一定的要求，目前主要是由超高净值家族来设立，一些高净值家族可以作为该等基金会的合作方、捐赠方或者这些组织成立的慈善信托的委托人（详见下文）。

早些年间很多国内富豪家族选择在新加坡、中国香港等临近的“金融中心”所在地设立家族慈善基金会，主要原因在于其设立的便利性、管理的灵活性、制度的完善性以及国际金融中心具有的强大的慈善资产管理能力。以施正荣夫妇于2006年在香港设立的一个“施氏家族公益基金会”为例：

这个家族慈善基金会的设立人为张唯（施正荣的夫人），注册资本是300万美元，主要从事的业务范围包括环保、气候、能源、全球变暖问题、教育,文化遗产保护等。基金托管与理财分别委托不同主体:基金托管行为香港汇丰银行,基金资金投资管理机构为JP摩根。JP摩根保证每年不低于8%的收益,主要投资于第三世界政府债券、蓝筹股等;具体慈善项目审批流程为:设立人选择项目,并委托其他人充分调研并形成报告后,交由香港汇丰银行审查;汇丰银行对项目报告和预算进行审查,并负责后续预算的追踪(基金投资主体每季度都会提供一份报表)。[①]

2004年国务院颁布《基金会管理条例》之后,中国基金会的发展进入新的阶段。2017年度末,随着《慈善组织保值增值投资活动管理暂行办法》《慈善组织信息公开办法》《社会组织抽查暂行办法》公开征求意见,以及《社会组织抽查暂行办法》《慈善组织互联网公开募捐信息平台基本技术规范》《慈善组织互联网公开募捐信息平台基本管理规范》陆续出台,慈善活动进入了有法可依阶段,家族基金会数量也随之持续上升。截至2018年底,中国共有6870家慈善基金会,其中家族慈善基金会268家,占比4%。[②] 根据中欧财富管理研究中心发布的《2019中国家族慈善调查报告》,成立5年之内的家族基金会数量占比56%;成立年限在6~10年的家族基金会占比33%;成立时间在11~15年的共计12家,占比10%;成立时间最长的家族基金会只有一个,只有20年的时间。中国家族基金会普遍处于"年轻态"。从捐赠领域来看,最受中国家族慈善基金会青睐的领域依次为教育(占比38%)、扶贫及社区发展(占比25%)、公益事业发展(占比13%)、文体艺术(占比10%)和医疗卫生(占比8%)。而支持程度较低的五个捐赠领域则依次为政策倡导、体育、法律与公民权利、志愿服务和灾害救助。

以中国为例,设立和经营家族慈善基金会需要符合如下要求和条件:

(1)注册资本。非公开募集的慈善基金会首次设立需实际缴纳200万元起。公开募集的慈善基金会首次设立需实际缴纳不低于400万元(区域

① 佚名:《公益基金会如何来运作?公益基金会有哪些运作模式?》,载中国美篇网,https://www.meipian.cn/3ev63ki9,2021年3月1日访问。

② 资料来源:深圳国家公益学院2019年发布的《中国家庭慈善基金会发展报告(2018)》。

性基金会)或800万元(全国性)。

(2)业务范围。开展慈善活动。慈善活动范围包括:扶贫、济困与扶老、救孤、恤病、助残、优抚,救助自然灾害、事故灾难和公共卫生事件等突发事件造成的损害等传统慈善活动;促进教育、科学、文化、卫生、体育等事业的发展,防止污染和其他公害,保护和改善生态环境等现代意义上的慈善活动;以及将来可能列入慈善活动范围的其他活动。

(3)组织机构和负责人。慈善基金会应当建立理事会和监事等组织机构。理事会一般不少于5人。相互有亲属关系的理事不超过总理事数量的三分之一。理事长为法定代表人,理事长、副理事长和秘书长都由理事会选举产生,不得为现职国家工作人员。基金会法定代表人不得兼任其他公司或组织法定代表人。监事可以由主要捐赠人、业务主管单位或民政部门选派或变更。

(4)登记。由县级以上民政部门登记。登记地一般考虑家族企业所在地,方便管理。

(5)募集资金。坚持私募、接受捐赠。以家族捐赠为基础,也可以接受其他私人捐赠。基金会经营满两年,可申请公开募捐资格。

(6)财务管理。基金会的财产具有独立性,不得侵占、分红或挪用。基金会财产可以通过投资保值和增值,但投资应稳健。根据基金会年末净资产的情况,每年用于慈善活动的支出和管理费用必须符合一定的比例要求。① 领取报酬的理事人数不得超过总理事人数的三分之一。

---

① 根据中国民政部、财政部、国家税务总局印发的《关于慈善组织开展慈善活动年度支出和管理费用的规定》(民发〔2016〕189号)第8条规定:不具有公开募捐资格的基金会,年度慈善活动支出和年度管理费用按照以下标准执行:(1)上年末净资产高于6000万元(含本数)人民币的,年度慈善活动支出不得低于上年末净资产的百分之六;年度管理费用不得高于当年总支出的百分之十二;(2)上年末净资产低于6000万元高于800万元(含本数)人民币的,年度慈善活动支出不得低于上年末净资产的百分之六;年度管理费用不得高于当年总支出的百分之十三;(3)上年末净资产低于800万元高于400万元(含本数)人民币的,年度慈善活动支出不得低于上年末净资产的百分之七;年度管理费用不得高于当年总支出的百分之十五;(4)上年末净资产低于400万元人民币的,年度慈善活动支出不得低于上年末净资产的百分之八;年度管理费用不得高于当年总支出的百分之二十。

(7)信息报告。每年应当在3月31日前按要求向登记管理机关报送经审计的上年度专项信息报告。报告应当包括财务收支和资产负债总体情况、开展募捐和接受捐赠情况、公益慈善事业支出及管理费用情况等内容。

(8)申请免税资格。如上文所述,家族慈善基金会作为非营利性组织,享受税收优惠政策。申请这个资格也需要家族慈善基金会有效成立并满足财产独立性、财务管理科学性、公益目的性、不存在变相提高个人工资等企业避税行为等情况。但其要求要低于"公益性捐赠税前扣除资格"的申请要求(详见下文)。申请这个资格主要向财税管理机构申请,首先向登记的民政局所在地的税务机关申请(包括县一级部门),然后由财政和税务部门联合审查,并定期予以公布名单。免税优惠资格的有效期为五年,期满可以继续申请。①

(9)申请"公益性捐赠税前扣除资格"。如上文所述,向家族慈善基金会捐款捐物的捐赠人也可以享受税收优惠,但需要家族慈善基金会给捐赠人出具可以税前扣除的"捐赠票据"。这就需要家族慈善基金会去申请"公益性捐赠税前扣除资格"。对于新设立的家族慈善基金会,申请这一资格只需满足上述第1~7项设立条件和要求,且无违法经营导致行政处罚或严重失信的情况就可以申请;但对于已经设立的家族慈善基金会,除前述要求之外,还需要满足2年以上的经营期限,且经营期间符合上述财务管理和信息报告要求,并且需要持有效的"社会组织评估等级为3A以上(含3A)的资质证书"。"公益性捐赠税前扣除资格"的申请程序为:由主管省级以上民政部门对是否符合资格提出初步意见,再由省级以上财政部门、税务部门和民政局于每年年底前确定符合资格的名单并公告,次年1月1日起生效。该资格在全国范围内有效,有效期3年,②期满可以继续申请。

① 详见《关于非营利组织免税资格认定管理有关问题的通知》(财税〔2018〕13号)。

② 详见《关于公益性捐赠税前扣除有关事项的公告》(财政部 税务总局 民政部公告2020年第27号)。

（二）家族慈善信托

慈善信托与信托一样，最早发源于英美国家。经过几百年的发展，英美国家慈善信托在社会慈善事业领域已经是非常成熟的工具。英国还专门设立一个“慈善委员会”，负责慈善信托的登记和管理；美国也对慈善信托的登记设立了便利化的流程，鼓励私人慈善和公众慈善相互合作、慈善基金会和慈善信托相互配合，并创新出“慈善剩余信托”，并允许创设慈善信托的家族成员（委托人）从该信托产品中获得一定比例的收益，以满足自身和家庭生活的需要，而将剩余的收益用于特定的慈善目的或转给某个特定的慈善机构。这种家族信托和慈善信托融合的工具形态，给高净值家族以“私产”开展慈善活动提供了更多的控制，充分发挥了信托的灵活的特点。

中国的慈善信托发展历史较短。2001 年颁布的《信托法》虽然有关于“公益信托”的描述，但由于缺乏具体的实施和管理规定，慈善信托鲜有出现。直至 2016 年《慈善法》和 2017 年《慈善信托管理办法》颁布后，境内的慈善信托才得以顺利推广。由于国内慈善信任环境尚需完善，以金融机构形式存在的信托公司在慈善信托受托人方面仍然是主流。2016 年 1 月至 2021 年 2 月，68 家信托公司中共有 61 家信托公司成立 545 笔慈善信托业务，初始募集金额 25.83 亿元，涉及扶贫、环保、教育、医疗卫生等领域①。

1. 家族慈善信托与家族慈善基金会的区别

不同于家族慈善基金会，慈善信托不是一个组织或企业实体，不具有独立的法人资格。其是一种基于慈善目的，委托人将财产转移给受托人，并由受托人依据信托合同对财产管理、处分的一种信托类型，信托受益人是慈善目的项下的社会大众。上文中提及，慈善基金会对于运营成本和管理能力都有一定的要求，因此，很多高净值家族很难直接创设家族慈善基金会，而冠以家族名义的慈善信托成为众多高净值家族开展慈善活动的重

---

① 赖秀福：《落实慈善信托税收优惠政策》，载搜狐网，https://www.sohu.com/a/454708279_481887，2020 年 12 月 2 日访问。

要工具。

2. 家族慈善信托与家族信托的区别

慈善信托与家族信托既有共同点又有不同之处，两者的共同点在于，家族信托有关定制化、保密、风险隔离以及精神传承等功能，慈善信托同样具备；两者最大的区别在于：家族信托设立目的是为了家族财富的传承，是“私益信托”，而家族慈善信托是明显的“公益信托”。

3. 家族慈善信托的受托人、受益人和监察人

根据中国现有法律，慈善信托的受托人可以是信托公司，也可以是慈善组织。因此，家族慈善基金会作为一种慈善组织，也可以作为受托人。以慈善组织作为委托人的慈善信托，需要在负责慈善组织登记的民政部门办理信托登记手续。慈善信托也可以由两个以上受托人共同管理信托，因此在一个慈善信托中可能存在信托公司与慈善组织都担任受托人，或者多个慈善组织共同作为受托人的情况。这就给高净值家族在境内开展慈善活动提供了更多的灵活性和便利性。

家族慈善信托的受益人不能与家族成员有任何利害关系。比如高净值家族设立了一个慈善信托，但其中有受益人是家族成员、家族企业、亲朋、合作伙伴等。这是防止慈善信托以“慈善之名”行“避税或洗钱”之事。因此，在中国不能设立类似于美国的“慈善剩余信托”。

如果慈善信托的受托人不是家族设立的私人基金会，家族成员在设立慈善信托的同时，可以同时设立一个监察人，对委托人（如信托公司）的行为进行监督。监察人可以是一个个人，也可以是一个组织。监察人具有独立的身份和权利，在受托人违反信托义务或者难以履行职责的情况下，除了对委托人有报告义务之外，监察人也有权以自己的名义向人民法院提起诉讼。

4. 家族慈善信托的登记

中国没有设立类似于英国的“慈善委员会”的专门慈善信托登记管理机构。在中国，慈善信托的备案机构是民政局；慈善信托受托人是信托公司的，还要遵守银保监局的登记备案要求。慈善信托文件签署后应在一定

期限内向民政部门备案，否则不能正常运营并享受税收优惠。

5. 家族慈善信托的税收优惠

在美国慈善信托享有很多优惠政策，例如，受托人可免交所得税；委托人可享有税收减免；信托财产为房产和土地时，可免征财产税和土地税等。另外一项与慈善信托相关的税收政策是美国高昂的遗产税，虽然设立遗产税的初衷并不是为了慈善信托，却在一定程度上促进了其发展，很多美国人在生前就开始筹划，如何通过捐赠、设立慈善信托等方式来免交遗产税。

《慈善信托管理办法》颁布后，慈善信托监管机构和法律流程的确定化，也给国内的慈善信托享受税收优惠及相关操作提供了一个基础。但由于慈善信托并不像慈善基金会一样是一个独立存在的组织，不能像慈善基金会一样申请“免税资质”和“公益性捐赠税前扣除资格”，因此，对于捐赠人（信托委托人）、管理人（信托受托人）以及受益人而言，并没有对应的税收优惠待遇。此外，家族企业财产或家族财产向家族慈善信托转移的过程，并不视为赠与或非过户交易，而是会像过户交易一样，对于房产、股权等非货币财产的交付，涉及增值税、契税、流转税甚至所得税。这也是国内家族信托面临的问题。因此，很多业内人士都呼吁国家对慈善信托在税收优惠支持方面存在的诸多缺陷予以完善。①

（三）家族慈善的实施

家族慈善的实施不是仅依靠捐赠、家族慈善基金会或家族信托一种工

① 全国人大代表、银保监会信托部主任赖秀福在第十三届全国人大第四次会议期间表示：税收优惠问题是我国慈善信托事业发展的一个制约因素，应比照慈善捐赠落实慈善信托税收优惠政策：一是建议优先落实设立环节的税收优惠。准予委托人在计算企业所得税或个人所得税的应纳税所得额时扣除慈善信托财产部分。二是建议委托人在交付非货币财产设立慈善信托时，无须就财产增值部分缴纳企业或个人所得税。三是建议实行慈善信托的税前扣除资格认定。四是凭备案文件享受税收优惠。委托人凭慈善信托文件、慈善财产交付证明、民政部门备案回执、慈善信托税前扣除资格认定等材料，就设立慈善信托财产进行抵税。五是分别完善各类非货币财产设立慈善信托的税收优惠政策。而且建议对企业或个人以不动产等财产设立慈善信托的行为，分别制定相应的土地增值税、契税等税收优惠政策。六是进一步明确以非货币财产设立慈善信托不征增值税。建议进一步明确“企业或个人以动产、不动产、无形资产设立慈善信托，用于慈善事业的，不征收增值税”。七是分步推进落实慈善信托运行环节和支出环节的税收优惠政策。在运行环节，主要涉及慈善信托财产管理运用收益产生的增值税、所得税和印花税问题；在支出环节，主要涉及受益人获得信托利益的所得税问题。建议未来对上述税种也给予一定的优惠政策。

具,因为每个工具都有其在管理、分配、税收等方面的优势。因此家族慈善的实施需要几种家族慈善工具的相互融合使用,并且也可以融合在家族信托中。尤其对于缺乏税务优惠制度的国内家族慈善而言,将家族基金会的税收优惠主体优势、社会慈善基金会的慈善管理能力与信托公司的投资能力和账户管理能力等优势相结合,是家族慈善活动的必然选择。

1. 家族信托与家族慈善信托的融合

如上文所述,家族信托是"私益信托",而家族慈善信托则属于"公益信托"。中国家族信托制度目前尚处于起步阶段,通常委托人和受益人都是家族成员。家族慈善信托委托人和受益人则不一定是家族成员。比如"中信·何享健慈善基金会2017顺德社区慈善信托"的委托人是美的控股集团,而受益人则是广东省德胜社区慈善基金会。但国外的家族慈善信托不乏有一些将两者融合的制度。例如,在美国有两类信托属于这种"融合"的信托:

第一种,慈善先行信托(charitable lead trust)。根据该信托,受托人将在信托文件约定的固定期限内(如20年),把信托财产中的一定比例或一定数额,按照一定的时间节奏(如按月或按年)支付给慈善机构或慈善受益公众。而在设定年限到期后,由捐赠人或指定的受益人受领剩余的财产。家族成员设立这种信托主要是考虑在设定家族信托或遗嘱信托时,为了节省所得税(税前扣除)和遗产税等税费。家族成员无需一次性交付财产,可以建立一个持续性的交付财产的约定。交付的财产可以分为现金财产和非现金财产。这类信托为"不可撤销"信托,接受捐赠的慈善组织或慈善项目应当事先约定在信托文件中。

第二种,慈善剩余信托(charitable remainder trust)。受托人将在信托文件约定的固定期限内(最长20年),把信托财产中的一定比例或一定数额,按一定时间间隔(如按月),支付给慈善机构或慈善受益公众的同时,支付给捐赠人或其指定的受益人。分配财产一般在信托财产的5%~50%之间。而在设定年限到期后,由慈善机构受领剩余的财产。同上述慈善先行信托,此类信托也可以享受所得税和遗产税等方面的优惠,家族成员无需一次性交付财产，可以建立一个持续性的交付财产的约定。交付的财产可以分为现金财产和非现金财产。但与慈善先行信托不同的是，接受捐赠的慈善组织或慈善项目可以随时调整。①

2019 年 6 月 19 日，著名主持人孟非先生作为委托人、中信信托作为受托人设立了一个“孟想非凡 · 慈善先行信托”，中信信托作为受托人将根据他的意愿，从孟非设立的家族信托中将每年分配所得的 100 万元信托利益直接用于慈善捐赠，在首个为期 4 年的捐赠周期内，中国光华科技基金会作为捐赠执行人，以每人每年 1 万元的标准发放给 100 名云南大学贫困新生直至本科毕业，总计捐赠 400 万元，慈善目的主要为了教育事业。

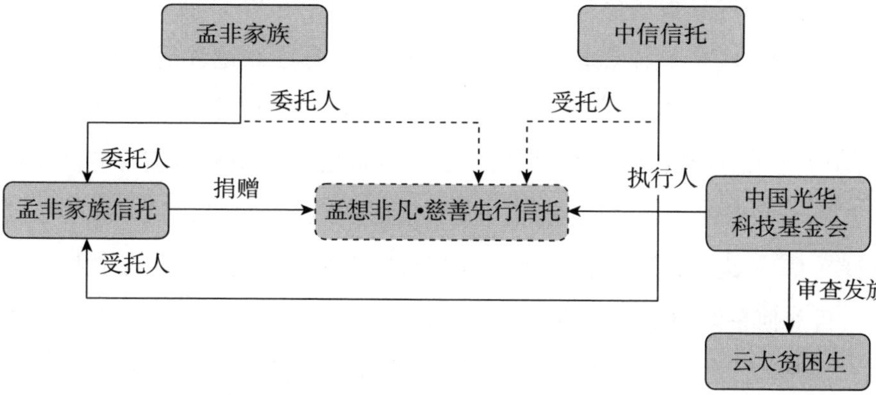

图 13－1　“孟想非凡 · 慈善先行信托”流程

根据笔者在慈善中国信息公开网查询，“孟想非凡 · 慈善先行信托”并未备案为慈善信托。因此，这并不是一个慈善信托，也与美国的慈善先行信托有一定的差异。比如，这个信托设立过程中，孟非家族并没有享受相应税收优惠，其实际上只是孟非“家族信托”中的一个财产分割约定而已，仍属于家族信托的范畴。中信信托将按照孟非家族信托合同的约定，专门设立一个“慈善账户”，将家族信托的部分收益转移至该账户，并在捐赠周期内，按照中国光华科技基金会的逐笔申请，向云南大学贫困生捐款。

① 资料来源：“Charitable Lead Trust”，载 https://www.investopedia.com/terms/c/charitableleadtrust.asp，2021 年 4 月 3 日访问。

笔者猜想未最终设定为慈善信托的原因在于：目前没有必要。因为如上文所述，慈善信托现在并不能像慈善基金会一样享受税收优惠，却可能增加孟非家族信托的运营成本。但等中国慈善信托制度更为完善时，通过家族信托所分配的收益，设立慈善信托的方式确实可以供国内高净值家族开展家族慈善借鉴。这种“母家族信托＋子慈善信托”的搭配，就“孟想非凡·慈善先行信托”而言，无非是将上面“虚线”部分通过增加慈善信托监察人、完善协议及备案等手续的方式变为“实线”。

2. 家族慈善信托与家族慈善基金会的融合

和的慈善基金会是何享健家族的私人慈善基金会。根据目前公开披露的信息，和的慈善基金会由何享健家族于2013年12月创立，原名为“何享健慈善基金会”。该慈善基金会在广东省民政厅登记注册，属于“非公募”基金会。虽然2013年就成立，但于2017年才获得“慈善组织”的认证，于2014年12月获得“公益性捐赠税前扣除资格”（该资格目前可能已经换证更新），并于2018年5月获得“非营利性组织免税资质”。该基金会主要支持教育、养老、体育、文化艺术、扶贫赈灾、环保及其他公益慈善事业。

目前何享健两个女儿和一个儿子都任理事，小女儿任理事长兼法定代表人，何享健只以荣誉主席的身份参与。想必原因有两个：第一，如本书第二部分所述，家族慈善本身就是家族传承和子女教育的重要工具，何享健让子女掌管家族慈善基金会，赋予子女“慈悲为怀”的精神支撑，才使子女在企业经营和生活中得以顺利；第二，如上文所述，慈善基金会的法定代表人不能兼任其他组织的法定代表人，让小女儿出任理事长兼法定代表人也为了符合法律要求。截至2019年底，基金会净资产51亿元左右。

和的慈善基金会与中信信托作为共同受托人管理“中信·何享健慈善基金会2017顺德社区慈善信托”，该家族慈善信托于2017年5月设立，受托规模4.92亿元，受益人为广东省德胜社区慈善基金会，德胜社区慈善基金会也是上述家族慈善信托的实际执行人。中信信托作为家族慈善信托的共同受托人负责信托财产的打理，截至2020年6月，该慈善信托共向德胜基金会分配了6428万元信托利益，用于社区公益活动。

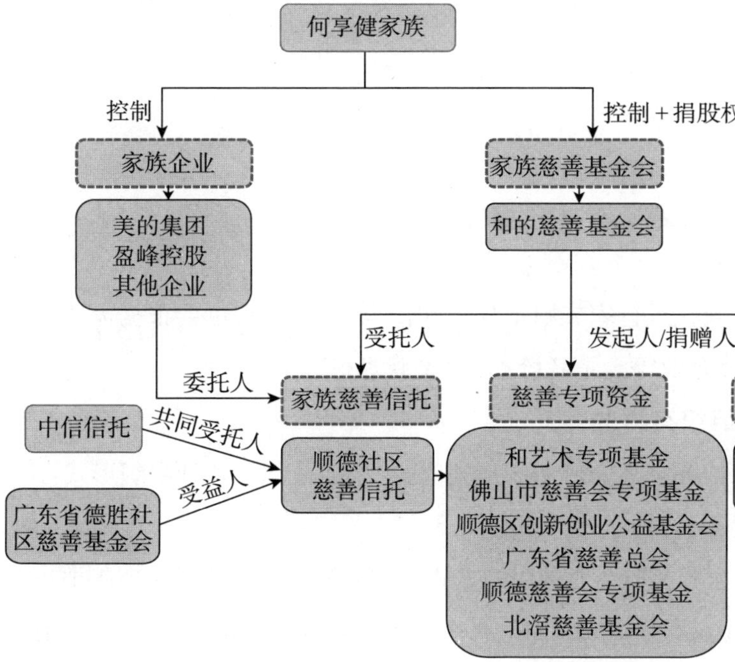

图 13-2 和的慈善基金会运作流程

除上述家族慈善信托之外，和的慈善基金会还作为发起人或捐赠人发起或资助了和艺术专项基金等多个专项基金，向多个社会公益慈善基金会捐款，并向具体的公益项目如顺德善耆养老社区项目进行了单独捐款。仅2019 年，全面投放的慈善项目就有 15 个，投放金额 16.5 亿元左右。

上述案例运用了家族慈善基金会与家族信托相互支持的结构，以及信托公司与家族慈善基金会作为共同受托人管理家族慈善基金会等法律架构，并在具体慈善活动方面选任专业的地方慈善组织作为执行人。这样的安排，发挥了家族慈善基金会在家族传承和税务筹划方面的优势，发挥了家族信托在制度和管理方面的灵活优势，发挥了信托公司的“理财”优势，也同时发挥了社会慈善组织在慈善项目上的管理优势。

何享健家族的案例是一个国内鲜有的以家族慈善作为重要工具的家族传承成功案例。家族成员虽然各自有自己的事业，但通过家族慈善和家族基金会的专业经营，将家人凝聚在一起，将家族精神灌输到每一个家族成员的血液中,完美呈现了"智力慈善"、"专业慈善"和"长久慈善"的家族慈善效果。

第五节　家族组织

高净值家族在进行家族财富规划和传承的过程中,也会根据需要设立一些公司、合伙企业等。笔者统称为"家族组织"。

一、家族组织有哪些?

高净值家族在规划家族组织形式时,主要涉及如下几种组织形式:

1. 有限责任公司

这是很多家族控股企业采用的方式。也就是说家族成员绝对控股一个有限责任公司(或者称控股集团),再由这个有限责任公司对外投资、持有股份或资产,或者开展家族慈善等活动。以上文提及的何享健家族为例,何享健家族控股美的控股有限公司,这个公司代表何享健家族控制美的股份有限公司(上市公司)以及向和的慈善基金会捐款等,如图 13 - 3 所示。

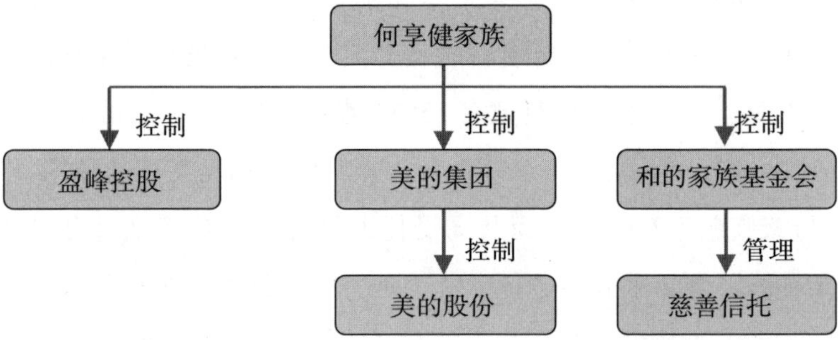

图 13 - 3　何氏家族控股企业分布

2. 家族有限责任公司

在美国等国家有一类公司也称有限责任公司(Limited Liability Company,LLC),由一个家族控制的也称"家族有限责任公司"(Family Limited Liability Company,FLLC),这类公司将作为家族控股企业的形式存在,类似于何享健家族的“美的集团”。其实际上是有限责任公司和合伙企业的“结合体”。其拥有独立的法人资格,享有与国内有限责任公司相同的“有限责任”等优势,债权人即使获得了针对家族成员的“支付令”(Charging Order),也不能直接“将手伸入公司账户”,只能等分工或支付报酬后才能申请执行。但在纳税方面,其可以选择类似于合伙企业“先分后税”的转嫁税收制度,即股东或董事从公司获得的收益自行缴纳所得税,用以抵扣公司的所得税。

在美国,还有一种有限责任公司的组织形式被称为“系列有限责任公司(Series LLCs)”,其实际上是在一个有限责任公司的注册实体项下,根据业务或资产的不同种类,通过一个个的独立的“管理运营协议”,单独开设一个独立的子部门(cell enterprise),这个子部门具有独立的银行账户和财务记录,其可以与其他子部门同时归一个有限责任公司的管理架构管理,也可以自己单独有一个管理架构。但每个子部门有自己的经营目标、决策机制和管理制度。法律视其为一个单独的商业运作主体,具有独立的承担责任的能力,因此在法律诉讼和责任方面与其他子部门区分。设立这种制度是为了节省单独注册和维护每个子部门所带来的高额的注册、维护以及人员成本。这种子部门类似于基金管理公司所管理的每一个“基金”(尤其是契约型基金)或者上文中提及的何享健家族和的慈善基金会下设的若干个专项慈善基金。但由于其在税务层面尚没有一个独立税务主体的定论,所以其大范围推广有一些制度障碍。

3. 家族信托

家族信托本身也是一种家族组织形式。尤其很多在海外上市或者有海外身份的高净值人群,由于其身份在海外或者在海外有实体,而其主要资产又在国内,需要解决跨境中的家族治理问题,所以一般都会在海外设立家族信托,然后再设立上述代表家族对外投资或交流的有限责任公司或有限合伙组织。因为家族信托毕竟不是一个具有独立资格的法律实体。以朱共山家族为例,其首先在新加坡设立了一个名为 Asia Pacific Energy Fund 的家族信托,该家族信托的委托人为朱共山本人,受托人为瑞士信贷银行信托有限公司(Credit Suisse Trust Limited),受益人为朱共山家族。信托设立了保护人,为注册于英属维京群岛的朗见投资有限公司("朗见投资"),朱先生为该公司的唯一股东和董事。这个家族信托又设立了 Asia Pacific Energy Fund Limited 子公司和 Asia Pacific Energy Holding Limited 孙公司,并通过他们控股香港和内地的上市公司,如图 13-4 所示。

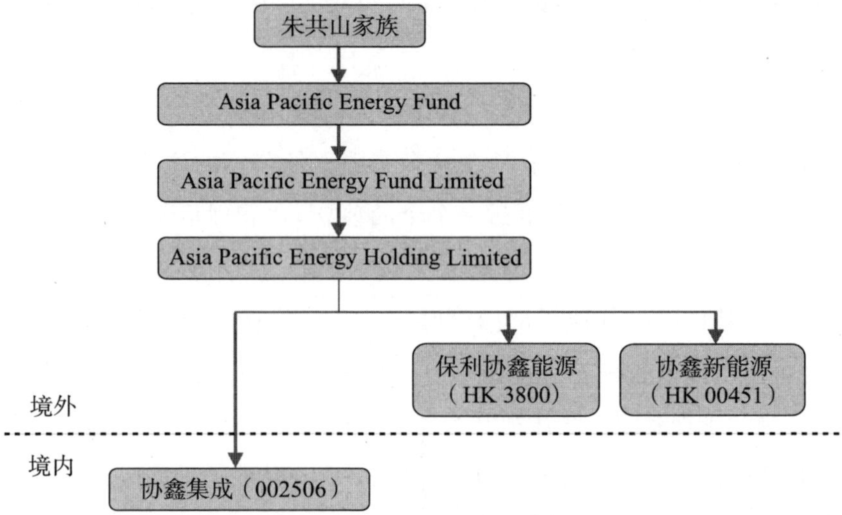

图 13-4 朱氏家族控股企业分布

4. 有限合伙企业

有限合伙(Limited Partnerships,FLPs)相对于有限责任公司,其在具有独立人格的同时,还有"先分后税"的优势。也就是说,家族成员从有限合伙获得的收益,不在有限合伙层面交税,而是在分配后自行缴纳。有限合伙企业的普通合伙人(GP)需承担无限责任,因此,其一般由家族控制的有限责任公司担任。其在 20 世纪末,盛行于美国,作为家族朝代信托(dynastic trusts)与家族的"链接"工具甚至取代家族朝代信托。①

有限合伙企业一般用于在具体股权投资项目上,由家族控制的有限责

① Barbara R Hauser ed. ,*Family Offices*:*The STEP Handbook for Advisors 2nd ed*,Globe Law and Business Ltd. ,p. 73.

任公司发起设立一个有限合伙企业，然后加入其他合伙人一起参与一个股权投资项目。因此，其投资标的或持股的资产一般不是公开发行的股票。对于需要对外募集的有限合伙企业，其普通合伙人还需要登记为“私募股权基金管理人”。

对于家族办公室中具有咨询资质的事务所，如律师事务所、会计师事务所等，可以注册为特殊普通合伙企业（Limited Liability Partnerships, FLLPs）。

5. 股份有限公司

家族设立股份有限公司（Incorporated, INC）一般具有将来公开发行股份的需求，一般不作为家族控股公司。

二、选择家族组织需要考虑哪些因素？

（一）家族治理的要求

如本书第二部分所述，家族治理需要通过一个家族组织体系将家族宪章和家族议会的意志体现到家族企业或家族活动中。家族组织体系的搭建应当考虑如下几个因素：

第一，方便管理各类资产。家族控股企业管理着家族庞大的资产，而这些资产又多种多样，甚至散落在全国或世界各地。因此，家族控股结构和组织形式的规划很重要。经规划后的组织形式应方便大小资产的转移（尽量避免过户交易的烦琐、评估及税费）。比如，家族资产以股权或股份为主，则有限责任公司或信托等组织形式就会更方便应用，而如果家族资产以房地产为主，则有限合伙或个人独资企业方式也可以适用。

第二，方便对外交流。庞大的家族资产有利于家族获得对外融资、提升对外合作时的谈判砝码，进而获得有利的合作条件。因此，如何将这些庞大的资产整合在一个企业形式或组织形式中，也是尤为关键的。例如，在申请对外融资时，集团化的公司更容易获得更高的信用评级，进而获取贷款的额度更大。

第三，税务筹划的考虑。蚕食家族财富的一个重要方面就是税收。因此，家族组织形式也应当充分考虑税务上的规划，尤其是在税前扣除、递延纳税、税务减免及非税科目上的考虑,有限合伙企业"先分后税"带来的优势,家族信托在遗产税上的优势等。

第四,责任隔离的考虑。如本书第二部分所述,家族成员债务应当与家族企业债务进行有效的隔离,因此,有限责任公司、家族信托等组织形式就更为有利。尤其当家族成员持有公众公司或合伙公司的部分权益时,不能以家庭资产对外提供,可以选择以家族控股集团等方式对外存在并提供担保。

第五,对婚姻风险的规避。虽然家族可能面临各种风险,但在家族组织的规划方面,婚姻风险是重点考虑的因素。像龙湖地产在海外设立的"丈夫信托"和"妻子信托"双规结构就是对婚姻风险的有效防范。简单地说,就是为了规避婚变的风险,在设定家族组织形式时,应尽量采用可以隔离夫妻之间共同债务的组织形式,比如家族信托和保险。

(二)家族办公室的需要

同上文中提及的其他工具一样,家族办公室工作的实施也离不开家族组织,这主要体现在如下两个方面:

第一,很多单一家族办公室本身就是一个组织形式,有的是家族信托、有的是有限责任公司。

第二,家族办公室作为家族掌管和财富传承的办公室,其与家族企业之间也应有一定的链接形式。比如,在美国,很多家族办公室是"家族有限合伙"(Family Limited Partnerships,FLPs)的"普通合伙人"。在美国,对于以公司(FLLCs 或 SFLLCs)形式存在的家族企业而言,家族办公室还可以作为其直接管理主体(这类企业在美国可以选择由一个人或一个组织作为管理人),负责企业管理,并将所有家族企业的收益通过"股权信托"等方式转移至家族信托。

(三)账户信息保密的要求

如本书其他章节所述,在《统一报告标准》等制度带来的全球税务透明的大趋势下,金融机构需要对非居民账户进行识别,并按照《统一报告标准》规则的要求,与该税务居民管辖国或地区进行信息交换。高净值家族因为可能存在海外身份,而对海外的税务相关法律法规不一定非常了解。如果有未申报的金融资产信息或未按照规定纳税,都将被税务当局处罚。因此,很多高净值家族都希望交换的信息尽量不要穿透到个人。

根据《统一报告标准》信息交换规则,如果高净值家族设立的公司是积极非金融企业或金融企业,则所报告的账户信息只有该企业的信息。但如果高净值家族设立的企业是消极非金融企业,则报告账户信息时,还需要穿透至家族成员个人。消极非金融企业主要指没有实际经营活动,主要为避税或隐瞒资产而设定的企业。相反的就是积极非金融企业。对于两者的判断可以从办公场地、管理架构、股本金、在职人员等几方面考虑。

很多中国高净值家族在海外设有离岸公司,如果该离岸公司被识别为消极非金融机构(如空壳公司),那么该离岸公司和背后实际控制人的信息都会被交换回来。如果离岸信托也被认定如此,委托人、受托人、受益人或信托实控人为中国税务居民的,涉税信息也会被交换回来。

2017 年欧盟公布了《税务目的下欧盟非合作司法管辖区列表》,将一些传统离岸司法管辖区列入灰名单。截至 2018 年底,灰名单包括 13 个管辖区:安圭拉、巴哈马、巴林、百慕大、英属维尔京群岛、开曼群岛、根西岛、马恩岛、泽西岛、马绍尔群岛、特克斯和凯科斯群岛、阿拉伯联合酋长国、瓦努阿图。于是,2018 年底,百慕大、英属维尔京群岛、开曼群岛、根西岛、泽西岛和马恩岛等地出台了经济实质法案。经济实质法案要求离岸公司必须在当地有实际经营业务。未能符合经济实质测试的相关主体,将被罚款,或者被强制注销。同时会将信息交换给离岸公司的母公司、最终母公司以及最终受益所有人税籍所在地;如果故意向当地税务信息局提供虚假或误导性信息,将被罚款或者面临牢狱之灾,或罚款刑罚同时进行;以及如果实体违反经济实质法是由于在董事、秘书或其他职员的同意下做出,那么该职员连同公司都需要承担诉讼风险并受到惩罚。

三、家族组织体系的管理需要注意什么?

一个家族办公室对家族组织体系的管理,主要指从组织体系的规划、管理与分工、维护、人员委派、对外协调与沟通等多方面来进行。但在对这个体系进行管理时，除上文提及的问题之外，有如下几个方面需要格外关注：

第一，责任隔离。需要研究各个法域项下对于“有限责任”和债权人追讨措施等的规定，避免因为人员、财务以及商业活动上的混同，造成责任隔离不净。

第二，管理成本控制。在实现责任隔离的目标下，应尽量控制管理成本，尤其是跨行业、跨区域和跨法域的管理成本和监管成本。在这方面，虚拟家族办公室和上述“系列有限责任公司”的做法都是可以借鉴的做法。

第三，信息隔离。信息隔离主要指如果家族对于财富信息的保密性要求较高（很多富豪家族都希望“藏富不漏”），在设定组织体系和安排人员时，应充分运用《统一报告标准》的制度规则，做好各个公司和企业之间的信息隔离。

第四，取得牌照。家族组织为了完成投资等任务，可能需要获得私募基金管理机构或金融牌照，要符合监管要求，有监管方面的投入。

第四部分

家 族 信 托

我们高净值家族目前主要处于“创一代”和“富二代”“交接”的临界点。从欧美国家家族信托在家族传承中的应用历史来看，家族信托在财富传承中被普遍应用，他们的高净值家族，在第三代的时候，以家族信托方式管理的财富将达到这个家族全部家族财富90%以上①。也就是说，到了家族第三代的时候，绝大部分财富已经以家族信托为管理工具。

根据福布斯中国与平安银行私人银行于2020年12月发布的《2020中国家族办公室白皮书》公布的调查结果，中青年调研参与者(30~49岁)首选家族信托的比例普遍在50%以上，甚至高达60%，由此可以看出，未来将执掌家族财富或正在执掌家族财富的“中流砥柱”参与者已经具备一定的家企风险隔离意识。同时调研还发现，60~69岁的调研者对于家族信托的需求最为迫切，体现在对于家族信托的首选程度高达80.0%，由此可以看出，家族信托“世代永续传承”“防范子女挥霍”“激励约束后代”等积极的功能已经获得了第一代创业者的普遍认可。

---

① Hartley Goldstone & James E. Hughes JR. & Keith Whitaker, *Family Trusts-A Guild for Beneficiaries, Trustees, Trust Protectors, and Trust Creators*, John Wiley & Sons, Inc., 2016, p. 14.

第十四章

家族信托种类繁多，你如何选择？

家族信托最早发展于20世纪初的美国，那时美国经济大发展，造就了很多富豪，而富豪为了节省遗产税，开始寻求以家族信托为工具节省税费。后来慢慢结合家族办公室的运用，家族信托成为富人财富打理和传承的必要工具。在家族信托业务在美国蓬勃发展之前，信托以一种独立财产权的形式帮助人民保护财产。20世纪以后，信托制度被陆续传入日本、韩国、中国香港、我国台湾地区等地。

中国从1994年开始，组织专家成立信托法起草组，远赴美国、加拿大、日本和中国香港等地调研，经过多年起草、修订，直至2001年我国《信托法》才正式颁布。而我国的家族信托服务也只是从2013年在金融机构间才零零散散的起步，主要是平安银行、招商银行等私人银行跟大型信托公司为了满足日益增加的富豪人群，进行的一个私人银行业务创新。直至2018年9月4日，信托公司监管部门——中国银保监会发布了《信托部关于加强规范资产管理业务过渡期内信托监管工作的通知》（信托函〔2018〕37号，以下简称《信托监管通知》）才以部门规章的形式明确了家族信托到底是一项什么业务。

第一节　家族信托到底是什么？

一、官方定义

《信托监管通知》从业务监管角度，对家族信托做了一个规范化的定义：家族信托一般指信托公司接受单一个人或者家庭的委托，以家庭财富的保护、传承和管理为主要信托目的，提供财产规划、风险隔离、资产配置、子女教育、家族治理、公益（慈善）事业等定制化事务管理和金融服务的信托服务业务。家族信托财产金额或价值不低于1000万元，受益人应包括委托人在内的家庭成员，但委托人不得为唯一受益人，单纯以追求信托财产保值增值为主要信托目的，具有专户理财性质和资产管理属性的信托业务不属于家族信托，但对“家庭成员”的具体范围未做明确。《民法典》第1045条对“家庭成员”做了界定：配偶、父母、子女和其他共同生活的近亲属（除前述主体外，还有兄弟姐妹、祖父母、外祖父母、孙子女，外孙子女）为家庭成员。

上述定义是中国监管机构的官方定义。但其主要从业务监管角度进行定义，所以主要针对受托人是信托公司的家族信托。但实际上，家族信托的受托人不仅是信托公司，家族信托的服务也不仅是信托公司能够提供，在很多国家家族信托更多的是民事信托，由家族成员在律师等专业人士的指导下自主设立。

二、家族信托的分类

家族信托按照不同的角度可以分为很多种。比如按照信托目的可以分为“防止子女挥霍信托”“家庭保障信托”等，按照信托财产类型可以分为“股权信托”“房地产信托”等。目前国内很多金融机构总结出的家族信托类型更多是为了给客户一个直观印象，方便营销。

在美国，家族信托可以分为委托人信托（grantor trust）和非委托人信托（non-grantor trust）；可撤销信托（revocable trust）和不可撤销信托

(irrevocable trust)。此外,还有全权信托或自由裁量信托(discretionary trust)、固定信托(fixed trust)、防止挥霍信托(spendthrift trust)、永久信托(perpetual trust)、生前信托(living trust)等。

英国信托对于民事信托的应用最为丰富,种类主要有7种:简易信托(bare trusts)、收益独立信托(interest in possession trusts)、酌情处理信托(discretionary trusts)、收益累计信托(accumulation trusts)、委托人收益信托(settlor-interested trusts)、混合型信托(mixed trusts)和非居民信托(non-resident trusts)。每一种信托都有自己独特的税务地位和税率。

在澳大利亚,信托的种类大致上可分为以下几种:固定信托(fixed trust)、单位信托(unit trust)、全权信托(discretionary trust)、家庭信托(family trust)、简易信托(bare trust)、混合信托(hybrid trust)、遗嘱信托(testamentary trust)、慈善信托(charitable trust)、退休金信托(superannuation trust)等。狭义范围上的家族信托主要指全权信托(discretionary trust)、家庭信托(family trust)、遗嘱信托(testamentary trust)等。

虽然家族信托种类有很多,但实际上真正有法律意义的分类标准主要有两个:一个是家族信托是否有债务隔离等功能;另一个是家族信托是否有独立税务身份以及其适用的税种税率。前者是司法裁判事项,也就是说,即使家族信托有效设立了,也不一定能起到隔离债务的作用。后者是税务征收事项。除此之外,下文也将对生前信托、遗嘱信托、慈善先行信托和慈善剩余信托进行介绍。

(一)委托人信托和非委托人信托

美国法下的委托人信托(grantor trust)项下,委托人保留了信托财产的管理权利,包括撤销、修改和终止信托。委托人对信托财产有控制权。委托人同时是信托受托人以及享受信托本金和收益的受益人。因此信托项下的本金和收益视为委托人的本金和收益,相应的征税额和抵扣额按照委托人个人收入和财产执行。这类信托没有自己的纳税人编码(tax identification number)。

在非委托人信托(non-grantor trust)项下,委托人不保留上述信托财产的管理权以及对信托的撤销权。只有受托人有权终止信托,分配收益。其有单独的纳税编码,视为单独的纳税主体。

委托人信托和受托人信托都有财富传承、防止子女挥霍以及合理分配收益等优势。两者对重大区别在于:

(1)债务隔离。只有非委托人信托才不被视为委托人的财产,而是视为信托财产,具有独立的财产地位,因此能隔离债务风险。

(2)税务。根据美国税法典的相关规定,"委托人信托"(grantor trust)属于"税务透明体",不是应纳税主体。委托人信托视为委托人个人财产,其征税额和抵扣额跟随个人。非委托人信托视为信托独立财产,具有独立的财产属性,可以享受相应的税收优惠。

(二)自由裁量信托和虚假信托

自由裁量信托(discretionary trust),又称为"全权信托"或"酌情信托",此类信托在英美等发达国家的高净值家族中应用最为普遍,一般用以保护家族财产以及税务筹划等。在此信托项下,委托人一般只给受托人一个原则性的指引(太具体或限定太多则可能被认定为"虚假信托"),受托人有权按照该等原则自行决定在委托人划定的受益人范围内如何分配,可以少分、多分(如上学等特殊事项需要)甚至不分。受益人对信托财产本身并无任何固定的权利,有的只是在受托人分配财产时被考虑的权利。根据美国税法典的相关规定,"自由裁量信托"(discretionary trust)[①]可以作为纳税主体,需要就全球的收入进行申报。

如果信托的设立并没有赋予受托人充分的权利去为了受益人的利益管理信托,而是通过委托人权利的各种保留仍由委托人控制信托,进而规避债务,则这样的信托可能被视为"虚假信托"(sham trust)。虚假信托是一个司法实践中总结出的概念。

---

① 根据《美国税法典》第661~662章节的规定,可以积累收入并且信托文件或其他相关文件不要求将当期所有净收益分配给受益人的信托被称"自由裁量信托"(discretionary trust)或"复杂信托"(complex trust)。

英国高等法院谢尔盖·普加乔夫案是一个失败的财产保护信托案例。普京曾经的亲信谢尔盖·普加乔夫(sergei pugachev)曾为自己设立了5个新西兰信托,如果信托设立成功,即便法院对他下达全球资产冻结禁令,他信托内的财产也不会被执行。但这个信托最终都被法院判定为资产隔离无效(或称"虚假信托")。

谢尔盖·普加乔夫是曾经的俄罗斯著名亿万富翁,在克里姆林宫有很大的影响力,被称为"普京的银行家",产业曾遍及银行业、建筑业及造船业。

普加乔夫于1992年开始运营国际物业银行(mezhprom bank),这个银行后成为俄罗斯最大的私有银行之一,受2008年金融危机影响,这家银行于2010年破产。为转移财产,在2011年至2013年Mezhprom银行清算期间,普加乔夫设立了这5个全权委托信托(亦称自由裁量信托 discretionary trust),信托资产约9500万美元。这5个新西兰家族信托分别是:2011年12月设立的London Residence信托,受托人是Kea信托公司;2013年7月16日设立的Kea Three信托,受托人是Kea信托公司;2013年7月16日设立的Riviera Residence信托,受托人是Finetree信托公司;2013年10月3日设立的Wiltshire Residence信托,受托人是Bramerton信托公司;2013年11月28日设立的Green Residence信托,受托人是Bluering信托公司。普加乔夫不但是这5个信托的酌情受益人,还是第一保护人。根据信托文件的约定,只有在普加乔夫去世或残疾时,他的儿子才可以成为第二保护人。同时,信托文件赋予了保护人(普加乔夫)极大的权力:有权决定信托资金的收益或本金分配;决定信托资金的投资;自由增删酌情受益人;变更信托契约;给予或撤销契约文件赋予的受托人的权利;有权任命或增加新的受托人;受托人就信托资产的具体投资需获得保护人的书面同意等。2015年7月,普加乔夫还通过行使保护人权利将5个信托的原受托人全部更换成由其严密控制的、四个新成立的信托公司。

之后,Mezhprom银行清算人DIA以债权人的身份向普加乔夫提出索赔,并向英格兰和威尔士高等法院提出冻结其全球财产,随之普加乔夫在新西兰设立的5个家族信托也随之露出水面。清算人认为,普加乔夫所设离岸信托中的巨额信托财产实际上还属于普加乔夫本人,应当被强制执行。清算人从两个方面向法院提出这些信托无效的主张:

第一,这些信托属于“虚幻信托”(illusory trust),普加乔夫作为委托人和酌情受益人,以及作为保护人拥有广泛权利,普加乔夫可以让信托全部为自己行事,意味着信托的真正效果是为普加乔夫设立信托,让普加乔夫控制信托资产。

第二,信托是“虚假信托”(sham trust),设立信托的真正意图“不是把他的财产控制给其他人,而是把他的控制权隐藏起来”。

此外,清算人还从另一方面主张这些信托可以“被撤销”:清算人认为,即便普加乔夫的信托是有效的,并且信托拥有信托资产所有权,也应根据1986年《无力偿债法》第423条的规定予以撤销,因为其设立目的损害了债权人的利益。

2017年伦敦高等法院对上述案件进行审理,法院认为:普加乔夫设立信托契约,并赋予自己保护人角色而保留了广泛的权力,保护人可以为自己的私利而行使权力。这些契约条款如:

归属于受托人的以下权力和裁量只能在保护人提前十四天前收到书面通知且给予的书面同意的情况下才能行使:

(a)确定早于80年的分配日期(注:信托条款规定分配日是在信托执行80年后);

(b)信托资金的收入和/或资本的分配;

(c)信托资金的投资;

(d)宣布任何人不再是自由裁量受益人和/或不能成为自由裁量受益人;

(e)信托契约的变更;

(f)释放和撤销本契约文件赋予受托人的权力。

此外,在信托性质方面,法官认为自由裁量权信托使得其酌情受益人对财产不具有所有权,且普加乔夫的信托中所有酌情受益人均可以被移除,其他人可以被加入,因此,该五个新西兰信托并非为受益人的利益所设立。

所以,法官认为,普加乔夫设立信托的真正效果是"让普加乔夫控制信托资产",并没有"剥夺普加乔夫的实际所有权"。普加乔夫设立 5 个信托的真正意图是让其"保留最终的控制权"。因此,最终法院认定此信托属于"虚假信托"(sham trust)。普加乔夫才是所有信托财产的所有者,而信托本身并非信托财产的所有者,债权人可以追偿信托财产。

并且除此之外,普加乔夫还被判决 24 个月藐视法庭罪,因为其违反禁令离开管辖区、在资产冻结令下仍转移资产、拒绝提供移动设备和电子邮件账户的密码、不能解释大笔资金、提供虚假证据等。

很多高净值家族设立家族信托时,既希望保留控制权,又希望能隔离债务。但应当在信托的设立目的、设立时点、信托财产独立性、受托人权利、保护人职能发挥、受益人利益等方面进行恰当的设计,防止被认定为"虚假信托",进而被债权人追索。

在中国法项下,也有类似于"虚假信托"的规制,法律要求信托设定的目的不能是为了逃避债务、信托财产必须是合法财产等。债权人如果认为家族信托的设立侵害了其利益,可以在知道或应当知道 1 年内向法院申请撤销家族信托等。

同时,信托公司开展的家族信托业务中,为了起到债务隔离的效果,也有"自益信托"和"他益信托"的分类。《信托监管通知》也明确要求信托公司设立的家族信托,委托人不能是唯一受益人。但信托法是允许委托人是唯一受益人的,大部分国家法律也允许委托人作为受益人设立家族信托。如果委托人是唯一受托人,就是一种"自益信托",类似于英美国家的"可撤销信托",家族信托就不能起到财产独立和债务隔离的功能。而有其他非委托人作为受益人的信托就属于"他益信托",类似于英美法下的"不可撤销信托",一般具有债务隔离功能,除非信托设立时就存在逃债的目的或信托本身就存在无效的情形。实践中,很多信托公司为了满足《信托监管通知》的要求,在营销客户设立家族信托时,要求客户一定要找个其他家庭成员过来做受益人，哪怕受益分配按照委托人 90%、其他家庭成员 10% 来设定。但上述“自益信托”和“他益信托”的规则并不是仅靠设置个其他受益人就可以的，在上文提及的“虚假信托”案例中，虽然委托人设立了“他益信托”，但同样被债权人“刺破”了信托保护层。

另一方面，国内信托公司将开展的家族信托业务分为三类，全权委托家族信托、部分委托家族信托和指令型家族信托。三者的区分主要在于资产配置上，也就是说家族信托资金投向是信托公司负责、信托公司和客户（或其顾问）共同负责、还是客户（或其顾问）单独负责并给信托公司下达指令，与英美法下的“全权信托”有很大的差别。

除上述少有的规定和实践经验之外，对于其他方面可能导致虚假信托的情况没有规定，也没有相应的判例可以作为参考。因此，国外的做法或许可以作为将来司法裁判可能结果的考量。

在这个案例中，从信托目的和设立时点方面，五个新西兰信托均在其经营的银行资不抵债后才设立，具有明显的“逃债”目的；从信托财产独立性方面，资产在被转入信托以后，普加乔夫仍然继续直接管理这些资产，且信托向其个人提供大量借款，进而与其个人财产混同。在一个香港法院裁判的股权信托的离岸信托案例中，委托人甚至要求受托人直接将信托持股公司的股息分红不归入信托而直接打入股东个人账户。①

信托虽然设定了受托人，但普加乔夫通过保护人的角色严重限制了受托人的权利。而保护人又是他自己。在上述香港法院的裁判案例中，如果受托人是私人信托公司，而委托人通过董事会等方式控制私人信托公司，也视为使受托人权利的形同虚设。

在保护人方面，普加乔夫对保护人设定的权限过大，严重侵犯了受托人应有的权利。保护人通常是对受托人行为进行监督，这种监督一般也是事后监督，如果受托人不能胜任，保护人可以更换受托人，但不能事无巨细的审批。此外，保护人通常不能设定为委托人本人，这样很容易被认定为

① 详见邢成、管百海编：《家族信托理论与实务》，经济管理出版社 2020 年版，第 251 页。

"虚假信托"。实践中保护人的角色可能由委托人信赖的律师等专业人士担任,也可以由能够胜任的家族成员担任。在家族成员担任的时候,可以为了保护人功能的实现,委派一个"委员会"团队辅佐保护人履行职责。

在受益人利益方面,家族信托的设立以及保护人职责的履行最终都是为了受益人利益。而在上述案例中,只有普加乔夫同意的情况下受益人才可以享受信托资产的益处,这与没有设立信托无差。

从债务隔离角度而言,可撤销信托和不可撤销信托的分类意义与此类似。

(三)境内信托和离岸信托

境内信托和离岸信托(或境外信托),有的国家如加拿大也区分为居民信托和非居民信托,主要是按照委托人、受托人和受益人的国籍或税务身份,或按照信托设立地或"控制地"来进行划分的信托。

各国和各地区对于离岸信托的定义有所差别,例如,新加坡将"境外信托"定义为委托人及受益人均非本国公民的信托;美国则定义为受托人非本国公民或本国法院无法有效行使控制权的信托。加拿大主要以委托人是否为加拿大居民来区分,非居民信托应该是委托人为非加拿大居民设立的信托。但如果委托人在向信托转移资产或离世前的五年内是加拿大居民,且信托受益人有加拿大居民的,也视为"居民信托";中国香港则以"控制地"为划分标准,认为是信托受托人不在香港对信托进行管理和控制的信托。

境内信托和境外信托所享受的税收待遇有所差别。如在新加坡,被认定为境外信托的,可以享受所得税豁免(exemption)。而在中国香港地区,如果被认定为境外信托,视为信托项下的收入为"非香港本地资产所得",豁免利得税。美国则对于境内信托在全球范围内的收入进行征税,而对于境外信托只就其在美国境内的收入征税,受益人是美国税务居民的,需要对其获得信托收益纳税。加拿大对于居民信托在全球范围内的收入进行征税,对于非居民信托,只就该信托及其受益人的境内收入纳税。受益人是加拿大税务居民的,需要对其获得信托收益纳税。但在加拿大信托财产分为收益(income)项目和资本(capital)项目,如果受益人的分配的财产列入资本项目,可以只申报不纳税。

(四)生前信托和遗嘱信托

生前信托在美国基本上是遗产继承中的标配。笔者在下一节中详细介绍。

生前信托和遗嘱信托是家族信托中两种常见的类型。两者在信托设立的时间和设立的方式上都有所不同。简言之,遗嘱信托是委托人以遗嘱的方式设立的信托,该类信托在立遗嘱人去世后方成立;而生前信托是委托人生前以信托合同或其他形式设立的信托,在委托人生前即成立生效。有关这两个信托的应用与区别详见下文。

除上述两类家族信托之外,为了实现高净值家族或家族企业的特殊目的,可以设立慈善信托、保险金信托、员工福利信托、离岸信托等。这些信托对于信托公司而言,都属于"服务信托",信托公司主要提供的是资产流转、资金结算、财产监督、保障、传承、分配等受托服务,为了实现家族的特定目的。而传统的资金信托主要给家族提供的是资产管理服务,包括项目筛选、资产配置以及投后跟踪管理等,主要目的是帮助家族实现资产的保值增值,获取投资收益。由于国内的信托公司长久以来以理财型的"信托产品"向高净值家族提供服务,且很多信托公司的财富顾问也继续沿用理财产品的营销方式推介家族信托,所以很多高净值客户对于家族信托仍有片面的理解。

(五)慈善先行信托和慈善剩余信托

家族信托是"私益信托",而家族慈善信托则属于"公益信托"。国外的家族慈善信托不乏有一些将两者融合的制度。例如,在美国有两类信托属于这种"融合"的信托。

第一种是慈善先行信托(charitable lead trust)。根据该信托,受托人将在信托文件约定的固定期限内(如20年),把信托财产中的一定比例或一定数额,按照一定的时间节奏(如按月或按年)支付给慈善机构或慈善受益公众。而在设定年限到期后,由捐赠人或指定的受益人受领剩余的财产。家族成员设立这种信托主要是考虑在设定家族信托或遗嘱信托时，为了节省所得税（税前扣除）和遗产税等税费，而设立这种信托。家族成员无需一次性交付财产，可以建立一个持续性的交付财产的约定。交付的财产可以分为现金财产和非现金财产。这类信托为“不可撤销”信托。接受捐赠的慈善组织或慈善项目应当事先约定在信托文件中。

第二种是慈善剩余信托（charitable remainder trust）。受托人将在信托文件约定的固定期限内（最长 20 年），把信托财产中的一定比例或一定数额，按一定时间间隔（如按月），在支付给慈善机构或慈善受益公众的同时，支付给捐赠人或其指定的受益人。分配财产一般在信托财产的 5% ~ 50% 之间。而在设定年限到期后，由慈善机构受领剩余的财产。同上述慈善先行信托，此类信托也可以享受所得税和遗产税等方面的优惠，家族成员无需一次性交付财产，可以建立一个持续性的交付财产的约定。交付的财产可以分为现金财产和非现金财产。但与慈善先行信托不同的是，接受捐赠的慈善组织或慈善项目可以随时调整。①

如本书第三部分所述，慈善先行信托在中国已经有所尝试，比如著名主持人孟非设立的“孟想非凡 · 慈善先行信托”。

第二节　生前信托

生前信托是很多美国高净值家族的标配。但不管你是否有美国身份，只要你在美国有资产，将来在美国涉及遗产继承，你都可以设立一个可撤销生前信托避免遗产认证程序。

一、美国复杂的遗产认证程序

在美国，人去世后，如果没有事先安排，法院会介入遗产的处理，即所

① 资料来源：*Charitable Lead Trust*，https://www. investopedia. com/terms/c/charitableleadtrust. asp，2021 年 3 月 14 日访问。

谓的遗产认证程序，包括财产盘整与估值、缴纳税款、偿还债务、分配财产等行政程序，遗嘱认证期限最短是6个月，涉及财产数量多、情况复杂的，或者在加州、内华达州、佛罗里达州等程序和排期更为烦琐的地方，这个程序可能需要一年以上甚至几年的时间。费用也不低，大致相当于认证财产价值的1%～7%。因此，很多律师都建议客户对遗产做好事先安排。

由于中国没有遗产认证流程，所以，很多人都靠遗嘱来处分财产。但在美国仅有遗嘱是不能免除上述认证程序的。

二、遗产认证程序的规避

根据遗产的类型，首先可以通过事先设定的“账户”来免除这个认证程序：比如股份、债券和基金类财产，可以在相应的证券账户项下指定账户持有人去世后的账户所有人或受益人，即“死后转移账户”；对于现金，可以在银行开立“共同账户”或“保管账户”，共同账户一方去世的，提供死亡证明后可以将其账户权益转移给剩余一方，保管账户则是设定一定的保管期，保管期过后账户权益转移给子女或其他继承人。如果有退休金账户，可以直接在账户项下设立一个受益人。美国对于储蓄债券也可以设定共有账户，操作与上述共同账户类似。

除了账户处理方式之外，被继承人还可以选择通过生前赠与、人寿保险、可撤销的生前信托等方式进行事先安排。对于遗产数额较小的（一般不超过10万美元），可以申请适用免认证转让或简化程序。

对于遗产数额在几十万美元以上的，就可以考虑设立一个“可撤销”的生前信托。这类信托起到代替遗嘱的作用。与一般信托不同，可撤销生前信托的委托人、受托人和受益人可以是同一个人，委托人生前可以完全靠这个信托随意控制和处分自己的财产。委托人离世后，就可以按照信托约定分配或传承给自己的孩子，也可以将其转化为“不可撤销信托”。

上述各种账户分配、共有设定、生前赠与等安排都有一个弊端，就是“送出去了”就回不来了。如果你送出去时本来是想给你的儿子，结果给你儿子之后你儿媳妇占有了一半，或者你送出去时儿子对你还挺好，送出去之后儿子对你就不好。这些问题都是单纯靠“送出去”协议解决不了的。因此，虽然生前信托在税务上跟个人纳税没太多差别，但在法律工具上，生前信托给设立人设立了一个自己可以掌控的“资产池”，他可以随时调整这个资产池，随时决定从池子中取一些分给家人，随时从资产池拿一些财产出来去融资或消费。等有一天不幸去世了，资产池可以转给其他人（继任受托人），由他继续按照设立人的意愿去管理这个池子。

如果设立人的财产很多很分散（如分散在全球各地），可以在设立生前信托时，同时签署一份遗嘱，声明在去世后将“资产池”之外的财物也放入池子中，这份文件在法律上称“倒入遗嘱”（pour-over will）。[①] 这种生前信托 + 倒入遗嘱的做法，在梅艳芳家族信托案例中被使用。

2003 年 12 月 3 日，梅艳芳弥留之际，在何傅瑞娜、刘蔡秀莲和主治医生的见证下签署了信托契约和遗嘱。对于信托契约，梅艳芳在签署前向刘蔡秀莲询问了 Karen Trust 的诸多安排，譬如受托人能否任意增加或减少受益人等。在得到刘蔡秀莲的答复或解释后，梅艳芳签署了信托契约。对于遗嘱，遗嘱仅载明梅艳芳在去世后的所有遗产都应转入 Karen Trust。Karen Trust 是一个依据开曼法律设立的酌情信托（discretionary trust），其中，梅艳芳是设立人，HSBC 是受托人，同时也是遗嘱的执行人。作为酌情信托，Karen Trust 赋予了受托人 HSBC 较大的权力，如取得和管理信托投资收入、变更受益人、认定被排除人士等。

除了信托契约和遗嘱，梅艳芳还于 2003 年 12 月 3 日确认了受托人备忘录（trustee memorandum）。在该备忘录中，梅艳芳向受托人表达了以下意愿：（1）在梅母在世期间，受托人应为梅母持有信托资产，并每月向其固定分配 7 万港元；（2）将两处分别位于 Happy Valley 和伦敦的房产赠送给好友刘培基；（3）留出 170 万港元用于 4 名侄子侄女的教育：在这 4 人 25 岁前接受全日制高等教育时，Karen Trust 每年将给付 10 万港元给相应的受教育者，但每人最多不超过 40 万港元，剩余 10 万港元作为 HSBC 的管

① ［美］杰弗里·康登：《生前信托顾问：你所需要的财富传承实务》，黄箎蕙译，法律出版社 2020 年版，第 22 页。

理费;(4)在梅母去世后,信托资产全部分配给妙境佛学会有限公司(New Horizon Buddhist Association Ltd.)。

从信托安排上来看,Karen Trust 采纳了“生前信托(living trust) + 倾注遗嘱(pull over will)”的方式。这样的安排可以综合信托和遗嘱的优势,不仅可以利用信托的隐密性,还可以利用遗嘱将设立人生前未能放入信托的资产全部转入信托。①

三、“非美国税务居民”设立生前信托需要考虑的问题

在美国,生前信托是可以随时撤销的。所以,生前信托并不是一个独立的纳税主体。信托财产所产生的收入,都视为委托人的个人收入,由委托人缴纳个人所得税,或由受益人缴纳所得税,信托本身并不缴税。但这是在美国的情况。如果你是其他国家的税务居民,你在美国设立生前信托的同时,还需要遵循税务管辖国的要求。例如,如果你是加拿大税务居民,加拿大税务部门一般将境内或境外设立的信托视为独立的纳税主体。当你将你的财产转让至生前信托中时,加拿大税务部门会按照“交易”原则,要求你对财产“首次获得”与“转让给信托”之间的财产增值部分纳税。虽然加拿大和美国之间有避免双重征税的税收协定,但由于委托人在美国没有此类税收,就会造成设立生前信托本来是为了节省遗产认定时间和费用,却最后要承担更多的税负。中国法律没有对这种“境外信托”的设立和财产转移方面的税务有明确的规定,但国内的家族信托财产转移本身也是按照真实交易纳税的。中国也是“全球征税国家”,中国税务居民需要对其全球范围内的收入缴纳个人所得税,中国税务部门会不会也要对这种设立信托的“交易”行为征税呢?你设立生前信托的这个信息会不会通过日后中美两国实施的《海外账户税收合规法案》信息互换规则被中国税务部门知晓呢?当然,你也可以成立“不可撤销信托”,进行跨境税务上的筹划,争取获得“避免双重征税”规则的适用。但成立“不可撤销信托”需要

① 王毅博:《旧案重提之梅艳芳家族信托》,载品略网,http://www.pinlue.com/article/2019/11/0219/529761883347.html,2021年2月8日访问。

付出更多的成本和精力,则需要根据家族成员身份、财产等情况另行规划。

四、夫妻双方设立生前信托需要考虑的问题

夫妻双方生前可以一同设立生前信托。但为了防止在出现婚变情况下,无法就撤销生前信托达成一致,可以在设立生前信托时,同时赋予夫妻任何一方在一定条件下的单方撤销权,可以列明可以单方撤销的条件、资产范围等。

夫妻一方去世后,可以先利用离世一方终身赠与免税额,原生前信托的对应财产划入一个新的信托,将委托人信托转化为非委托人信托,未离世配偶和孩子都可以继续享受收益,即使日后信托财产分配给子女,也不视为遗产,无需缴纳遗产税。而原夫妻设立的生前信托中剩余的财产可以利用"夫妻间无限继承免税额"(marital deduction),转让另一个信托,这样可先避免缴纳遗产税,直至夫妻另一方也去世时才缴纳,达到递延缴纳遗产税的目的。但能够享受 marital deduction 的配偶必须双方是美国公民,或者这个生前信托是有效设立的美国国内信托,信托的受托人是美国公民或美国注册的企业,且对信托财产的分配有决定权。

第三节　遗嘱信托

遗嘱信托是指立遗嘱人于遗嘱中载明将其全部或一部分财产,在身故后,信托于受托人,使受托人依信托本旨,为遗嘱中所定受益人或其他特定目的,管理及处分信托财产。与传统的遗嘱相比,遗嘱信托具有按照委托人意愿管理和运用遗产、加强家族财产规划、避税、提供后代生活保障等优势,进而减少不必要的遗产纠纷,能够更有效地贯彻委托人的意愿和目的。

遗嘱信托是家族信托的一种类型,是一种典型的"身后信托",在西方被称为"坟墓里伸出来的手",信托的委托人可以通过遗嘱信托的方式在其去世后仍然按照其生前意愿操控其财产。遗嘱信托实际上是发挥了"遗嘱"和"信托"的双重法律工具的功能,让遗嘱人既能按照其意愿设立遗嘱

（远离法定继承带来的对其意愿的违背），并能借助信托工具的优势，实现对遗产的合理管理、投资、分配以及传承。我国《民法典》和《信托法》也承认遗嘱信托作为信托设立的方式之一。设立有效的遗嘱信托，既需要遵守遗嘱方面的法律规定，也要遵守信托方面的法律规定。在遗嘱信托中，除了应当记载法律对于遗嘱内容要求的事项外，还必须记载信托法规定的法定事项。如果信托财产不予明确的指定，或者受益人不确定或不清楚等，都会导致信托无效。

对于开征遗产税的国家，遗嘱信托可以对遗产税进行一定的规避：遗嘱信托生效后，经过一定的认证甚至缴纳遗产税的程序，遗产变为信托财产，后代将可以以受益人身份分配信托财产和收益，而不用再去缴纳遗产税。但为了更好地规避遗产税，可以将遗嘱信托转变为生前信托。

一、应该设立遗嘱信托还是生前信托？

"生前信托"和遗嘱信托最主要的区别就在于信托生效的时间点。一般的信托在设立时就成立并生效（同时也需要满足信托财产登记和信托登记的要求），但遗嘱信托即使其在遗嘱人生前就设立了，但需要在遗嘱人身故后才能生效。因此，设立遗嘱信托还是生前信托主要看遗嘱人对于其生前对其财产是否也有风险管理、保值增值、税务筹划等功能的需要。如果有，则可以在生前就将财产转移给信托，设立生前信托。

除前述内容外，相对于遗嘱信托，生前信托还有几个好处：

第一，如果你想找信托公司做受托人，生前信托比较容易被接受，而遗嘱信托因为遗嘱效力及执行等复杂性，不太适合商业信托的业务模式。

第二，委托人设立了自己的生前信托后，可以在生前就检验一下自己选择的受托人或保护人（他们可能是未来的遗产执行人）是否适合，也可以检验一下这些受益人对财富的认识和态度；如果不满意，可以随时更换。

第三，如果在遗产分配环节涉及遗产税、赠与税等，相对于去世后才能生效的遗嘱信托，生前信托可能更为有效地规避这些税费，毕竟从法律上讲很早之前财产就转移给了信托。

在美国，更多的人会选择设立生前信托（living trust），除上文提及的信托需求之外，还因为：

第一，由于在美国遗嘱信托（testamentary trust）及财产的转移需要律师和法院一套复杂的认证程序，将耗时6个月到两年（有的甚至好几年），遗产一直处于冻结的状态，费用相当于总遗产额的4% ~10%（有人将其视为法律赋予律师的“小金库”）；

第二，认证过程将会导致遗产有关资料成为公众资料，家族成员和生意竞争者都可以查阅，不能起到保密的作用。

为了避免上述情况，很多美国高净值家族会设立一份生前信托。因为美国的“生前信托”一般委托人、受托人、受益人、保护人都可以由高净值家族成员自行设定（甚至自己来担任），信托也可自行撤销（可撤销信托）。表面上把财产放到信托中，但设立人保留了完全的支配权和控制权。信托文件中可以约定，待委托人去世后，可以将信托财产转为遗产，并按照事先准备好的遗嘱进行分配，即“生前信托＋遗嘱”的方式。虽然这种信托很难起到隔离债务等作用，但却帮立遗嘱人节省了很多的时间和金钱。

还有一个类型的生前信托为“不可撤销信托”，为了隔离债务，并且减免税务。上述可撤销信托，法律上仍认定其是委托人的财产，没有实际形成信托财产的转移，没有自己单独的EIN税号，因此没有债务隔离作用，也不会享受遗产税等优惠。

此外，遗嘱信托的本质属性仍是“遗嘱”，因此，遗嘱信托是否有效，取决于它是否满足了上文提及的遗嘱的各项条件，这个条件要高于生前信托，设立时应请专业的人士帮忙。

二、已经有生前信托是否还需要遗嘱或遗嘱信托？

如果高净值家族成员在生前已经设立了一份生前信托或家族信托，但打算在其身故后将财产分配给其继承人或受赠人，则可以再立一份遗嘱或遗嘱信托，声明身故后将信托财产转为遗产，并可以由原信托受托人或新指定的遗产管理人管理并分配遗产。

但如果高净值家族成员不想将信托财产转为遗产并进行分配，但又担心去世后信托财产无法按照自己的意愿进行管理和分配，则可以在生前信托中设置保护人，在身故后代替自己行使类似于委托人的权利。并对保护人不能履行职责时，其继受人如何选择的问题进行明确。

此外，目前在中国，由于没有信托财产转移的相应法律支持，房产和股权等暂时不便于直接转移给信托（需要缴纳高额的税负），而通过继承和赠与可以节省这部分税负，因此，目前情况下，还需利用“生前信托 + 遗嘱”的方式解决现实中的操作问题。

第四节　国内家族信托的探索与操作障碍

近几年国内家族信托业务发展迅猛。以商业银行和信托公司为主的营销推动是加速国内高净值客户财富管理转型的主力。稳定的市场需求给了很多金融机构锻炼队伍的机会，头部私人银行和信托公司已经搭建了具有中国特色的家族信托服务体系。但家族信托是一个实践性要求很高的业务，也是家族财富传承中最为灵活的工具。它允许在不触碰基本法律底线情况下的任意创造。而因为存在一些方面的制度缺陷和实践缺陷，家族信托的优势并没有完全发挥出来，也有碍于高净值家族通过国内家族信托实现家族财富传承目的。

一、国内家族信托的探索

上文提及了英美国家很多家族信托实践的内容，是英美国家一百年以上的司法实践和探索的积累。国内家族信托服务仅仅开展了几年，虽然与英美国家之间有文化上的差异，但信托和家族信托的工具作用是一致的，需要国内家族信托从业人士在现有制度下进行大胆的探索。例如，中信信托作为受托人的“孟想非凡 · 慈善先行信托”就是一种探索。

实际上中国信托法并没有限制这样的探索，反而可以找到一些探索的依据。比如，《信托法》规定：委托人可以是同一信托的唯一受益人。受托人可以是受益人，但不得是同一信托的唯一受益人。委托人是唯一受益人的，委托人或者其继承人可以解除信托。设立信托后，委托人是唯一受益人且委托人死亡，信托终止，信托财产作为其遗产。通过上述规定，除了委托人不能做受托人之外，上文提及的“可撤销”生前信托完全可以在中国设立。你可以去找个律师，起草一份生前信托合约，委托人为你自己、受托人是你配偶、受益人是你自己。对于这种信托债权人可不可以申请撤销呢？根据现有法律是可以的。根据信托法委托人设立信托损害其债权人利益的，债权人有权申请人民法院撤销该信托。设立信托前债权人已对该信托财产享有优先受偿的权利，可以对信托财产申请强制执行。

但似乎监管部门最后颁布的《信托监管通知》限定了家族信托对上述宽松法律的适用：例如，《信托监管通知》规定受益人只能是家庭成员，则上文提及的慈善先行信托的受益人除了孟非家人还有慈善组织或贫困大学生怎么办？《信托监管通知》规定委托人不能是唯一受益人，必须形成“他益信托”，可客户就想设立一个可撤销的生前信托不可以吗？但《信托监管通知》只是一个监管规章，不能修改法律，而且监管规章主要面向信托公司，对于其他“受托人”不一定适用。所以，只要不违反信托法，家族信托服务的探索还是可以继续。

家族信托这个工具虽然可以灵活运用，但没有配套制度支持，这些“花样”运用是否有实践意义呢？比如，你找了个律师设立了一个可撤销生前信托，但中国没有烦琐的遗产认证程序，这种信托也没有债务隔离功能，是否有意义呢？笔者认为有意义，因为你可以将家族信托作为一种家庭治理和家庭关系处理的“游戏”，家庭成员在这个游戏中各自有分工，却又都朝着一个家族愿望去努力。父母生前就将家务事和财产分割关系处理好，让孩子懂得真正的金钱观、懂得传承，难道不是很好的教育方式？对于社会和信托法律的发展不是更为重要？但配套的制度的完善也很关键，如“孟想非凡 · 慈善先行信托”就家族信托捐赠部分，如果可以赋予其相当于慈善基金会的税收优惠待遇，孟非是不是会更有动力支持更多的大学生？

二、制度缺陷

（一）家族信托的登记与生效

根据国内现有法律，国内的信托不区分民事信托和商事信托，都要办理“信托登记”和“信托财产转移登记”的两重登记手续。信托登记主要是从监管要求出发，具有监管认可且对抗第三人的效力；而信托财产转移登记实际上决定了家族信托生效与否。根据法律要求，如果打算转移至家族信托的财产，需要办理过户登记手续才视为转移的，未办理该等手续，将视为没有转移，则家族信托也没生效。例如，如果信托财产是房地产，则应当依据房地产权属转移的要求，办理房产过户登记手续，否则家族信托就不生效。但对于有些资产，如现金资产，即使不办理信托登记，也不会影响其家族信托的效力。对于股权为信托财产的，办理股权变更登记主要是起到对抗第三人的作用，不直接影响家族信托的效力。

根据上述分析，决定家族信托生效的登记手续有三种情况：

第一，转移的财产是现金、动产等，转移后就生效，信托登记只是监管需要；

第二，转移的财产是股权、财产权等，转移后就生效，信托登记既是监管需要，也是为了对抗善意第三人；

第三，转移的财产是房产等，需要办理财产过户登记手续才生效，信托登记是为了满足监管需要。

虽然有三种情况，但笔者建议在国内设立的家族信托，最好将财产转移登记和信托登记手续都办齐。因为，家族信托成立后，可能面临家族成员、债权人、第三方等主体的挑战。根据现有法律，在利益相关主体知道或应当之后家族信托的设立影响其权利的情况下“一年内”可以申请撤销家族信托。当法官裁量家族信托是否无效或被撤销时，登记手续的办理会最为一个有利的证据。

前述所称的“信托登记”主要指信托公司按照监管要求进行的报备。对于其他主体做受托人的，除了本书第三部分提及的慈善基金会做慈善信托的受托人的情形外，所谓的“信托登记”手续很难办理。之前在上海设立的全国性“信托登记中心”,有别于监管要求的强制性信托登记,这个中心目前看来对解决资金信托产品的流转和交易方面的作用可能更大,并不能直接影响家族信托的效力。对于受托人不是信托公司的,尤其是对于受托人是家族成员、律师等个人的,笔者建议办理公证手续或至少采取类似于“非自书遗嘱”形式的两个以上见证人见证的方式,对生前信托(遗嘱信托本来就要求)办理所谓的“信托登记”,同时将财产转移登记手续办好。令人遗憾的是,现在很少有公证机关开办“家族信托公证手续”①,这也与目前家族信托作为民事信托未得到普及有关。

笔者建议按照现有国内规定做好上述家族信托登记手续(甚至办理法律没有要求的公证和见证手续),是从家族信托效力和未来的司法实践角度考虑的。但办理的手续越多、接触的人越多,家族信托“私密性”的优势就会被减损。这也是为何很多离岸地和英美国家都没有这种所谓的家族信托的信托登记制度。除这个原因之外,另一个更深层次的原因在于:这些地区将家族信托视为典型的民事信托,属于“私益信托”,其设立以家族成员个人意愿为主。委托人与受托人签署信托合同后经公证或两位见证人见证后,信托合同即成立,无需设置“监管审查甚至公示”等干扰“私益”处置的机制。

(二)税务制度

虽然中国信托法已经实施了二十年,但只有近几年业内才开始宣传信托的服务功能和工具特色,引导社会去认识信托、使用信托。之前十几年信托要么理解成为金融机构,大家只关注金融机构监管政策;要么理解为理财产品,大家只关心信托产品怎么包装。税务筹划是信托作为工具最重要的作用之一,但在这样一个信托实践环境中,信托税务制度并没有形成。

信托税务制度最主要的表现就是赋予信托独有的税务判断规则和法律地位。

① 经笔者搜索查询,目前公证机构开展的有关家族财富传承方面的公证主要是家庭成员身份、遗嘱、遗赠、继承等方面的公证,以及商事方面的股权委托公证等。

《美国税法典》对如何判断一个信托是否属于美国国内税务管辖实体进行了详细的规定:《美国税法典》第7701(a)(30)(E)章节和第7701(a)(31)章节规定,如果美国法院有权对信托的管理行使主要监督权,并且该信托的所有重大决定是由一个或多个美国人控制,这个信托就是税法意义下的“国内实体”。但并不是认定为“国内信托”就具有独立的税务身份,根据该法典相关规定,“委托人信托”(grantor trust)和“简单信托”(simple trust)属于“税务透明体”,不是应纳税主体。而“自由裁量信托”(discretionary trust)或“复杂信托”(complex trust)①可以作为纳税主体,并需要就该信托全球收入进行申报。

英国信托种类主要有7种:简易信托(bare trusts)、收益独立信托(interest in possession trusts)、酌情处理信托(discretionary trusts)、收益累计信托(accumulation trusts)、委托人收益信托(settlor-interested trusts)、混合型信托(mixed trusts)和非居民信托(non-resident trusts)。不同种类的信托,税务规制完全不同。以收益累计信托和酌情处理信托为例,根据法律规定,这两种信托的受托人是纳税人。信托收入的前1000元按照普通税率征收。如果是红利或股息类型(dividend)的收入,税率为7.5%,其他所有类型收入税率为20%;信托收入超过1000元的部分,红利或股息类型(dividend)收入税率为38.1%,其他所有类型收入税率为45%。

澳大利亚《1936所得税评估法》和《1997所得税评估法》对如何认定信托为境内居民纳税实体进行了规定。对于单位信托而言,(1)信托有资产在澳大利亚,或者受托人在澳大利亚经营业务;同时(2)信托主要管理及控制职能在澳大利亚,或超过50%的信托收入或财产受益权由澳大利亚居民所有,则其应被认定为澳大利亚税务居民。对于其他信托而言,如果在一个纳税年度内,任一受托人为澳大利亚居民或者信托的主要管理和控制职能发生在澳大利亚境内,就将信托视为居民纳税人。前述关于税务

① 根据《美国税法典》第661~662章节的规定,可以积累收入并且信托文件或其他相关文件不要求将当期所有净收益分配给受益人的信托被称“自由裁量信托”(discretionary trust)或“复杂信托”(complex trust)。

居民的认定，更多的是方便税务管理和《统一报告标准》等信息的交换，对于大部分的民事信托，视为“税务透明体”，澳大利益更侧重向受益人和信托公司收税。

新加坡税法规定信托收益分配给受益人的话，受益人要缴个人所得税；不分配的话就要在受托人层面纳税：有信托有积极运营业务就按企业所得税17%缴纳，没有的话就按个人的所得税率累进制缴。受托人要替外国受益人代扣代缴所得税。同时法律还规定了对外国信托的收入以及本地信托在外国的收入的一些豁免政策。外国信托一般指信托的设立人和受益人不是新加坡税务居民，或者在成为新加坡税务居民之前已经设立的新加坡信托。

很多人讨论中国信托税收制度的缺失，主要认为家族财产向信托转移时，不应视为“过户”交易，应像夫妻间赠与或继承似的视为“非过户”交易，尤其是在房产、股权等方面。但实际上，英美很多国家对于家族财产像信托转移这方面，都需要委托人或信托缴纳一定的所得税或者赠与税。有的国家像加拿大也将这种转移视为所谓的“过户”交易，需要对转移的财产进行评估并就增值部分纳税。确实在国内家族信托设立过程中，家族财产向信托转移过程中，手续与其他交易无差，相应的税费也无差。但根本问题不是在于财产转移环节的税务缺失，是因为信托缺乏独立的税收身份和特殊制度。除了财产转移环节，像信托税务身份的界定、各种信托种类的界定与税率、信托运营期间信托财产增值以及受益人受益所得税收、信托终止后财产返还、分配或继承环节的税收等，都需要法律予以界定。

中国税法对相关制度的欠缺直接导致家族信托在应用中遇到很大的障碍。这就限制了高净值家族利用家族信托工具的动力，让家族信托沦为金融机构营销客户的手段，而不能发挥其真正的作用。

三、实践缺陷

（一）缺乏民事信托文化

中国自“舶来”信托这个工具之后，一直将它载于拥有金融牌照的信托公司名下。从国内的信托公司诞生之日,信托公司最早的从业人员大都来自银行信托公司作为银行创新业务的一个“后花园”,很多银行不方便做的业务将通过银信合作拿到信托公司做。信托公司总是“惹事的孩子”,所以监管机构就更加严格监管,监管的事无巨细就导致信托公司与监管政策整天绕来绕去,不让这么做我就那么做。信托公司培养了很多“绕监管”的人才、放贷款的人才、做金融同业业务的人才,搞营销募集的人才,而对信托工具本源业务研究的人才少之又少。

信托公司十几年的如此发展,早已形成“看监管脸色行事”的惯性,对于信托本源业务的开发没有动力,再加上很多信托公司多年在产品销售驱动的业务浪潮中,有了“历史包袱”,擅长绕监管的信托公司便开启了以家族信托噱头解决“历史包袱”的营销策略,对于眼前未产生业务协同、只能“薄利多销”的事务性服务信托自然不是太看重。

中国的法律并没有限制除信托公司之外的组织或个人充当家族信托的委托人,很多地方公证机关也做过类似于家族信托财产分割的公证,法院也裁判过个人做受托人的信托合同。对于只有金融机构才能开展的资金信托业务,受托人只能是信托公司,美国、新加坡等地也都是如此,但对于管高净值家族自己内部财富管理和分配的家族信托,民事信托应该是首选。但目前国内缺乏相关的实践文化,部分原因也在于上述提及的制度缺陷。

(二)缺乏信任文化

信托业务的基础是“信任”,有了信任才会托付,家族信托尤为如此。要知道家族信托的受托人或服务的律师等专业人士,将会了解高净值家族很多隐私的信息。但由于内地信托制度的缺乏、司法实践的缺乏、专业人才的缺乏以及律师等行业职业素养的欠缺等,高净值家族缺乏“信任”。于是,很多内地的高净值只是把一些资金以家族信托名义但是以“理财”的形式交给银行或信托公司等金融机构管理,这是内地金融强监管给他们带来的信任。但有关家族信托本源的功能服务则“漂洋过海”交给中国香港地区、新加坡等机构或律师处理。对于高净值家族而言,这可能是目前

"没有办法的办法"。

(三)缺乏司法实践

信托本身就是一个实践性的法律工具,再好的制度也需要经过实践的检验。即使是在成文法系国家(区别于判例法系国家),信托是否有效设立、债权人是否可以主张信托财产等问题,都不是主要看法律,而是看判例。但中国国内目前有关家族信托的判例屈指可数。司法实践缺乏的情况下,不懂的人盲目冲业绩,懂得人觉得心里没底不敢放开做。当然,司法实践的缺乏跟国内信托和家族信托的实践历史短、制度少直接相关。

(四)缺乏人才

上文已经提到,目前国内的各类信托业务都来自信托公司,但信托公司培养的人所从事的业务很多都与家族信托本源业务无关。家族信托业务要求从业人员拥有法律、税务、金融、企业治理、家族治理等多方面知识储备和经验积累,这些都是现在信托经理、信托从业人员所不具备的。此外,由于国内信托公司鲜有开展跨境业务的,而大多数高净值家族都需要跨境家族信托服务,这种需求和服务水平的不匹配直接影响了高净值家族对国内家族信托的选择。

第十五章

设立家族信托，你不得不知的要素

第一节　司法实践中的四个核心要素

信托法是一个实践性的法律，其适用主要在于司法裁判确定的原则。根据英美司法实践确定的原则，信托有四个核心要素，信托设立意图、设立的合法目的、合法信托财产以及可以确定的受益人。[①] 但没有提及设立人以及信托受托人。设立人的存在可以体现在信托设立的目的及合法性方面。信托可以依据书面文件设立，也可以没有书面文件，甚至在原受托人去世或被罢免后，信托仍然可以有效存续，直至选出新的受托人。

一、设立意图

委托人首先应由一个设立家族信托的真实理解和意图。这个意图可以体现在信托文件中，也可以单独由委托人准备一份文件或体现在遗嘱等其他文件中。设立意图对于遗嘱信托而言，一般在遗嘱中会有说明；对于生前信托而言，可以体现在

① Hartley Goldstone & James E. Hughes JR. & Keith Whitaker, *Family Trusts-a Guild for Beneficiaries, Trustees, Trust Protectors, and Trust Creators*, John Wiley & Sons, Inc. ,2016, p. 52.

设立声明或信托文件中。

委托人在设立家族信托时,除了了解家族信托的债务隔离、税务筹划等功能之外,一定要想好你设立这个家族信托对于家族和受益人的意义。如下几个问题,也许可以帮你厘清你的想法,也是帮你理解家族信托的真正意义:

问题一:你设立家族信托的目的是像基金一样赚更多的钱?还是希望通过家族信托让你的孩子树立正确的金钱观,对他们生活产生积极影响?

问题二:你设立的家族信托是为了家族或孩子,还是为了你自己?你觉得家族信托里的财产是你的,还是受益人的?

问题三:你觉得你设立的家族信托和收益分配,孩子会抱着"感恩"的心去接受,还是觉得理所应当?孩子有了这个家族信托会更快乐吗?

问题四:你在家族信托里表达的愿望跟孩子的愿望有没有冲突?考虑过孩子的意见吗?

问题五:你愿意在这个家族信托投入精力吗?愿意借助家族信托的机制跟孩子有更多交流吗?

设立意愿体现了委托人的期许和家族愿景。这对于"自由裁量信托"而言尤为重要,因为受托人在判断是否应调整受益人收益份额时,通常会按照委托人的设立意愿进行考量。例如,委托人只想满足受益人基本生活需求,则给受益人增加收益去购买豪车就会背离委托人意愿。

二、合法目的

设立家族信托必须也有合法的目的。我国法律也要求信托的设立必须是合法目的,以逃债等目的设立的信托可以被撤销。

设立家族信托的目的通常包括资产隔离保护、避免家族纷争、资产管理、婚前财产保护、替代遗嘱、防止子女挥霍、家族企业控制与传承、特殊家庭成员关照、税务筹划、信息保密等。通常通过设立一个家族信托就可以实现目的。但也有夫妻间设立两个甚至更多家族信托。对于家族财产规模较大、家族财产类型较多、家族目标多样化的家族来说,操作上的难度非常之大,最好是通过设立一系列各有侧重点的家族信托,以满足家族财富管理的多样化需求和目标。

如果设立多个家族信托,会花费更高的信托成本或需要花费更多的精力。如果同一委托人的不同信托目的置于同一个家族信托项下能够相互协调,则可以通过仅设立一个家族信托实现委托人不同的信托目的。

三、合法信托财产

委托人交付给信托的财产必须是合法财产。我国法律对此也有要求,交付的财产不能是非法所得,设立家族信托时会进行必要的审查。而且对于有共有权人的财产,一般也需要共有权人出具同意函,如夫妻一方的同意函。财产类型没有限制,现金、房产、股票和债券等金融资产及权益、家族企业股权、保单、工艺品、艺术品等都可以,但不能是文物等不可以流通的财产。

四、可以确认的受益人

在英美国家确定的信托四个核心要素中,在“人”这方面,只有受益人是唯一的一个主体要素,委托人、设立人、受托人、保护人等都不是。这也体现了家族信托在“利益”上的宗旨:虽然财产来源于设立人,但家族信托的设立与维护都要围绕受益人的利益进行,受托人、保护人履行职责时也都应当以维护受益人的利益为优先。

第二节　设立家族信托的六个误区

一、设立家族信托的最终目的不是财富增长和分配

当你在设立一个自己的家族信托时,你必须问一问自己,你设立它的目的是什么?如果你仔细阅读本书第一部分和第二部分,想必这个问题不难回答。如果你设立家族信托的目的有很多,但请告诉我,你的最终目的是什么?如果只是财富的增长和分配,可能你不用花大价钱给信托公司,投资、资产配置以及账户分配,很多金融机构和金融工具都可以做。但如果你的最终目的是让财富得到传承、让财富有助于子女的健康成长,那么你应该设立一个家族信托。

二、家族信托不只是一份合同，是家族成员相互沟通的桥梁，体现了一个以家族为核心的长久关系

家族信托设立人将其对子女甚至之后几代人的期许，寄托给信托，信托成为家族成员相互沟通的桥梁。家族信托体现了长辈对晚辈的疼爱、鼓励、期望甚至是补偿，也体现了家族成员在出现矛盾时的态度。信托是设立人（或委托人）与信托公司（或受托人）撰写的一份家族生活和发展的剧本，信托公司（或受托人）是导演，而家族成员就是这些主角。

三、你需要托付给受托人的，不仅是钱财，而是钱财上的“关怀”

罗马哲学家 Seneca 曾说过，“The manner in which a gift is given determines the manner in which it is received”，在财富传承领域，大意是说，孩子如何继受你的财产实际上取决于你怎么给予。

家族财富或家族资本主要分为两类：一类是“定量”的资本，其为“可数”财产，决定了家族财富的数量，这类资本即财产，或称为物质财富；另一类是“定性”的资本，其为“不可数”财产，决定了家族财富的质量以及打破“富不过三代”（shirt sleeves to shirt sleeves）魔咒的可能性。设定一个家族信托可以是几年、几十年甚至上百年，因此，你今天设定的家族信托需要考虑跨代传承，而你需要将“定性”的这些资本，甚至你的家族宪章和家族治理，也体现在家族信托的设置中，如对受益权人的限制、监察人或保护人的设置等。

家族信托体现了其委托人（或设立人）的意志，信托公司、监察人以及顾问等均围绕这个意志来献言献策，但家族信托设立时，由于家族发展所处的阶段①以及设立人“掌权”意志的影响，家族信托主要侧重于税务筹划、委托人权利放大或保留等，对于受益权人的考虑比较少。其实受益权人是“传承”中“承”的载体，他们对家族信托的认可与态度，以及家族信托

① 如本书其他章节所述，家族发展的第一代到第三代，家族物质财富的积累和管理是主要的；而到了第四代以后，家族的文化以及家族成员教育等变得更重要。

给他们与家族带来的关系和氛围,直接决定了家族信托的目的实现、决定了传承的成功率。假如委托人只关心家族信托项下财富的保值增值,关心税务问题、债务隔离问题以及婚前财产隔离问题,不关注对受益权人的影响,而不分情况地按月给子女分配收益,可能就会将这些受益人培养成不够独立、"啃老族",影响其物质观、婚姻观甚至造成其吸毒、赌博等不法行为。相反,如果在其获得受益权的同时,通过精心设计的受益人条款,关注其教育、道德标准以及责任感的形成,让后代感受到家族信托设立人的"爱与期待",感觉到他对晚辈的关怀,这些可能比财富增值更有利于财富的传承。正如本书第二部分所述,家族财富传承的最终目的绝不是财富的永续,而是家族的和睦和幸福。试想,如果你准备把一架钢琴传给子女,你是希望他能够用这架钢琴谱写和弹奏传世的曲子,还是希望信托公司把这架钢琴完好保存?当你把关注点更多放到受益人身上时,才会产生更长久的传承效果。

"技术高超"的家族信托设计,可以阻挡家族以外的债权人的攻击,但如果这个设计没有体现家族文化和情怀,随之而来的可能是家族成员之间对家族信托的挑战。

在上文提及的梅艳芳家族信托中,梅母自知有一份家族信托之后,不满于每月分得的几万元生活费,也担心将来财产落入受托人或慈善组织之手,予以倾家荡产打官司,最后没能击破家族信托的财产隔离功能,但也让家族信托损失了几千万元的律师费等费用,而梅母自己也两次被裁判个人破产。这样的家族信托虽然从技术上成功了,但并没有实现梅艳芳设立时的愿望,还是一个不成功的家族信托。

四、受托人分配给受益人(子女)的,也绝不仅仅是财产

如果信托公司只是负责到了时点就给子女做分配,那么你就要考虑是否换一个受托人或是让其他更懂你的人作为受托人或保护人一起管理这些财产。你懂得了家族信托的最终目的之后,检验受托人是否成功达到你的预期的一个标准就是:经过受托人对家族信托一段时间的运营,在家族信托合同到期后,财产都悉数过户给子女之后,子女的生活不会因此发生

冲击。这是如何做到的呢？恐怕是受托人在家族信托存续期间，分配给子女的不仅是财产本身，更多的是将家族的关爱传递下去，在这种物质财富和精神关爱的呵护下，子女获得健康成长，心智更为成熟，有正确的金钱观和责任感。这样，在巨额财富来临时，他才不会迷茫。

五、选择受托人时，不要跟选中介一样

笔者之前曾有两年左右的资产管理公司创业的经历。说起创业经历，更具代表性的就是在投入资本之外，全身心投入公司发展中。我也不例外。由于没有时间照顾家里，我决定选择一位自己信任的阿姨代替自己来照顾家里老小。我们家之前也雇用过阿姨做打扫或简单照顾家里，但显然这次的要求是全面照顾，“信任”成为笔者最关注的点，而不是阿姨的工资或做饭是否好吃。

在家里人的帮助下，我选择了一个远房亲戚作为“阿姨”来管理家里。我每个月在工资之外，给她家里所需的生活开支和孩子的教育费用并由她来打理。我由此得以放心把自己扑到创业上。有一次，我忙完工作后很晚回家，发现孩子还在玩而毫无睡意，我顿时大怒，一顿吵闹后，我便抬起手准备打孩子，而阿姨拦下我，并责备我说，“孩子学习了一天了，玩一会儿就去睡觉，你工作不顺利，不能把气撒在孩子身上。”我回了房间调整了一下情绪，然后对阿姨的行为有所感动，毕竟她把我的孩子当作自己的孩子予以照顾。

笔者将自己的这件事作为例子，就是想告诉读者，选择信托受托人的核心原则是“Trust behand the Trust”，也就是说，必须是充分信任他。而对于受托人来说，其需要忠诚于信任他的委托人。但这种“忠诚”绝不是“听从”，而是把委托人的心愿通过信托协议或机制逐一记录下来，并在委托人不在的时候，体现到其对财产的管理、对委托人子女的倾听和关怀，真正地让财富管理服务于子女的成长和家族的幸福和睦。受托人一身多能，他即是委托人意愿的“解读者”，受益人行为的“监督者”，又是家族矛盾的“协调者”。他要做好与这个家族开启一段长期旅程的准备，这个旅程不是一帆风顺的，是跌宕起伏的，他需要在忠诚的基础上作出很多主动管理的工作,甚至在某些时候勇于跟委托人、跟受益人说"No",然后建议他们怎么做,正如上文中阿姨对我的提示一样。

如果你决定设立家族信托不是因为上述"信任"或"忠诚",而是因为金融机构给你暗示的高回报,或者因为"比价"获得的低廉的家族信托费用,甚至因为理财顾问给你返还的佣金,那么,很不幸,你没有设立真正的家族信托,就把它当作理财好了。

六、受托人不只是你的代理人

家族信托自2013年从国内诞生以来,很多专家学者,尤其是参与信托公司监管规则制定的人士,一般建议客户优先选择信托公司(尤其是国有的信托公司)作为家族信托的受托人。国内的信托公司有它的优势:比如强监管情况下的规范经营和稳定经营,这些都是作为家族信托的受托人所需要的。但国内信托公司作为受托人也有它的劣势,例如,服务水平参差不齐、缺乏定制化服务、业务隔离和保密还不到位等。最为关键的是,受托人不仅是家族财富的看守人,尤其在委托人或设立人去世之后,受托人如果还只是定时定点给受益人"寄出支票",很难实现委托人或设立人当时创设家族信托的目的。受托人与受益人之间,应当有一些超出钱财和法律关系之外的联系,笔者认为这也是一种情感联系。只有产生了这种联系,才能让同一个受托人在面向每一个委托人和受益人时,都有一种新的认识和新的方案。这种联系,恐是信托公司这种机构难给予的。

第三节　家族信托的委托人

一、委托人可以是多人吗?

家族信托的委托人应为家族成员,可以是一人,也可以是多人。我国《信托法》规定,委托人是一个人或"一个家庭"。也就是说,委托人可以是一个人、夫妻双方,甚至包括他们的直系亲属。

在目前国内信托公司开展的家族信托服务中，很多都是以一方作为委托人，然后配偶签署同意函的方式设立家族信托。这种方式实际上是沿用了信托公司开展集合资金信托业务的做法。但集合资金信托业务一般都是一两年的投资期，且投资金额有限，一般不易产生矛盾。但家族信托则不然。通常家族信托设立期限都比较长，甚至可以永久存续，而金额也都比较大，甚至家族大部分财产都会装入家族信托中，因此，这种"一方委托人+配偶同意函"的方式对于处理"家庭"财产不太适合。究其原因在于，如果在家族信托存续期间，婚姻出现问题，对于家族信托的稳定和出具同意函一方的保护就会有很大影响。当一方将夫妻共同财产转移给家族信托之后，由于国内都是"不可撤销"的家族信托（强调信托财产的独立性），财产就可能不会再被认定为夫妻共同财产。即使夫妻一方或双方仍为家族信托受益人，但离婚以后恐怕会带来委托人与受益人之间、受益人与受益人之间无休止的明争暗斗。此外，只有一方是委托人的情况下，就表示赋予了这一方管理、支配原夫妻共同财产的独家权利，这对另一方也是不公平的。

因此，还是建议高净值家族以家庭名义或夫妻共同作为委托人的情况设立家族信托，除非你设立家族信托的目的就是为了"分割财产"。同时为了避免婚姻出现问题时，财产分割出现窘境，可以在设立家族信托时，参考美国生前信托的做法，设定一些可以变更或撤销家族信托的情形。

二、设立家族信托需要做"合格投资者"认定吗？

购买信托产品时，高净值家族都要进行一个合格投资者认定程序，查明委托人是否符合法律要求的最低持有资产或收入等要求。但家族信托的委托人，没有这个要求。如果有的信托公司这么要求你，是不对的。法律只要求委托人必须是有"完全民事行为能力"的自然人。

我国信托制度虽然对委托人没有"合格投资者"的资产和收入要求，但对于家族信托的委托资产规模有不低于1000万元的要求。美国有类似的关于家族信托或家族办公室可投资规模的限制，但我国将其明确为设立家族信托的资产规模。至于这1000万元的要求是在设立时，还是在信托整个存续期间？是否可以设立时不足1000万元，但一两年之内达到1000万元？或者一个家族在多个信托公司设立家族信托，累计达到1000万元？这些问题法律规定没有明确，实践操作中都是信托公司自己定一个标准，然后再跟当地监管机关沟通其中的问题。但笔者认为，这些理解都可以，因为本质上法律限制的是可投资资产规模，而不是委托给某一个信托公司的资产规模。

三、委托人必须是有民事行为能力的吗？

在我国法律项下，民事行为能力分为三类：完全民事行为能力人、限制民事行为能力人以及无民事行为能力人。完全民事行为能力人，主要包括年满18周岁的成年人或者年满16周岁但以自己收入为主要生活来源的“准成年人”。限制民事行为能力人包括8～18周岁的未成年人（“准成年人”除外），以及虽然年满18周岁，但在精神、智力方面有缺陷的人。无民事行为能力人，包括未满8周岁的孩子以及因为精神、智力原因完全丧失民事行为能力的人。

我国《信托法》不仅要求委托人必须具有民事行为能力，而且要求必须是具有“完全民事行为能力”的人。如果委托人没有成年，或者有精神、智力障碍是不可以的。没有精神或智力障碍的老人是可以做委托人的。对于有间歇性的精神障碍的委托人，如果由相应的医院诊断证明其在设立家族信托时，是有完全民事行为能力的，也可以作为委托人。这种情况下，建议在设立时，尽量考虑将来委托人出现精神障碍情况下，委托人的权利和义务将由谁来代为行使的问题。

相比个人作为受托人（详见下文），委托金融机构作为家族信托受托人，更容易排除因为委托人是否具有民事行为能力给家族信托的存在带来的困惑。

第四节　家族信托的受托人

一、家族信托的受托人不仅仅是金融机构

受托人可以是个人（律师、会计师、金融顾问、公司的首席执行官、公司的法务总监；设立人的配偶、兄弟姐妹、其他亲属及朋友等），也可以是机构（金融机构和独立财富管理公司、家族办公室等）。

高净值家族的财富管理一般离不开金融机构，如开立账户、理财、证券投资、融资等，尤其是能提供高净值家族私人银行业务的金融机构往往在高净值家族设立家族信托时，获得先机。在诸多金融机构中，信托公司由于其“信托”牌照的优势，往往作为高净值人员优选的受托人。

作为金融机构的信托公司，一般具有严格的设立条件。以美国为例，虽然美国各个州的法律规定不一，但一般信托公司对外经营需要取得“Division of Banking”颁发的牌照，并购买业务责任保险。信托公司自由财产与客户家族信托项下的财产是相互分离的。信托公司也主要是提供家族信托事务类工作，如果需要帮客户投资理财，客户可以自己选投资顾问，也可以由信托公司安排其他部门管理投资。部门之间有明显的业务隔离，对于投资的专业性和家族信托客户的保密性有一定的保障。这一点也是当下很多国内信托公司欠缺的。

在目前的中国，因为缺少明确的法律规定和司法实践以及高净值家族对于遗产税和赠与税的避税需求，类似于在美国律师指导下大范围的由家族成员作为受托人设立的“生前信托”或“可撤销信托”并没有在中国广泛应用，但个人是可以作为家族信托受托人的。

受托人为个人的，主要包括三类：

第一类：委托人信任的律师、会计师或金融顾问等。受托人为律师的，一般也帮着起草相关协议。

第二类：如果家族有家族企业的，也可以是家族企业的首席财务官、首

席合规官(Chief Compliance Officer,CCO)等。

第三类:家族的亲朋。如设立人的配偶、兄弟姐妹、朋友等。

个人的优势是费用低廉,容易掌控(尤其现在国内不允许个人设立信托公司情况)。但国内如何进行资产转移?主体认定?风险隔离?财产隔离?

而机构优势在于其某种程度摆脱个人道德因素或意外死亡导致受托人角色缺失的影响,由于是一个服务群体,服务上也会更全面。但存在费用高,以及保密、利益冲突以及非定制化等缺陷,如表15－1所示。

表15－1　个人受托人和机构受托人作为家族信托的受托人利弊之比较

类别	个人受托人		机构受托人	
	利	弊	利	弊
利益冲突	由于关系直接,比较容易避免。	当身份重叠时容易产生冲突,如既是受托人又是受益人;或既是顾问又是受托人。	无	机构需要服务很多客户,同时机构也向客户推销产品或其他服务,不容易避免。
定制化与专注度	由于与委托人有私人关系,专注于委托人意愿。	私人关系太近,容易受情绪等影响。	在标准服务方面比较全面,服务人员也有一定的水平。	服务定制化、细节和效率方面缺乏;机构人员流动大,影响专注度。
保密性	保密性高。	防止个人电脑等工具泄露信息。	有保密技术。	机构内部门之间缺乏业务隔离,容易造成客户信息共享或泄露。
能力与知识水平	对家族情况更了解。	亲属或朋友做受托人,不一定有专业知识,或没有管理大规模资产的能力。	有很多服务经验。	对家族情况不一定了解,或对家族意愿的执行可能不到位。
程序	直接沟通决策,方便快捷。	亲属或朋友做受托人,程序不正式,资料不一定能保留完好,容易造成混乱和矛盾。	决策程序明确、正式,资料保存完好。	程序烦琐、责任人不明确。

续表

类别	个人受托人		机构受托人	
	利	弊	利	弊
责任承担	受托人有过错,容易确定责任人。	因为亲属关系可能不会起诉,或个人承担责任能力弱。	机构承担责任能力强。	善于规避责任和辩解。
成本	成本低或没有成本。	如上,责任也不好追究。	收费项目明确写在合同中。	费用高,一般按比例收取,且可能上涨。
个人责任的隔离	无	个人受托人容易被受益人等起诉,导致个人承担责任。	即使被起诉,一般也是机构承担责任,不会到个人。	无
受益人的影响	受托人容易与受益人沟通,使分配更体现家族意志。	个人受托人容易迫于受益人的压力,造成不适当分配。	机构一般按照合同办事,不容易受其他人影响。	不容易与各方主体沟通,导致分配不体现家族意志。
持续性	设置个人受托人,一定要设置在受托人死亡情况下的受托人继任问题。	自然人自然死亡或意外身亡的风险。	机构一般不容易“死亡”,重组后也可以由新的机构来承接,除非其最终破产或清算。	但代表机构服务的具体的人可能换来换去。

此外,个人作为受托人,虽然有一定的优势,在中国也存在一些案例(如上文所述),但目前我国国内个人做受托人的应用,还主要在遗嘱信托领域,在其他信托领域还主要以信托公司为主,主要原因在于:我国没有制定专门的法律(类似于我国香港地区的《受托人救济法》等)规定受托人的权利、义务和责任,无法认定个人受托人的民事主体(跟遗嘱信托一样),也存在财产转移和税收政策不明等方面的缺陷。这些原因就会导致在国内设立以个人作为受托人的家族信托,将面临较大的不确定性和可能引发的纠纷。

二、私人信托公司

国外很多的大的家族设立了私人的信托公司,即私人信托公司

(PTGs),用于弥补个人委托人和机构委托人的上述缺陷。

(一)私人信托公司的设立要求

私人信托公司本身也是一个公司,所以有关设立公司的要求同样适用于私人信托公司。私人信托公司的设立,除了要体现家族财富管理的需求之外,更要取决于设立地的法律和要求。有的国家或地区不允许设立私人信托公司,如中国;有的国家或地区,允许设立但需要获得一些执照或相关披露要求,比如对外提供顾问服务的财务顾问执照或需要像监管机构做日常披露等。但允许设立私人信托公司的国家,也需要遵守设立程序、最低注册资本和费用等要求。

由于私人信托公司监管宽松、费用低廉,很多信托公司都设在享有“税收天堂”美誉的离岸地。以英属维尔京群岛(The British Virgin Islands,BVI)为例,想要在英属维尔京群岛注册成立私人信托公司,不仅要满足与公司相关的监管要求,还要满足与信托公司相关的监管要求。①

基于上述监管政策要求,注册私人信托公司需要满足的条件如下:第一,需是满足公司法的有限责任公司;第二,名称中需含“PTC”字样且在其章程中需明确是私人信托公司;第三,按监管要求,注册私人信托公司需要由持有1类信托牌照的注册代理代为办理;第四,私人信托公司不得向大众开展信托业务,即不得开展传统的信托业务;第五,私人信托公司只能从事“无偿信托业务”(unremunerated trust business)和“关联信托业务”(related trust business)。“无偿信托业务”指的是私人信托公司本身以及私人信托公司的董事等相关从业人员不得因为该信托业务而收取任何费用。“关联信托业务”主要针对旗下有多个家族信托的私人信托公司而言,要求两个不同信托的委托人之间是有关联的,“关联”的界定则是如兄

① 如《银行与信托公司法(1990)》(Bank and Trust Companies Act,BTCA,1990)、《维尔京群岛商业公司法(2004)》(BVI Business Companies Act,BCA,2004)、《维尔京群岛金融服务(豁免)规则(2007)》[BVI Financial Services (Exemption) Regulation,BSR,2007]、《维尔京群岛特别信托法》(Virgin Islands Special Trusts Act,VISTA,2003)等。

弟姐妹、父子乃至继父子等。

当然,在BVI注册成立私人信托公司还有如下优惠措施:无需本地董事或授权代表人、无注册资本要求、无需物理地址,只需提供信托合约复印件等相关材料、只需提供公司章程和细则条款等。同时,需要代理人在其办公室保存董事和股东名册,其中股东名册不用公开备案。最后,注册私人信托公司的费用含注册费和年费两类,如果是新注册成立不超过5000股的新的私人信托公司,费用是750美元,如果股份超过5000股,则费用加倍,即1500美元;私人信托公司的年费是750美元;代理注册的费用将会高于前述费用,但也不会太高。①

(二)私人信托公司的股东

在英属维尔京群岛,私人信托公司的持股方式可有五种选择:一是直接由委托人及其家人持有,但存在被认定为"虚假信托"的嫌疑;二是可由慈善或非慈善的目的信托(a charitable or non-charitable purpose trust)持有;三是由目的信托的受托人(the trustee of a purpose trust)持有;四是由受担保的有限责任公司持有;五是由有利于受益人的全权委托信托持有。

为了防止简单利用私人信托公司作为受托人管理的家族信托,被认定为"虚假信托"(Sham Trust)(详见本书其他章节),很多海外家族信托(或称离岸信托)都采用"目的信托"(purpose trust)+"家族信托"的方式设立离岸家族信托:设立一个受托人是金融机构(或其离岸地子公司或分公司)的目的信托,这个信托的目的就是去设立一个私人信托公司;然后再由这个目的信托作为出资人,设立一个私人信托公司;最后由这个私人信托公司作为受托人,管理一个或多个家族信托。私人信托公司本身是一个"公司",而不是一个"信托"。其设立后,还需要接受家族委托来成立家族信托,如图15-1所示。

---

① 《英属维京群岛私人信托公司的设立运作对财富管理的启示》,载新华网,http://www.xinhuanet.com/money/2020-07/21/c_1210713187.htm,2020年11月26日访问。

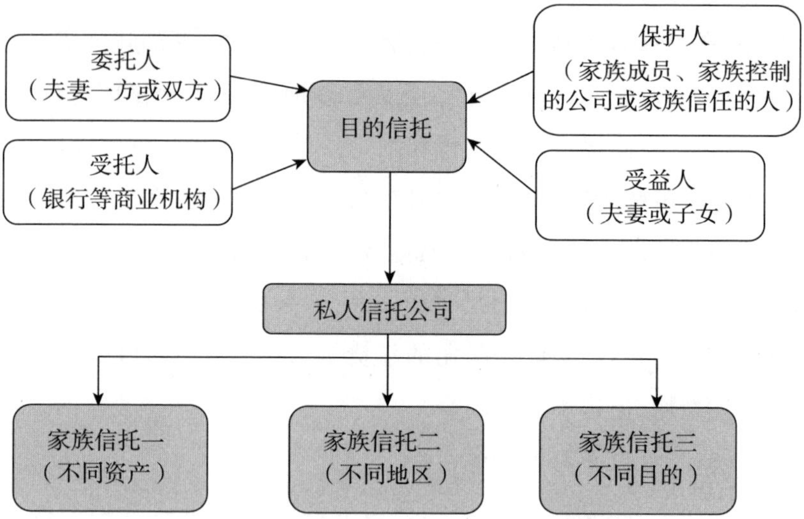

图 15－1　“目的信托”+“家族信托”之设立

（三）私人信托公司的管理

私人信托公司至少设置一名经理。由于私人信托公司主要管理家族信托，因此，这名经理实际上是家族信托事项尤其是信托收益分配事项的一个决策者（或决策人之一）。

这名经理的选择跟上文中提及的“个人受托人”的选择标准趋同，一般从律师等外部顾问、家族企业的首席财务官等管理人员或者家族的亲朋等选择。但你可能有个疑虑，既然如此，为何要花费这么多钱单独设立一个私人信托公司而不是直接用这些个人做受托人呢？主要原因还是在于上文提及的个人作为受托人的诸多缺陷，毕竟公司形式的受托人还是更正式一些。

对有意成立私人信托公司的高净值客户而言，主要的启示建议有三：首先是风险防范，要明确“私人信托公司是信托”而非单纯受控的“傀儡”。既然是信托，要想保留控制权的同时又要风险隔离，那是“鱼和熊掌不可兼得”的。要想实现风险隔离，就要保证私人信托公司的真实性，既仅保留私人信托公司允许的控制权，同时可利用基金会保障控制权、聘用资深专业董事降低管理风险以及“远离”委托人的在岸司法管辖权。其中“远离”是司法意义上的，最后是谨防特殊条款“防人害己”。

其次，私人信托公司的利益相关方（委托人、受托人、受益人和保护人等）每年或每两年应召开一次集体会议，管理层汇报工作情况，受益人对管理层的工作提出进一步的建议要求等，由此再加上完美的私人信托公司架构设置，在某种程度上可部分消除受益人之间的分歧以及受益人对管理层的误解等。

最后，家庭成员应更新内化家族精神的私人信托公司的愿景和使命，更新不用太频繁，但每一代人应更新一次，保障家族精神永续传承。

三、共同受托人

但为了弥补私人信托公司在信托事务管理（如制定日常报告、账户管理等）以及投资（及资产配置）方面的缺陷，可以以个人或私人信托公司与商业信托公司作为联合受托人（Co-trustee）的形式，来弥补上述缺陷。也就是说，个人或私人信托公司管理的信托更侧重于家族企业经营以及信托受益的分配及管理，而商业信托公司管理的信托更侧重于信托的日常管理以及对外投资。

共同受托人应当共同处理信托事务，但信托文件规定对某些具体事务由受托人分别处理的，从其规定。共同受托人共同处理信托事务，意见不一致时，按信托文件规定处理；信托文件未规定的，由委托人、受益人或者其利害关系人决定。

但由于我国《信托法》规定，对于一方处理信托事务对第三人所负债务，或者一方违反信托目的处分信托财产或者因违背管理职责、处理信托事务不当致使信托财产受到损失的，另一方也要承担连带责任，[①]所以，国内很少有商业信托公司愿意与私人公司或个人一起作为委托人。如果确

① 《信托法》第32条规定，共同受托人处理信托事务对第三人所负债务，应当承担连带清偿责任。第三人对共同受托人之一所作的意思表示，对其他受托人同样有效。共同受托人之一违反信托目的处分信托财产或者因违背管理职责、处理信托事务不当致使信托财产受到损失的，其他受托人应当承担连带赔偿责任。

有需要,笔者认为可以在信托文件中作出相应的责任划分,来减少金融机构的顾虑。

四、受托人的权利和责任

受托人的权利取决于委托人,因此家族信托刚设立时,实际上是委托人选择的受托人,也是委托人选择将哪些权利分给受托人、哪些权利分给保护人或自己保留。因此,根据委托人权利保留的限度及对应的受托人的权限的宽度,分为委托人信托或非委托人信托或自由裁量信托(详见本书其他章节)。

受托人的权利范围实际上也是其职责范围。我国《信托法》规定了受托人的四大基本义务:第一,忠实义务,受托人应当为了受益人的最大利益处理信托事务;第二,谨慎义务,受托人管理财产必须恪尽职守、诚实守信;第三,亲自管理义务,受托人应当自己处理信托事务,除非协议另有约定;第四,保密义务,受托人对委托人、受益人及处理信托事务情况和资料负有保密义务。这些基本业务也是将来司法机关裁判受托人在家族信托无效、被撤销以及被主张赔偿等情况下是否应该被追责的"自由裁量"范围。比如,虽然家族信托是"指令型"的,信托公司只是按照委托人或其顾问的指令行事,但如果其没有尽到这些基本义务,导致事务处理过程中委托人或受益人遭受损失,则也要承担责任。

除这些基本义务之外,通常受托人有三大职责:管理信托、资产配置以及分配收益(本金和收益)。

(一)管理职责

国内家族信托目前主要提供的管理方面的服务包括账户管理、财务报告、档案管理等。我国《信托法》规定,受托人要定期向委托人报告财产管理处分和收支情况。此外,很多国外的家族信托本身具有独立的税务身份,作为一个单独的纳税主体,还需要管理税务申报、纳税、审计、申请税务返还等。

(二)资产配置

如上文所述,国内虽然有关于"全权委托"、"部分委托"以及"指令型"

等家族信托的区分，实际上这类区分主要体现在资产配置方面。国内目前受托人一般是信托公司，所以，资产配置一般由信托公司自己完成，这就是所谓的“全权委托”。如果由信托公司和委托人或委托人的顾问（如银行、证券公司等）一起负责资产配置，则属于部分委托。还有就是委托人或委托人的顾问（如银行、证券公司等）给信托公司发指令，信托公司按照指令完成资产配置，就是“指令型”家族信托。

日后在民事信托在国内越来越多、受托人参与主体越来越丰富的情况下，对于非金融机构类受托人，其一项重要职能就是选聘投资顾问，对其投资标的和投资策略进行审查和回报，对其投资效果进行追踪，并及时更换不合格的投资顾问等。

（三）分配收益

受托人分配收益的职责是三个职责中最为重要的，尤其是对于“自由裁量信托”而言。受托人行使“自由裁量权”时，一定要遵照委托人的“设立意愿”（详见上文），决定什么时候分配收益，甚至什么时候分配本金。对本金的分配是最需要注意的，一般情况下，应设置一个决策流程，让必要的家族成员或保护人参与，但决策权在受托人。分配本金的事项一般包括子女教育金、大病治疗费、丧葬费、婚娶费、购置房屋和车辆等。

国内家族信托因为财产委托形式主要是现金，且一般都不是高净值家族的主要财产，因此在受益权分配的设置上比较简单，都是以委托人的明确的设置为主。这大大降低了受托人主动性的发挥和家族信托功能的实现。

五、受托人死亡或清算后家族信托的去留

根据国内现有法律的规定，家族信托不因委托人或者受托人的死亡、丧失民事行为能力、依法解散、被依法撤销或者被宣告破产而终止，也不因受托人的辞任而终止，除非信托文件另有规定的除外。

第五节　家族信托的受益人及分配

如上文所述，家族信托的主体要素中，较之委托人等主体，受益人是最重要的要素，也是必备要素。整个家族信托都是围绕受益人的利益搭建的。

一、受益人的范围

（一）家庭成员和非家庭成员

家族信托的受益人一般为家族成员。上文提及的《信托监管通知》要求信托公司设立的家族信托的受益人"应当"是"家族成员"。根据《民法典》的规定，家庭成员指的是委托人的配偶、父母、子女和其他共同生活的近亲属。这里的子女也包括非婚生子女、父母也包括养父母和有抚养关系的继父母。近亲属包括兄弟姐妹、祖父母、外祖父母、孙子女、外孙子女，他们必须与委托人共同生活才能作为受益人。

但按照我国《信托法》对受益人的规定，信托受益人不仅包括家庭成员，也可以是非家庭成员、非共同生活的近亲属、慈善组织等其他组织等。上文提及的慈善先行信托、慈善剩余信托项下的受益人就包括非家族成员。

但家族信托毕竟是"私益信托"，为了家族成员利益而设立，因此笔者认为，家族信托的受益人至少要包括家族成员，但不应当限定只有家族成员甚至只有直系亲属。不包括家族成员为受益人的信托，可能就是一些目的信托或公益信托。

（二）受益人范围不能确定，家族信托无效

跟其他信托一样，家族信托的受益人范围必须能确定，否则家族信托不能有效设立。这里的"确定"主要是说受益人的范围可以确定，而不是说受益人必须真实存在，比如委托人设立信托时可能考虑"隔代"传承问题，对于将来可能存在子子孙孙只要范围能够确定，比如谁的孩子，都可以

列入受益人范围。但“尚不存在”的受益人一般不能是唯一受益人，可以将其作为“已经存在”受益人的顺位受益人，也就是说“已经存在”的受益人死亡或其他原因不能享受收益了，“尚不存在”的受益人可以“继承”这种权利。但如果家族信托中仅指定“尚不存在”的人作为受益人，则可能因被认定为受益人不确定而造成家族信托无效。

另外，如果全体受益人都放弃受益权，根据相关法律，家族信托就会提前终止。如果全体受益人离世，家族信托的财产就将转变为委托人或受益人的遗产（根据协议约定和法律规定判断）。

（三）委托人或受托人是否可以是唯一受益人？

《信托监管通知》要求信托公司设立的家族信托，委托人不能是唯一受益人。但《信托法》是允许委托人是唯一受益人的，大部分国家法律也允许委托人作为受益人设立家族信托。法律甚至允许受托人也可以作为受益人，但不应是唯一受托人，因为受托人与受益人的利益一般有冲突性。

但是，如果委托人是唯一受托人，就是一种“自益信托”，英美国家称之为“可撤销信托”，债权人可以主张撤销权，家族信托就不能起到财产独立和债务隔离的功能。而有其他非委托人作为受益人的信托就属于“他益信托”，或者英美法下的“不可撤销信托”，一般具有债务隔离功能，除非信托设立时就存在逃债的目的或信托本身就存在无效的情形。

实践中，很多信托公司为了满足《信托监管通知》的要求，在营销客户设立家族信托时，要求客户一定要找个其他家庭成员做受益人，哪怕受益分配按照委托人90%、其他家庭成员10%来设定。但上述“自益信托”和“他益信托”的规则并不是仅靠设置个其他受益人就可以的，在上文提及的“虚假信托”案例中，虽然委托人设立了“他益信托”，但同样被债权人“刺破”了信托保护层。

二、受益人的权利

在英美国家，受益人一般享有如下几个权利：享有要求给付信托利益的权利、监督控制受托人适当管理的权利、基于全体受益人合意终止信托的权利、在信托消灭时还享有请求返还剩余财产的期待权。我国《信托法》也有类似的规定，除此之外，信托法还规定了受益人如下几个权利：

享有委托人的权利。作为家族信托利益的拥有者，受益人同样也享有法律规定的委托人的权利，包括：信托知情权，从受托人处获取信托相应管理信息和资料的权利；管理方法调整权，对于受托人信托管理情况不满意的，可以要求调整；受托人不当处分撤销权，受托人处理信托事务不当的，可以在知道或应当知道一年内要求撤销该处分，不能撤销的，可以要求受托人赔偿；受托人解任权，认为受托人不称职的，可以依据协议或起诉解除其受托人资格。但在委托人和受益人对权利的行使有冲突的，委托人权利优先。

善意取得权利。委托人设立信托损害其债权人利益的，债权人有权申请人民法院撤销该信托。但信托撤销前，受益人已经取的收益，如果受益人是“善意”受益人，比如受益人不知道这些债权的存在或者不知道设立为了逃债设立家族信托，则可以继续持有。

信托受托人的选任权。遗嘱信托情况下，遗嘱指定的人拒绝或者无能力担任受托人的，由受益人另行选任受托人；其他情况下，委托人先有选人权。委托人不选或没有能力选情况下，由受益人另行选任受托人；受益人如果是“无民事行为能力人或者限制民事行为能力的”老人或孩子，依法由其监护人代行选任。当然，信托文件也可以对受托人的选任另行约定。

共同受托人之间异议的决策权。如果家族信托有一个以上的受托人（“共同受托人”），他们在处理信托事务，意见不一致时，信托文件又没有约定其他解决方案的，由委托人、受益人或者其利害关系人决定。

受益人是家族信托利益的核心，但有些时候，也需要对受益人的权利进行必要的限制，以更好地实现家族信托的目的，例如，根据我国《信托法》，除非另有约定，受益人不能清偿到期债务的，其信托受益权可以用于清偿债务。但为了更好地起到债务隔离功能，家族信托文件中可以约定，受益权不能用于清偿债务。根据《信托法》，除非另有约定，受益人的信托受益权可以依法转让和继承。家族信托的受益权一般只能在家族成员之间转移，但这也可能违背委托人的意愿，因此，也可以在协议中对此做限定。

三、受益人的义务

家族信托不是委托人对受托人的单方赠与，而是一种契约机制。在这种机制下，受益人也要做好受益人本职工作，就如同委托人做好他的工作一样。法律对于受益人的义务约定很少，一般都规定受益人享有的权利。但家族信托文件中可以对受益人的义务进行约定。受益人的义务一般都是围绕家族信托设立愿景和受托人的具体工作展开的。有些义务需要由成年受托人来完成。一般而言，受益人的义务包括如下几个方面：

(1)充分理解家族信托的设立愿望，愿意遵从这种愿望，对家族信托记载的家族文化或家族宪章表示认可；

(2)充分理解受托人需要为了所有受益人的利益维护家族信托，家族信托需要留有足够的资金去做投资产生更多的收益；

(3)知晓并遵守家族信托的分配机制、分配流程和分配条件等；

(4)审阅受托人提交的家族信托报告、财务数据、投资分析报告等，并提出意见；

(5)参加受托人组织的家庭会议、受益人会议、投资咨询会议等。

对家族信托运营的必要开支应有所了解，包括受托人费用、律师等专业咨询费用、账户管理费用、投资管理费以及信托或分配收益需要缴纳的税费等。

四、受益人不当行为的纠错机制

家族信托中一般也要设定一个受益人不当行为的纠错机制。除非受益人有侵害委托人或其他受益人等重大侵权行为，一般这个机制主要目的是帮助受益人纠正，重新认同家族信托的设立意愿，回到家族信托的机制中来。根据不当行为的严重程度，受托人可以采取四种纠错机制：

第一种，适当处罚。对于不当行为较轻的，如违反家族信托要求的“每年参加一次家庭聚会”等约定，可以暂停一两次收益分配。

第二种，减少分配。如果受益人出现赌博、吸毒等长期需要资金支持的行为，可以减少其分配比例，只保留基本生活需要。之后也可以根据情况恢复其正常分配。

第三种,暂停分配。如因受益人承担刑事责任而丧失了人身自由,或受益人出现了家族不允许的离婚等情况。这种情况下,将暂时取消受益人在家族信托中的分配资格,但保留其受益人身份,待恢复人身自由且达到一定要求后,作为受益人重新享受分配的信托利益。

第四种,取消其受益人资格。出现家族信托约定的取消受益人资格的情况,例如,该受益人针对委托人、其他受益人或其直系亲属有重大侵害行为,受益人与委托人子女离婚等。

五、受益人的分配

家族信托中受益人的分配一般包括三大类:

第一类,固定分配额。即为了保障家族成员的日常生活,每个月或者每年的一个固定分配额;如父母和长辈每年领取养老金,直至身故;子女按月领取基本生活费;18 岁以后上学期间每年增加一笔教育基金;55 岁以后退休期间每年增加一笔养老金等。

第二类,"事件"分配额。即在受益人有医疗健康需求、教育需求、结婚、葬礼等各个重要时点,对于发生该事件的受益人给予一个固定的收益分配额,如结婚婚嫁金;买房卖车支持金;重大疾病支持金;必要险种的保险购买金;子女考上大学的鼓励金等。

第三类,受托人自由裁量的分配额。即当出现信托协议未明确约定的除固定分配和事件分配额之外分配事项,主要以受益人或保护人请求事项为主,受托人需要依据协议约定自由裁量程序做出分配决定,如重大意外、子女生活上的重大开支、子女求学上的重大开支等。这部分分配一般会牵扯本金的分配,所以受托人应尤为谨慎。如果保证人或受益人选聘了分配委员会(详见下文),应当遵循相应决定程序。受托人也可以自行聘用顾问,提供专业意见,减缓其分配压力。

如果受益人分配金额较大,为了受益人的利益,也可以由受益人出资聘用一个"受益人办公室",以受益人分配的收益为基础,委托这个办公室来打理这些收益,获得更多的回报。

此外，如上文所述，为了隔离受益人的债务，可以约定：从信托获得收益，受益人不能用于清偿债务，否则撤销其受益人资格等。

第六节　家族信托的保护人

一般家族信托的保护人由家族成员尤其是家族成员的长辈来担任，负责监督受托人职责的履行。保护人在离岸信托中应用比较多，主要从信托的管理和税收角度赋予职能。保护人就是要维护家族信托设立人的意志得以实现。在委托人不能行使委托人权利时，信托协议有时也会约定由保护人代位行使。因此，很多情况下，保护人被视为是委托人的“影子”。有的国家法律专门会就保护人的职责进行规定，甚至要求保护人要像受托人一样承担“勤勉、尽职”的责任。

中国信托法并没有对保护人的设置以及其权利义务进行规定。实践中，设定保护人的家族信托也不多。有的家族信托也参照慈善信托设置一个“监察人”的角色，职能与保护人类似。有的家族信托可能将律师等专业人士作为保护人，这对于保护人的“中立”角色会起到一定的效果，但要防止保护人权限过大。

一、保护人的职责

保护人的职责总结而言，包括如下几个方面：

（1）监督受托人履职、更换受托人。协议一般会约定保护人有权更换受托人的情况。当受托人出现瑕疵履行时，保护人也有独立的地位起诉受托人。

（2）“解读”家族信托设立意愿。当受托人行使自由裁量权时，可以给受托人一些这方面的解读。

（3）为了税收目的调整信托架构。为了税收优化，保护人有权调整投资策略、收益分配等。

（4）调整受益人收益的分配。对受托人的分配进行监督（但不是取代受托人)。在受益人对收益分配提出异议时,保证人充当调解者的角色。在调解之后,可以调整原来收益分配的规则。

(5)调整家族信托适用的法律。这个在离岸信托中比较重要。离岸信托中,信托文件约定的适用法律一般为与设立人由利益关联地区的法律。但在司法裁判阶段,为了保证判决能够被承认和执行,就设立调整适用法律,从一个国家或地区,调整为另一个国家和地区。

(6)调整授权文件。家族信托在对外开展业务时,可能涉及对外授权,保证人有权对此进行调整。

(7)终止信托。有的信托文件也将信托的终止权赋予保护人。

其实,保护人的权限并没有明确的限定,在很多情况下,其权限比委托人权限还要大。在本书提及的大多数离岸信托案例中,家族的核心成员都担任保护人的角色。

但保护人本身应当对其权利的行使"摆正位置",如果其权利无限延伸,可能构成"虚假信托"。其应当更多地充当"调解者"的角色,在委托人、受托人和受益人之间进行调解,而不是上来就做决定。

二、家族成员作为保护人需关注的问题

家族成员作为保护人,尤其是家族成员的长辈担任这个角色,更容易将家族信托的意愿执行下去,但也可能限制家族信托功能的发挥。这种限制主要在于三个方面:

第一,"长者为尊"对信托机制的冲击。信托本身具有独立的运作机制,而保护人也应保证中立公正地履行职责。但如果保护人是家族中的长者,其不能倾听家族成员尤其是受益人的一些意见,可能导致家族信托的目的不能完全实现。受益人会觉得保护人就是过来限制他们"拿钱"的。

第二,家庭财产共有者担任保护人的情况。如果家族信托的设立人是夫妻一方、保护人是夫妻另一方,当设立人出现意外或不能履行职责的情况,保护人可能丧失中立角色,做出侵害原设立人意愿和信托利益的情况。

第三，保护人与委托人都是一个人。在很多离岸信托中，为了保证对离岸信托的充分控制，委托人可能将保护人设置成自己。但很多司法案例已经将这一点作为裁判“虚假信托”的原因之一，因此，保护人与委托人同一设置时当尤为谨慎。

三、与保护人角色由交集的几个组织

如下三个组织，在家族信托结构中也可能涉及，他们有的分担了保护人的部分职能，需要在信托协议中将各自职能划分约定清楚：

(1)甄选委员会(Selection Committee)。对于将家族信托中的一部分信托收益用于慈善的，可以设立一个甄选委员会，评估和选择对外捐赠的慈善组织或慈善项目。如“孟想非凡·慈善先行基金会”中，中国光华科技基金会就充当了类似于甄选委员会的职责。这方面的职能也可以由保护人来兼任。

(2)投资顾问(Investment Advisor)。受限于保护人的专业范围，对于投资范围比较广、投资额比较大的家族信托可以设定“投资顾问”这个职位。投资顾问的职能包括：审阅投资标的或投资产品的投资策略和研究报告；审阅受托人的财务报告；审阅信托财产分配报告；在保护人角色缺失的情况下，充当信托设立意愿的“解释者”以及受托人与受益人之间，以及受益人与受益人之间的“调解者”。

(3)分配委员会(Distribution Committee Members)。一般由保护人或受益人选任。主要是在受托人行使自由裁量权分配本金和受益时，为了更适当地做出这个分配决定，也为了让各方受益人都更容易接受，一般会设置一个讨论分配决定的程序和机制，分配委员会在这个流程中起到核心作用。分配委员会在对信托财产目前的运用、存续和未来规划等情况做完各方面评估后，做出分析意见，给予受托人指令，予以实施，但不涉及受益权新设、取缔等。

第七节　家族信托的受托财产

一、信托财产类型和财产转移

可以放入家族信托的财产多种多样，除非是法律不允许流通的资产或限制流通的资产（但取得相关批文的可以流通的除外），如文物。各种形式的财产都可以列入家族信托财产，像现金、股权、股票、房地产、财产权、受益权、金融资产等。将这些财产放入家族信托中，有以下几个意义：

第一，法律上讲，除非家族信托被撤销或宣告无效，家族财产就视为从家庭财产转为信托财产了。[①] 这样才能起到债务隔离的效果。

第二，将这些财产装入信托，也需要经过一个财产转移程序。如果需要办理登记财产转移才生效的，财产转移登记后信托也才生效（详见上文）。

第三，在财产转移过程中，可能被认定为是一种“交易”。各国法律对这种交易是“非税”交易还视为真正交易，说法不一（详见上文）。

第四，如果将资产列入家族信托，在一定程度上可以起到信息保密的作用。

二、股权类家族信托

对于国内家族企业而言，家族信托是企业交接和传承的最佳解决方案。将家族宪章和家族企业股权信托相结合，实际上是家族治理和家族企业治理的有效结合。对于巩固家族对企业控制权、顺利传承家业具有无可替代的作用。

---

① 最高人民法院《全国法院民商事审判工作会议纪要》（2019 年）第 95 项规定：【信托财产的诉讼保全】信托财产在信托存续期间独立于委托人、受托人、受益人各自的固有财产。……因此，当事人因其与委托人、受托人或者受益人之间的纠纷申请对存管银行或者信托公司专门账户中的信托资金采取保全措施的，除符合《信托法》第 17 条规定的情形外，人民法院不应当准许。已经采取保全措施的，存管银行或者信托公司能够提供证据证明该账户为信托账户的，应当立即解除保全措施。对信托公司管理的其他信托财产的保全，也应当根据前述规则办理。当事人申请对受益人的受益权采取保全措施的，人民法院应当根据《信托法》第 47 条的规定进行审查，决定是否采取保全措施。决定采取保全措施的，应当将保全裁定送达受托人和受益人。

（一）国内股权类家族信托与离岸信托的差异

国内股权类家族信托尚没有发展起来。主要原因有三个：第一，股权类家族信托是否影响家族企业上市不得而知（详见下文）；第二，股权类家族信托是否有独立的税务身份，得以减少家族企业原来的税收支出，尤其是在股息分红所得税方面？第三，在信托公司主导的家族信托业务的今天，股权类家族信托对信托公司有何意义？

股权类家族信托在离岸信托中已经广泛应用。通常由家族成员设立一个家族信托，然后由家族信托作为股东设立一个特殊目的公司，再由这个特殊目的公司持股上市公司和其他实体公司。家族成员将充当这个SPV的董事等重要管理职务。在离岸地大肆限制"非实体"企业及"受控外国公司"等政策下，特殊目的公司的设立需要更加科学的设计。离岸公司在税收、外汇流通、宽松法律环境、信息保密等方面都有无法比拟的优势，给股权类家族信托的发展提供了丰富的土壤。

国内股权类家族信托常见的操作模式是：

第一步：委托人先使用现金资产委托受托信托公司设立资金型家族信托；

第二步：设立一个特殊有限合伙企业，由这个家族信托出资认购特定合伙企业有限合伙人（Limited Partner，LP）份额，合伙企业的普通合伙人（General Partner，GP）由委托人指定；

第三步：由特殊有限合伙企业出面受让家族信托股权，最终实现将家族信股权装入家族信托。

上述方案的设立，主要有如下两个方面的考虑：

第一，将家族企业股权直接装入家族信托，没有相关的法律支持，很难操作。在股票交易方面有个"非交易"过户，但也只针对继承、赠与及夫妻之间的财产分配等情形。

第二，设立特殊目的公司承接家族企业的股权而不是由家族信托直接持股，主要原因有两个：一个是节税目的。家族信托在国内没有独立的税务身份，所以要设立一个实体进行税务筹划。而合伙企业有"先分后税"

的优势,且设定在"税务洼地"可以享受更大的税务优惠。另一个目的在于,国内家族信托的受托人一般是具有金融牌照的信托公司,如果由家族信托直接持股,名义上信托公司就是家族企业的股东,对于信托公司而言存在"信用背书"的声誉风险,所以,中间加一个特殊目的公司,信托公司名义上也只是特殊目的公司的股东。同时,信托公司对特殊目的公司的运营也会有一定的限制,包括:限制特殊目的公司从事持股家族企业之外的活动;要求特殊目的公司的普通合伙人定期书面报告家族企业的经营情况,解决信托公司与家族企业(尤其是非上市公司)信息不对称的问题;信托公司还可能与委托人签署类似于"单一信托通道业务"的原状分配协议,在出现在特定情况下受托人有权终止家族信托,将信托财产"原状分配"。

(二)国内股权类家族信托对首次公开发行并上市的影响

在家族企业首次公开发行并上市(Initial Public Offerings,IPO)或借壳上市过程中,如果家族企业控股方是家族信托是否对上市有影响呢?

海外上市架构中,家族信托作为最终持股方,已非常普遍。这样的安排,从家族企业控制权管理、家族治理、企业管理、税务筹划等方面都有很大的优势。但国外家族信托一般也不是上市公司的直接持股方,而是通过设立一到两层特殊目的公司或控股公司持有上市公司的股权。上文提及的国内股权类家族信托的操作模式,即"家族信托 + 特殊目的公司"的形式对拟上市的家族企业并不是最好的选择。可以参照国外的模式,在有税收优惠的地方设立一个控股公司,即"家族信托 + 控股公司"的方式可能更为合理。像本书提及的美的集团就是美的股份的控股公司。

根据中国证监会和上海交易所一直以来对申请首次公开发行并上市或借壳上市的企业的审查原则,如果企业持股结构中有"信托计划",则通常认定其为"三类股东"[①]之一,导致企业股权模糊,不允许上市。但实际上这里的"信托计划"指的是"集合资金信托",因为这种信托计划项下的

① "三类股东"是指契约型私募基金、资产管理计划(主要指基金子公司和券商资管计划)和信托计划。

投资人数、股权模糊、实际投资人核实困难，可能存在关联交易、利益输送以及其他不当行为。前两年的“万宝之争”就彰显了这种信托计划和资管计划相互嵌套的“法力无边”。此外，如果这种信托计划持有限售股，通过信托权益转让可能可以绕开“限售”的规定。但家族信托则不属于这种信托计划。家族信托是为了家庭成员的利益而设立的信托。其设立的目的是为了家业的传承，是有利于企业股权清晰稳定的。家族信托的受益人也都是家庭成员，不存在利益输送等问题。

虽然目前还没有看到境内设立家族信托成功上市/挂牌的案例，但实践中已经出现了带有境外家族信托持股结构在 A 股借壳上市以及在科创板首次公开发行并上市的情形。

协鑫集成(002506)在 2015 年借壳超日太阳在 A 股上市。根据其公开披露的信息，其最终股东均为一个名为 Asia Pacific Energy Fund 的家族信托。根据协鑫集团另一家香港上市公司保利协鑫能源(HK 3800)公开披露的信息，Asia Pacific Energy Fund 是 2008 年 7 月协鑫集团的实际控制人朱共山在新加坡设立的家族信托，该信托的委托人为朱共山，受托人为瑞士信贷银行信托有限公司(Credit Suisse Trust Limited)，受益人为朱共山家族，保护人为注册于英属维尔京群岛的朗见投资有限公司，朱共山为该公司的唯一股东和董事。

2020 年 9 月 30 日盛美半导体设备(上海)股份有限公司(以下简称盛美股份)获准发行上市(首发)，在上海证券交易所成功实现科创板上市。根据盛美股份的招股说明书，美国 ACMR 是其控股股东、HUI WANG(王晖)是盛美股份的实际控制人。HUI WANG(王晖)及其儿子 BRIAN WANG、女儿 SOPHIA WANG 分别持有控股公司美国 ACMR 部分股权，并通过两个家族信托——David Hui Wang & Jing Chen Family Living Trust(生存信托)及 David Hui Wang & Jing Chen Irrevocable Trust(不可撤销信托)持有控股公司美国 ACMR 部分股权。

三、股票类家族信托

对于已经公开发行的股票，也可以作为家族信托的财产标的。同时，因为其流通性好等优势,交由信托公司等专业的机构打理,可以通过杠杆融资等获得更高的收益。

国内股票类家族信托的兴起主要出于股票减持之节税目的。其核心价值就是利用家族信托对于减持股票主体的“重设”,实现税务的筹划,达到节税目的。这类家庭信托面向的委托人一般为受“股票减持”法律约束的人,包括上市公司大股东、控股股东以及持股5%以上的股东;首次公开发行并上市前的原始股东;认购定增股份的股东;因司法强制执行、执行股权质押协议、赠与、可交换公司债券换股、股票收益互换等方式取得的前述股份的股东;以及具有上市公司董事、监事、高级管理人员身份的股东等。

主要操作步骤为:

第一步,设立一个资金型家族信托。因为国内认可的非过户交易只有继承、赠与及夫妻间财产分割等,因此,将股票装入家族信托同样面临先设立一个资金型家族信托再去收购的问题。这个资金有时由信托公司帮助协调“过桥资金”。家族信托可以设立为全权家族信托,并可以设立投资顾问,与委托人不要有关联关系,以方便之后的股票减持。

第二步,寻找一个有良好合作关系的“税务洼地”。委托人将其拟减持的股票转托管至当地的证券营业部,方便减持后税收返还申请。

第三步,特殊目的公司出面收购委托人减持的股票。收购方式为集合竞价、大宗交易或协议转让。但这个收购应当满足国家有关上市公司股票减持的要求以及信息披露的要求。[①] 通常选择股票价格低点购入,同时通过大宗交易九折过户等规则进一步降低购入价。

---

① 相关减持规定:(1)大股东减持或者特定股东减持,采取集中竞价交易方式的,在任意连续90日内,减持股份的总数不得超过公司股份总数的1%。持有上市公司非公开发行股份的股东(定增股东),通过集中竞价交易减持该部分股份的,除遵守前款规定外,自股份解除限售之日起12个月内,减持数量不得超过其持有该次非公开发行股份数量的50%。(2)大股东减持或者特定股东减持,采取大宗交易方式的,在任意连续90日内,减持股份的总数不得超过公司股份总数的2%。受让方在受让后6个月内,不得转让所受让的股份。如转让方为上市公司大股东,应在交易发生前主动告知上市公司董事会,并配合履行信息披露义务。如果委托人拟置入家族信托的上市公司股份比例可能达到该公司已发行股份的5%或以上的,在交易过程中还应遵守《上市公司收购管理办法》的相关规定。

第四步，申请退税。减持方可依据转托管所在地税务政策申请税务返还，一般申请地方所得税的返还。

第五步，家族信托减持股份。家族信托根据市场行情，一般在股价高位，通过大宗交易或竞价交易等方式逐步出售持有的股票。信托买卖股票仅缴增值税。

第六步，家族信托出售股票获得收益按照信托文件分配给受益人（一般是委托人及其家人），这个环节信托公司暂不代扣代缴所得税。家族信托按照协议约定继续存续或终止。

四、房地产类家族信托

房地产类家族信托一般只能设立在房屋所在地，且适用的法律也只能是房屋所在地的法律。

设立房地产类家族信托主要原因有两类：第一类，如果房产是家族成员的主要住所，对于家族成员而言，是一种精神财富，希望通过家族信托得以维系，而不是分配给某个家族成员；第二类，如果房产只是投资目的，可以通过家族信托的整合，借助专业房产顾问和物业的打理，提升其财产价值，获取稳定的租金报酬，或获取更高销售价格等。

国内房产转入家族信托视为"过户"交易。房产过户交易需要缴纳大量的税收，各地都有房产过户的指导价，有些地方甚至对于房产过户不按照房产升值部分征税，而是一个固定税率，给房地产类家族信托造成了实质的障碍。但对于委托人而言，为了实现家族信托风险隔离及上述传承等功能，或为了解决"限购"等问题寻求日后房屋增长价值和持续的物业管理回报，对于国内的房产，也可以选择在国内设立家族信托。设立过程中，也需要先设立一个 SPV 而不是由家族信托直接持有房产。原因与股权类家族信托类似，在一定程度上可以节省税负，也方便日后的管理。

第十六章

有海外身份，设立家族信托要注意什么?

很多国内的高净值家族都拥有海外身份。拥有海外的身份原因很多,有的是为了事业、有的是为了家庭,也有的为了保守家族财富的秘密。但拥有海外身份之后,对于家族财富传承的规划就要更加复杂。家族信托作为一种法律工具,其在不同的法域所应有的种类、司法效果、税务身份和功能也是千差万别。但不论如何,利用家族信托完成家族企业治理、家族治理、风险隔离、财富传承等,永远是理智的选择。

施正荣大学毕业后,成功进入了中国科学院上海光学精密机械研究所攻读硕士学位。1988 年,施正荣被公费派遣至澳大利亚留学深造,师从 2002 年诺贝尔化学奖的获得者——被称为世界太阳能之父的马丁格林。施正荣获博士学位后一直留在研究所任研究员。2000 年初,选择回国创业。2001 年,无锡政府与施正荣达成了合作。8 家国有企业投资了将近 600 万元美元,最终施正荣和无锡政府以 800 万美元共同成立了尚德电力控股有限公司。此后,无锡尚德一路高歌猛进。2004 年,尚德产值翻了 10 倍,利润接近 2000 万美元。2005 年 12 月无锡尚德以中国第一家民营企业在美国纽交所上市,且巅峰市值达到 40 亿美元。一年后,也就是 2006 年 1 月 13 日 5 时左右,随着纽交所当日收盘，尚德电力的每股达到了34.02美元，而持有6800万股的施正荣，身价达到了23.13亿美元（约186亿元人民币），施正荣成为中国新的首富。2007年，他被英国《卫报》评为"能够拯救地球的50人"之一，无锡尚德更被誉为"光伏界的微软"。

2008年开始，全球金融危机来袭，占据中国光伏龙头企业主要收入来源的欧洲市场开始萎缩。随着需求的疲软，2009年多晶硅价格开始暴跌，在不到一年的时间里，从鼎盛的400美元/千克跌至40美元/千克。祸不单行，2011年，美国、欧盟先后展开对中国光伏企业的"双反"调查，对未应诉中国光伏企业的税率为249.96%。由于"双反"的影响，尚德电力不得不将近三分之一的生产线进行了关停，甚至还一度传言大规模裁员。"屋漏偏逢连夜雨。"2012年7月30日，尚德电力公告称其2010年5月的一份涉及6.82亿美元债券的担保"被怀疑欺诈"。8月2日至11日，五家美国法律机构代理原告向美国联邦地方法院提交诉状，指控尚德电力控股有限公司（以下简称尚德电力）以及包括董事长兼首席执行官施正荣在内的部分高管违反《联邦证券法》。而从2010年8月18日起至2012年7月30日，购买尚德电力证券的所有购买者正作为原告，寻求获得赔偿。2012年8月15日晚，施正荣已辞去首席执行官职务。9月24日尚德发公告称因收盘均价连续30天低于1美元，收到纽交所退市警告。尚德有6个月缓冲期用于提振股价。无奈之下，2013年3月18日无锡尚德太阳能电力有限公司债权银行联合向无锡市中级人民法院递交无锡尚德破产重整申请。2012年9月，尚德破产前夕，无锡市政府向施正荣表示愿意注资拯救尚德，但条件是要用施正荣的个人资产做担保，施正荣没有同意。①

公司破产之后，施正荣一度非常低调，偶尔以专家身份参加业内的论坛和新闻发布会。但2014年，施正荣就重新创办了上海上迈新能源

① 佚名：《"首富"重来：施正荣186亿归零7年后再冲IPO已登百富榜》，载百度，https://baijiahao.baidu.com/s?id=1685583969396474407&wfr=spider&for=pc，2021年3月10日访问。

科技公司。2019年施正荣以25亿财富成为“2019胡润百富榜”上的新晋成员。据称,上海上迈新能源科技公司于2020年11月完成了1200万美元的B轮融资,由大名鼎鼎的软银国际领投。2020年11月25日晚间,上交所受理了亚洲硅业(青海)股份有限公司的科创板申报材料,这也是青海省第一家获受理的科创板申报企业,公司拟募资15亿元全部投入60,000t/a电子级多晶硅一期项目。① 根据申报材料,该企业的实际控制人正是施正荣夫妇。

根据招股说明书,施正荣于2005年11月2日与Credit Suisse Trust Limited(CSTL)签署了信托委托书,设立了家族信托。Power Surge Limited系由CSTL基于信托协议设立的公司,为Power Surge Trust的一部分,主营业务为投资控股。Power Surge Limited又通过其全资子公司Energy Friend Company Limited持有亚硅BVI 82.02%股权,而亚硅BVI又持有亚洲硅业78.58%股份,且最近两年,亚硅BVI持有的亚洲硅业的股权比例始终在70%以上。截至招股说明书签署日,施正荣及其配偶张唯通过信托基金Power Surge Trust间接控制亚洲硅业。根据境外律师出具的意见,施正荣是Power Surge Trust的委托人,有权任命该信托的投资管理人,而其配偶已被指定为该信托的唯一投资管理人。②

施正荣得以在商业大潮中,能够“东山再起”,家族信托的贡献不能小觑。由于他早前就在海外生活,在专业人士的帮助下得以熟练运用家族信托的工具,让自己的商场打拼是“进可攻、退可守”,堪称家族信托成功案例的典范。如他类似的,还有上文中提及的同样在光伏行业大显身手的朱共山家族。

---

① 经查询,亚洲硅业青海公司于2006年12月设立,但施正荣自2017年11月才加入公司任职高管,公司可能有境外股权重组的经历。

② 这种安排可能会涉及因过多权力保留而被“刺破”家族信托风险隔离功能的风险。本书其他章节会有所讨论。

第一节　跨境家族信托的复杂税务

拥有海外身份的高净值家族，在海内外设立家族信托时，一定要考虑“税收”对家族信托设立和运营所带来的影响。

中国高净值家族身份规划时，考虑业务发展、生活质量、子女教育等因素，通常将美国、英国、加拿大、澳大利亚、新西兰、新加坡等国作为其身份目的国（可能存在这几个国家的国籍或地区、永久居民等身份）。这些身份决定了高净值家族通常会被认定为是这个国家或地区的“税务居民”。某些情况下，因为业务发展和子女就学等原因，在一个国家或地区居住满一定时间（例如，一个公历年度内满 183 天，或者像美国所规定的 15 年内满 8 年或像英国所规定的 20 年内满 15 年等），也会成为这个国家的税务居民。

作为这个国家或地区的税务居民，有的国家或地区只就来源在本国或地区的收入才征税，如新加坡及中国香港。但大部分国家或地区对于其税务居民，就其在全球范围内的收入则实行“全球征税”。

对于税务居民的“全球征税”理解有三个：第一，是针对“税务居民”，一般非税务居民只就其在管辖地境内的收入或资产征税。第二，针对“自然人”税务居民。公司等法人性质的税务居民，一般只就其注册地或实际运营地的收入纳税。第三，“全球征税”标的是个人的“收入”，一般不对其在海外的资产及升值等直接征税。

在家族信托税收上的规划主要涉及三个税种：所得税、赠与税和遗产税。影响这些税种的因素包括：家族信托类型，家族信托的操作阶段，委托人、受益人及受托人的税务身份，委托人与受益人的关系，收入和财产类型、财产所在地等。

有关家族信托的类型及其税务影响，笔者已经在上文中详细介绍。这里主要介绍下其他几个方面的影响。

一、家族信托的操作阶段

家族信托操作过程中，税务问题主要体现在五个环节：资产转让给信托环节、信托向受益人分配环节、受托人运营信托产生收入环节、信托运营的固定年限以及信托终止后信托财产被转回或分配环节。

（一）资产转让给信托环节

在美国，委托人将资产转入信托可能被视为"赠与"，需要缴纳赠与税。如果资产是转让给"委托人信托"，则由于"委托人信托"不具有独立的财产属性，仍视为委托人的财产，因此这个环节也不视为"赠与"，无需缴纳赠与税；但如果转让给"非委托人信托"，由于"非委托人信托"是不可撤销的，视为委托人财产的真正转移，因此将被视为一种"赠与"，需要对财产进行估值定价，并缴纳赠与税，但可以依据法律获得赠与免税额（详见下文）。

在英国，委托人将资产转入信托可能被视为"继承"，需要缴纳遗产税或"转入税"。英国遗产税一般为遗产价值的40%。在英国设立的一个家族信托，如果委托人前7年"累计"转入信托的财产价值超过遗产税的免税额，受托人需缴纳财产价值20%的"转入税"（扣除免税额部分）。如果委托人在转入财产后7年内去世，可能要补缴剩余20%的遗产税。

在加拿大，委托人将资产转入信托可能被视为"真实交易"，需要就增值部分缴纳所得税。这一点，也适用于加拿大居民在境外设立的境外信托。

在中国，目前没有关于家族信托财产转入环节的特殊规定。目前都按照"真实交易"来纳税。

（二）信托向受益人分配环节

受益人从家族信托获得的财产分配，主要看受益人的居民身份和收益来源地。除新加坡等只就收入来源地纳税等国家或中国香港地区之外，一般国家就其本国或地区税务居民，在全球范围内的收入都要征税，但该纳税人有两个以上国家或地区纳税身份的，可以抵扣。

（三）受托人运营信托产生收入环节

家族信托在很多国家都有单独的税务身份。如果家族信托本认定为是本国税务居民的，则需要就其全球范围内的收入进行纳税，如果认定为非本国或地区居民的，只就来源于本国或地区的收入纳税。但也有例外，比如在中国香港设立的家族信托也可能只就其在香港的收入纳税。但区分居民信托还是非居民信托，并不是只看委托人的国籍，各国或地区的规定都不一致，还要看受益人税务居民、受托人注册地、信托实际管理或控制地等多方面的因素。

此外，在加拿大，虽然非居民信托一般只就来源于加拿大境内的收入申报纳税。但如果这个非居民信托不是“自由裁量信托”（定义见上文），而其中有受益人属于加拿大居民，且其持有的受益份额超过了信托项下所有受益人利益的市场价值的10%，这个非居民信托被视为一个“国外分支机构”，若这个机构被加拿大居民所持有，则这个机构也需要就其全球所得向加拿大税务局申报纳税。

（四）信托运营的固定年限

有些国家在家族信托运营到一个固定年限，也需要缴纳一部分税。

例如，在英国，家族信托视为“遗产税”的替代，因此，家族信托成立后每十年就需要缴纳一个“十周年税”，一般相当于财产价值的6%（扣除遗产免税额部分）。但根据不同的信托设立时间、信托类型和转入财产的时间不同，缴纳情况也不一。

又如，在加拿大，只要被认定为居民信托（包括海外设立的居民信托），信托成立后每隔21年，就会把信托财产清算一次，如果有财产增值额，则需要就增资部分缴纳所得税。

（五）信托终止后信托财产被处置、转回或分配环节

信托终止后信托财产被处置、转回或分配环节主要涉及四种情况：

第一种，受托人处置信托财产。一般根据信托是否具有纳税居民身份判定财产处置行为产生增值部分的纳税情况。例如在英国，一般需要就信托处置财产缴纳资本利得税。当受托人出售信托名下的房产，且对

应财产在购买房产人的主要居住地,不需要缴纳资本利得税。当受托人出售的财产属于受益人的“生意”(如受益人持有公司5%以上的股份和表决权),受托人只承担收入部分10%的税率。当受托人直接将信托财产转给受益人,一般无需缴税;但受益人再次出售该财产时,需要按照规定纳税。

第二种,委托人撤销信托并取回信托财产。这种情况下,由于相当于委托人将自己的财产收回,对于收益部分应缴纳所得税。

第三种,委托人去世后信托财产转为遗嘱信托或遗产。在这种情况下,受益人或继承人应按照规定缴纳遗产税,但可以依据法律获得免税额。如在英国,受益人应缴纳的所得税一般相当于财产价值的6%(扣除遗产免税额部分)。但根据不同的信托设立时间、信托类型和转入财产的时间不同,缴纳情况也不一。

第四种,信托依照法律或依照约定被撤销或终止,或受益人开始享受“绝对收益”,就收入部分按照收益获取方的税务居民身份和收益来源地进行纳税。而受益人之后的财产处置行为,也需要根据当地法律纳税。

二、委托人、受托人及受益人的税务居民身份

(一)税务居民身份的意义

一般而言,除我国香港及一些离岸地等国家和地区只就来源于境内的收入纳税之外,作为一个国家的税务居民,一般需要就“全球范围内”的“收入”征税。而非该国税务居民,一般只需要就来源于美国境内的收入或资产纳税。这里的“全球征税”的适用范围一般有如下几个限定:

首先,是针对居民个人(这里的个人包括自然人、公司、法人组织或信托等,下同)实行全球征税,不是居民所投资的境外企业。所投资的境外企业一般在注册地征税,而企业向个人的分红需要全球征缴,但如果为了规避个人纳税,境外企业一直不分红,也将面临税收征讨和处罚,如美国的回溯税 Throwback Tax)。

其次,全球征税标的是居民个人的收入,而不包括海外资产。海外资

产一般按照资产所在地要求纳税，如房产税等。

再次，国与国之间的“避免双重征税”的协定在全球征税过程中也可以适用。如果税务居民在海外已经纳税，可以抵扣应当在本国的纳税。实行“多退少补”，“退”的额度可以在以后纳税年度中继续使用。

最后，在有些国家，如美国，对于适用全球征税规则的税务居民，就其获得的海外主动收入，①每年有一定的免税额（在美国是每人10万美元左右）。

在家族信托领域，委托人、受托人及受益人的税务居民身份还有一个重要的意义就是区分“居民信托”和“非居民信托”，具体意义详见上文。

（二）税务居民身份的判定

1. 自然人税务身份的判定

一国自然人税务居民身份的判定，首先适用国籍标准。如根据《美国国内收入法典》（Internal Revenue Code），所有拥有美国国籍的美国公民都被视为美国税收居民。而对非本国公民而言，需依据“绿卡标准”或者“实际停留天数标准”来判定是否为该国税收居民。同样以美国为例：

（1）绿卡标准。获得美国永居权“绿卡”的非美籍居民也是美国的税务居民。获得美国绿卡的中国人，除非该身份被撤销或依法判定已经放弃，仅仅因为绿卡过期可能不能终结其美国税务居民身份。但持有美国绿卡的中国人可以根据中美之间的税收协定选择在一定纳税年度内成为美国“非税务居民”②。但前提是必须事先就此事通知美国税务当局③。但持

① 主动收入主要指工资和劳务收入，但不包括公司分红、银行利息、投资回报、房租、股票收益、社保的福利金、退休金还有年金等。

② 《中美税收协定第一议定书》第5条规定：“在适用本协定第四条第二款时，缔约国双方主管当局应以联合国关于发达国家和发展中国家双重征税协定范本第四条第二款的规则为准。”根据联合国范本第4条第2款的规定，如果按第一款规定，某个人为两个缔约国的居民，则此人的税务居民身份应按下列方式确定：（a）只能将他视为他拥有可用永久住宅的国家的居民；如果他在两国都拥有可用永久住宅，只能将他视为与他个人经济关系较密切（重大利益中心）的国家的居民；（b）如果不能确定他的重大利益中心在哪国，或他在两国均无可用永久住宅，则只能将他视为他拥有习惯性居所的国家的居民；（c）如果他在两国均有习惯性居所或在任何一国均无此居所，则只能将他视为国籍国居民；（d）如果他是两国的公民，或不是任何一国的公民，缔约国主管当局则应通过相互协商一致解决这个问题。

③ 需要填写1040NR申报表并附上8833表格。在填写该表时，须明确标注美国国内法被协定修订的条款：第Reg. 301. 7701（b）部分。

有美国绿卡缺又申请成为美国"非税务居民"可能会对绿卡持有人产生一些不利影响。①

(2)实际停留天数标准。虽然不持有美国绿卡,但如果在美国停留的时间同时满足以下两个条件,则被视为美国的税务居民:①本公历年度内在美停留不少于31天;②根据以下计算公式,本公历年度和过去两个公历年度加起来的三年内在美停留不少于183天:a.本年度在美停留的全部天数,加上b.前一年度在美停留天数的三分之一,加上c.再前一年度在美停留天数的六分之一。一般来说,个人在一天中的任何时间出现在美国境内都视为其当天在美停留。但是,在某些特定情况下,个人在美停留时间不计算在实际停留天数内。上述中美之间"双重税务身份"的认定规则同样适用。

2.信托公司税务身份的判定

信托公司作为受托人,其税务身份也直接影响受托人本身的纳税情况,甚至影响家族信托本身的纳税身份,尤其是对于私人信托公司作为受托人的家族信托。

信托公司的税务身份首先从注册地来判定。注册在一个国家的信托公司通常被认为是该国的纳税主体,如很多私人信托公司注册在BVI等离岸地,因此一般受该国或地区税务管辖。除此之外,还有一个判断标准是"实际管理和控制地"。例如在加拿大,虽然一个公司没有注册在加拿

---

① 不利影响如:因为填写过1040NR表格,美国移民服务局USCIS在以后审查永居身份展期等许可时,将会考虑是否仍给予永居身份;通常在申请美国护照时需要填写N-400表格,表格上有一些关于是否办理过纳税申报以及是否以"非居民身份"办理纳税申报的提问。如果以前申请护照时填写自己是"居民纳税身份"之后又申请"非居民纳税身份",对于申请护照也有不利影响;此外,如果绿卡持有人在过去15年内有超过8年的时间按照美国税务居民纳税,而现在才开始申请"非税务居民"身份,是否被认定将适用877A条款下的"离境税"?如适用,申请人在身份转换之前所持有的所有资产将视同按照市场价值销售,并缴纳所得税。在申请美国护照须填写的N-400表格上,申请人须如实填写自从在美国居住以来所有纳税申报的部分信息,包括:自从你成为永久居民以后你是否有过没有进行美国联邦、州和地方税务申报的情形?如果是,你是否认为自己为美国的非税务居民?你是否在成为美国永久居民之后,在联邦、州或地方的纳税申报表上称呼自己为非税务居民?当然,并不是说,如果个人对这些问题之一回答"是",会必然导致其对于美国护照的申请被拒绝或其个人美国绿卡被注销。但对这些问题回答"是",会可能引发美国公民及移民服务局对个人作为非美国税务居民进行申报之意图以及相关事实进行审查。

大，但其董事会的主要成员、召开的会议和主要办公场所等在加拿大，也会将该信托公司视为加拿大税务居民。

3. 家族信托的税务身份

上文已经提及，家族信托的税务身份直接关系到信托运作和财产增值等税收方面的管辖。家族信托在有些国家或地区区分为境内信托或境外信托，有的国家就称为居民信托或非居民信托，主要是按照委托人、受托人和受益人的国籍或税务身份，或按照信托设立地或"控制地"来进行划分的。

如上文所述，综合各国和各地区的规定，信托的税务居民身份判定标准主要有两个：

第一，委托人身份标准。如果委托人是该国税务居民，则一般其设立的信托为居民信托，信托需要就全球收入申报和纳税。在此标准基础上，各国也有些不同的规定，比如新加坡要求委托人和受益人都需要是新加坡人才能认定；加拿大则对于委托人在向信托转移资产或离世前的五年内是加拿大居民，且信托受益人有加拿大居民的，这样的信托也视为"居民信托"。

第二，控制地标准。即本国法院或本国受托人可以对这个信托进行管理和控制的信托。如美国和中国香港等地就有类似的规定。

三、委托人与受益人的关系

这类区分主要是在于赠与税和遗产税方面，且主要适用于委托人将财产转入信托的环节。如上文所述，对于这个环节，美国视为"赠与"、英国视为"继承"、加拿大视为"真实交易"。如果委托人与受益人之间有配偶等关系，则适用税率有很大差别，主要体现在免税额方面。

如在美国，就赠与税和遗产税而言，如果委托人与受益人之间是配偶关系，将会根据该配偶是否为该国税务居民给予不同的免税额，如果两者不是配偶关系，则免税额很少。

美国赠予税的免税额可以分为年度免税额和终生免税额。年度免税额在每个公历年度使用，终生免税额则是赠与人一生中可以使用的免税额

(不包括年度免税额度内的使用部分)。如果赠与人赠送了超出年度免税额的财产但又想避免缴纳赠与税,这时就需要使用终身免税额。

在美国,遗产税也有免税额。对于源于美国境内的遗产,美国税务居民和非美国税务居民免税额有很大差异如表 16-1 所示。对于遗产需要经过法庭认证程序(probate)精算财产总值,若超过遗产税减免额度,则须缴交遗产税。在美国有些州还有继承税,继承税是州税,收取的州包括爱荷华、肯塔基、马里兰、内布拉斯加、新泽西和宾夕法尼亚州等。判定该州是否有税务管辖权主要看被继承人所在地而不是继承人所在地。继承税由继承人支付,而遗产税由遗产本身支付。有一些州除了联邦遗产税外还会另外征收州的遗产税,比如华盛顿州、威斯康星州、夏威夷州、伊利诺伊州、马萨诸塞州、纽约州、新泽西州等州。

美国免税额根据税务局的公布不时调整。以 2019 年美国适用的免税额为例,如表 16-1、表 16-2 所示。

表 16-1　美国赠与税免税情况　(单位:美元)

赠与人	美国税务居民			非美国税务居民			
财产类型和所在地	全球所有财产			美国有形财产			非美国财产和无形财产
受赠人	公民配偶	非公民配偶	其他人	公民配偶	非公民配偶	其他人	任何人
年度免税额	全免	15.5 万元	1.5 万元	全免	15.5 万元	1.5 万元	全免
终生免税额	全免	1140 万元		全免	无终身免税额		全免

表 16-2　美国遗产税免税情况　(单位:美元)

被继承人	美国税务居民		非美国税务居民		
财产类型和所在地	全球所有财产		美国有形财产		非美国财产和无形财产
遗产归属	个人遗产	夫妻遗产	个人遗产	夫妻遗产	任何遗产
终生免税额	1140 万元	2280 万元	6 万元	6 万元	全免

此外,在英国也有类似的免税额的规定,对于委托人装入信托财产时,如果有配偶关系,"转入税"实际上起到了享受免税额及递延遗产税的目的。而在加拿大,如果有配偶关系,转入信托时可能不会被视为一种"真实交易"而需要缴纳增值部分的所得税。在我国也有房产、股票等在配偶之间转让视为"非交易过户"等的规定。

四、其他影响因素

其他因素比如信托资产类型、资产所在地,信托及各方主体的收入类型和收入来源地等,也与上述各种因素相互影响。例如,一些国家或地区对于非税务居民只就其来源于境内的收入征税,但香港特区不管是税务居民还是非税务居民,只就来源于香港的收入纳税。再如,有些国家如中国将资产装入信托信托视为真实交易,则除了所得税之外,还需要缴纳销售环节的增值税,其他国家如美国还有销售税。但对于房地产等固定资产所需缴纳的房产税,一般管辖权只归房屋所在地的税务机关管辖。

第二节　离岸信托

这一节主要介绍一下拥有海外身份的国内高净值家族在百慕大群岛、开曼群岛、库克群岛以及英属维尔京群岛等著名"离岸地"设立离岸信托的情况。

一、设立离岸信托的原因

(一)委托人权利保留余地大

离岸信托设置比较灵活,可以由委托人保留很多权利,例如,委托人担任保护人、委托人可以设立私人信托公司,并担任私人信托公司董事,并由这个私人信托公司作为家族信托受托人。法律还规定了委托人享有的广泛的权利,包括保留部分或全部投资权利或资产配置职能,限制受托人的职权(在某些情况下需要获得委托人同意等)。此外,英属维尔京群岛专门对股权类家族信托中受托人的权利进行了限制:根据《英属维尔京群岛特别信托法》(Virgin Islands Special Trusts Act,VISTA),在委托人以股权设立的VISTA信托中,受托人并不享有投票权、股利分配请求权、董事任命权等。受托人一般不参与公司的实际运作。这就给委托人保留对股权类家族信托的控制权留有余地。

(二)法律保护力度大

相对于非离岸地,许多离岸地更倾向于保护家族信托不轻易被债权人撤销。在撤销事由的限定、举证责任及诉讼时效等方面,都要求的更为明确和严格,有的甚至提高到类似于刑事犯罪的证明标准。比如,开曼群岛法律要求:如果债权人要申请撤销信托财产转让行为,必须证明债务人是基于欺诈意图转让财产,并没有取得合理的对价。诉讼时效是6年。此外,离岸地有很多的家族信托司法实践,可以给予成立家族信托的家族一个稳定的司法效果的预期。

(三)司法执行隔离

利用离岸地财产保密性及法域上的管辖边界限制,适当分散遭受执行的风险。离岸地对其他国家的司法裁判可能不予承认和执行,这样变相阻止了其他国家债权人对离岸信托的追讨。库克群岛不执行外国判决。百慕大群岛、英属维尔京群岛及开曼群岛不执行跟本国法律有抵触的外国判决。比如,根据《开曼群岛信托法》(Cayman Islands Trusts Law,CITL)的规定,信托文件如果选择了开曼群岛群岛的法律为适用的法律,则不可推翻。其不承认、不执行与开曼群岛法律相抵触的外国法院的裁判。

(四)私密性

离岸地信托法律本身就有英美法下信托保密基因,因此,无论从法律上还是实践中,离岸信托的私密性最高。但近几年迫于美国、英国、欧洲一些国家的施压,以及《统一报告标准》信息交换的强制性义务,离岸信托对委托人、受益人等信息开始对外进行交换。但在全球税务透明化的大背景下,离岸信托的私密性仍然是最高的。

(五)其他方面

税收筹划。离岸地基本上都不将家族信托视为一个纳税主体,不需要缴纳所得税、资本利得税、赠与税和遗产税等。

上市需要。对于准备去中国香港、美国等地上市的境内家族企业，离岸信托+红筹模式是实践中最容易被海外市场认可的方案。除外，红筹架构无需国内证监会审批，也会绕开国内外商投资企业并购境内企业的商务部门审批规定，有时也会避开一些境外投资或返程方面的外汇管理程序。这种成功案例比比皆知。

宽松的外汇环境。基本上没有外汇管制，各种货币自由流通。

二、设立离岸信托需要注意的方面

（一）同样面临信息被本国税务机关获得的风险

1. 家族信托或私人信托公司可能称为《海外账户税收合规法案》和《统一报告标准》项下的被报告主体

离岸地大多已经签署《海外账户税收合规法案》和《统一报告标准》，这也是全球税务透明趋势下的必然选择。离岸信托和私人信托公司在这些法案项下一般会被视为被报告主体，甚至穿透至实际控制人，即委托人、受益人等信息。作为被报告主体，给离岸信托和私人信托公司服务的金融机构[①]和中介机构都有上报至本国税务机关的义务，以方便本国税务集团以后与其他国税务机关按照上述法案相互交换信息。因此，如果你不是离岸地的税务居民，很大情况下你在离岸地的账户信息将被交换回你的税务管辖国。但房地产、股权等资产信息一般不用交换。此外，如果你的私人信托公司本身被认定为是金融机构或积极非金融实体，交换的信息也只限于企业本身的信息。

以《海外账户税收合规法案》为例，其规定了三种对象为被报告主体，除了特定的美国人士、美国实体之外，还包括美国纳税人控制的外国消极非金融实体。持有美国绿卡的国内高净值人属于美国税务居民，其在境外（如离岸地或中国香港、新加坡等地）设立了一个离岸公司或信托，按照

① 报送金融机构（reporting financial institution），包括存款机构、托管机构、投资实体（investment entities）、特定的保险公司等。

FATCA 法案的规定，一般属于"消极非金融主体"，除非这个主体存在如下情况（属于"积极非金融主体"的情况）：（1）基于收入和资产情况判断，如果这个主体在上一个公历年度或其他申报期限内被动收入（passive income）[①]少于总收入的 50%，并且在此期限内能够产生被动收入的资产少于总资产的 50%，属于积极非金融机构。（2）正常运营的上市公司。（3）为控股企业旗下附属公司提供资金或对冲业务的公司（类似于集团财务公司），或持有集团内积极非金融机构股权并向其提供融资和服务设立的公司。（4）成立不到 24 个月的创业公司，企业资产是为了产生积极收入的业务活动。（5）主要为关联的非金融实体提供融资和进行套期保值交易的非金融实体。（6）处于清算、破产或重整阶段的企业。（7）其他情况，如政府实体等。被认定为"消极非金融主体"，为其进行账户管理或托管其资产的金融机构就有义务"穿透"识别其实际控制人，并将这个公司或信托的信息和实际控制人的信息报告给美国。

《统一报告标准》的主管单位经济合作组织还专门在一个《披露规则》中点名指出一些通过离岸信托隐藏信息的行为：如利用消极信托（bare trust）行股权代持行为；不属于消极信托，但通过经常性指示控制信托的行为；先安排一个关联方作为受益人，但同时约定日后以一个固定价格收购其受益或财产的"期权安排隐藏行为"等。

对于已经在海外上市的中国家族企业，如果通过股票减持在海外获得了大量现金，如果家族成员是中国税务居民，一定记得向税务机关申报纳税。不然，按照《统一报告标准》规则被中国税务机关掌握信息后，除需要补税之外，还可能承担一定的法律责任（详见本书第一部分）。

2. 经济实质法案要求

离岸公司大都签署或准备签署《国际税务合作经济实质法》。这个法案的主要目的是消除离岸地设立的、不能分辨其税务居民身份的从事信

① 被动收入一般理解为不需要主动投入就可以获得收入，与主动收入相对。如开餐馆的公司餐饮收入是主动收入，餐饮流水带来的孳息就是被动收入。

托、基金等业务的实体，比如私人信托公司。如果一个实体，它不是其他国家的税务居民，则其在离岸地必须是有经济实质的公司，需要能通过当地的经济实质测试。未通过测试的，可能面临被处罚、注销或将信息交换回其税务管辖国。

3. 离岸地需要建立受益所有人登记册

2018 年英国议会通过的《制裁和反洗钱法案》修正案，要求英属离岸地（库克群岛除外）在 2020 年底前设立在本国注册的公司的受益所有权公共登记册，用于离岸地与英国之间之后可能的信息交换需要。对英国税务居民而言，在离岸地设立离岸信托，受益人的相关信息可能会被交换回英国。

4. 欧盟"黑名单"的威胁

2017 年 12 月，欧盟理事会发布了《欧盟为税务之目的的非合作区域名单》，即俗称的"欧盟黑名单"，欧盟威胁将采取与援助资金挂钩、使用反避税措施等一系列税务和非税务措施对黑名单内的国家和地区进行打击。大部分离岸地都在黑名单内。因此，在压力下，这些离岸地可能也会为了从黑名单中被拿出而接受欧盟信息交换的要求。

（二）避免形成"虚假信托"

委托人权利保留过大，形成"虚假信托"。如果委托人权利保留过大，也可能被法院裁判为"虚假信托"，进而信托被撤销，债权人得以追讨信托财产。有关这方面的分析详见上文。

第三节　跨境家族信托规划

拥有海外身份，你就需要考虑如何利用家族信托解决跨境财富传承的问题。讨巧的做法是，在你的资产所在地寻找专业的信托公司或律师，就该部分资产设立一个家族信托。但在作出这个决定前，你最好通过如下三大步骤自行（或通过你的顾问）厘清如下十个事项或问题：

步骤一：厘清家族的六大结构和一个历史

这一步主要是摸清你和家人的基本现状。

问题一：你的家族结构

家族主要婚姻脉络和家族结构。

你的父母、孩子、兄弟姐妹、祖父母和外祖父母、孙子女和外孙子女、侄子侄女、外甥外甥女等情况。子女包括婚生子女和非婚生子女，养子女和继子女。

你家族里的婚姻财产分割协议（婚前、婚中、婚后），家族赠与协议，家族宪章或管理协议，遗嘱等安排。

你对家族未来结构和财产分割如何规划？你和家人目前和将来主要在哪生活？你有什么养老计划？你对子女有什么教育规划？

问题二：你的企业结构

你和家人目前设立了哪些公司、合伙企业等组织，包括有没有设立离岸信托、目的信托、家族信托或家族办公室等。这些公司或组织在哪注册的？有没有实际办公场地或雇佣员工？都是什么股权架构？其他股东情况如何？将来的发展规划（是否考虑在其他地方设立子公司或实体？或考虑上市？）

如果这些企业中有“消极非金融实体”，主要要审查到你和你家人从企业或组织所的收入的纳税申报情况。

问题三：你和家人是哪些国家的税务居民？——税务结构

关于税务居民的界定，本书其他章节已经做了详细的分析。通常情况下，如果你有该国的国籍（视为该国的公民）或永久居留权（所谓的“绿卡”）就视为你是该国税务居民。当然还有一个公历年度的“实际居住满183天”的认定标准，也可能认定你是这个国家或地区的税务居民。如果你有两个国家以上的税务居民身份，还需要借助这些国家之间的税收协定判断或申请以一个国家的纳税居民身份为主。这些税收协定大致上会按顺序优先考虑你的“永久住宅地”、“最大利益中心地”、“习惯性住所地”、国籍直至两国协商一致等。

要了解这个税务管辖国的基本税务政策，比如有没有赠与税和遗产税？有针对哪些人、哪些资产或哪些收入的税务减免政策？

问题四：你和家人现在全球范围内的资产有哪些？——资产结构

除上述介绍的企业股权之外，你要厘清这些资产都是什么类型、都在什么地方、你将来还可能产生哪些资产？对于有些固定资产或股票还需要进行简单的估值。

比如，如果你和家人的资产是股权，且你的公司设立在海外、是海外上市公司或有海外上市需求，则你可以考虑在离岸地设立家族信托。但要遵守离岸地有关"实体经营"和《统一报告标准》申报等要求。

问题五：你和家人的主要收入来自哪里？——收入结构

这个问题首先与你的资产类型相关。如果你的资产是股权，则你的股息红利要面临税务管辖地申报征缴。如果你的资产是现金和金融投资品，你要面临税务管辖国资本利得税或所得税的申报和征缴。如果你的资产是房地产就要面临房产所在地房产税和销售环节税的征缴，同时面临税务管辖国所得税的征缴。如果你的资产是动产，如艺术品，就要面临税务管辖国所得税的额征缴。

如果你的税务管辖国是全球征税国，则你来自全球的收入都要申报纳税。

如果你已经购买了大额保单或设立了家族信托，保险赔款和信托收益可能在当地也要纳税申报。

如果你在当地有些收入被豁免或减免了纳税，还要看你是不是还有其他国家的税务身份，你的税收豁免国与你的另一个税收身份国之间有没有避免双重征税的协定，你可能需要面临补缴税款，这样实际上没有享受税收豁免，顶多是递延了税收。

问题六：你和家人目前在全球范围内的银行账户、证券账户、基金账户、信托账户、保险金账户等金融账户的开立情况？——账户结构

这主要判断你的账户信息和资产情况是不是已经被交换过，甚至已经被你的税务管辖国掌握。要了解你们在哪家机构开的户？哪一年开的？

账户有哪些过往交易？有没有注销？能不能注销？

问题七：你和家人近几年纳税申报的情况？——纳税历史

根据你跨境身份获得期、主要收入来源年份、税务申报年份等判断，一般至少梳理5～10年家族范围内的在全球范围内的纳税申报情况。用来判断你之前的税务身份、是否有税务身份调整情况？是否涉及退籍？是否涉及该申报未申报、该缴纳未缴纳情况？是否涉及税务处罚？判断你之前适用的税种税率。有关之后与之前纳税申报的做法有任何差异的，需要有法可依。

步骤二：厘清你的风险和负债

问题八：你和家人目前可能面临哪些风险或债务追讨？

参照本书第一部分所述家庭方面的风险和企业方面风险，厘清自己家族的情况，比如婚姻问题、传承问题、财产混同、债务问题、税务等违法问题等。

要厘清这些风险为什么存在？何时存在或将要爆发？除了家族信托有什么风险化解手段和预防办法？

步骤三：在顾问的帮助下做一个简单规划

问题九：你需要重新进行身份规划吗？

在了解了你的上述情况之后，如果通过对家族成员一人或多人的“身份变更”，会带来更好的税收优化效果和风险隔离效果，你会考虑吗？当然这个决定也要结合你对家族未来的生活、养老和子女教育等规划。

比如，如果仅仅是为了税务优化，肯定将家族和企业的税务管辖地放到新加坡、中国香港甚至离岸地更为优惠。但不一定适合你的企业发展。你可能还希望在中国发展，有一些商会或政协职位之类的。

当然，如本书第二部分所述，家族财富传承的最终目的是家族幸福的生活。因此，即使你的身份规划或资产布局在税务上而言并不是最优的，但是最安全、生活质量最高、家族最和睦的，那你也可以舍去某些经济利益，追求真正的美好。

问题十:你需要什么样的家族信托?

对于上述问题了解之后,尤其是你和家人的税务身份判定后,你肯定需要一个家族信托。但家族信托种类这么多,每个国家的也都不一样。你可以在你的税务管辖国设立,也可以在离岸地或其他境外设立,可以设立一个也可以设立多个。这要结合你上述整体的情况,以及你、你的家族、你的企业未来的规划和变化。

比如你的家族很和睦,主要是传承目的,那么可撤销的生前信托可能是比较好的选择。如果你和家族面临很多风险,家族内的或者外部的,则至少有一个不可撤销信托来抵抗风险。如果你的资产主要是股权或股票,那你可以在离岸地等税收优惠地设立离岸信托,但要注意你税务管辖国对于纳税申报和可能的补税要求。如果你的税务管辖国对于境外信托有更优惠的待遇,比如美国的可撤销境外委托人信托,你可以设立一些境外信托来安排股权或其他境外资产。

参考文献

一、中文著作

1. [美]Michael M. Pompian:《家族办公室与超高净值客户资产配置指南》,卢强、黄振译,电子工业出版社 2016 年版。

2. [美]杰弗里 · 康登:《生前信托顾问:你所需要的财富传承实务》,黄箎惠译,法律出版社 2020 年版。

3. 吕旭明主编:《跨境财富传承与家族信托筹划实务》,法律出版社 2019 年版。

4. 龚乐凡:《私人财富管理与传承——破解基业长青的财商、法商与情商密码》,中信出版集团 2016 年版。

5. 杨后鲁:《税务透明时代下的家族财富传承》,清华大学出版社 2019 年版。

6. [澳]史蒂夫 · 比达尔夫(Steve Biddulph):《养育女儿》(Raising Girls),钟煜译, 中信出版社 2014 年版。

7. 方帆:《给学生无限可能——细说美国教育》,中国人民大学出版社 2016 年版。

8. 丁玖:《亲历美国教育——三十年的体验与思考》,商务印书馆 2016 年版。

9. 邢成、管百海编著:《家族信托理论与实务》,经济管理出版社 2020

年版。

10. 新财道财富管理股份有限公司:《家族财富管理之道:目标管理下的系统规划》,中国金融出版社2018年版。

11. 新财道财富管理股份有限公司:《财富管理视角下的家族信托规划》,中国金融出版社2019年版。

12. 韩良主编:《家族信托法理与案例精析》,中国法制出版社2018年版。

13. 金李、袁慰:《中国式财富管理——不可不知的未来财富管理知识》,中信出版集团2018年版。

14. 谢玲丽、张均、李海铭:《家族信托——全球视野下的构建与运用》,南方出版传媒、广东人民出版社2015年版。

15. 云大慧主编:《家族财富管理与传承法律实务》,法律出版社2019年版。

16. 王昊:《家族财富保卫攻略》,中信出版集团2019年版。

17. 李亮、高慧编著:《境外税收指南——私人财富管理必备》,上海交通大学出版社2020年版。

18. 易丰菊、黄驰主编:《CRS风暴下高净值人士税务风险与应对攻略》,立信会计出版社2018年版。

19. 最高人民法院民事审判第二庭编著:《〈全国法院民商事审判工作会议纪要〉理解与适用》,人民法院出版社2019年版。

20. 最高人民法院民法典贯彻实施工作领导小组主编:《中华人民共和国民法典婚姻家庭编继承编理解与适用》,人民法院出版社2020年版。

21. 王利明:《合同法研究》,中国人民大学出版社2002年版。

二、外文著作

1. Barbara R. Hauser ed., *Family Offices: The STEP Handbook for Advisors* 2nd ed., Globe Law and Business Ltd., 2019.

2. Hartley Goldstone & James E. Hughes J. R. & Keith Whitaker ed., *Family Trusts-A Guild for Beneficiaries, Trustees, Trust Protectors, and Trust*

Creators, John Wiley & Sons, Inc. ,2016.

3. Kirby Rosplock & PhD, *The Complete Family Office Handbook*, John Wiley & Sons, Inc. ,2014.

4. Boris Canessa, Jens Escher, Alexander Koeberle-Schmid, Peter Preller, Christoph Weber ed. , *The Family Office: A Practical Guild to Strategically and Operationally Managing Family Wealth*, Springer Nature Switzerland AG, 2018.